Annales 2020

SUJETS & CORRIGÉS

Histoire-Géographie

Term S

Servane Marzin (coordinatrice)
Karine Arditti
Laetitia Benbassat
Emmanuel Larroche
Alain Rajot
Lionel Ruffier
Cécile Vidil

Nathan

PRÉSENTATION

Ces *Annales ABC du BAC* ont été conçues pour vous aider à préparer efficacement l'épreuve d'Histoire-Géographie du baccalauréat 2020. Vous y trouverez les sujets du **Bac 2019** : celui de **France métropolitaine** mais aussi les sujets des **centres étrangers** sur lesquels ont travaillé les élèves de lycées français résidant à l'étranger.

34 sujets corrigés

→ Tous les types de sujets proposés au Bac sont traités : **composition, analyse d'un ou deux documents, croquis.**

→ 14 sujets d'Histoire.

→ 17 sujets de Géographie.

→ 1 sujet complet.

Un classement thématique

→ L'organisation de l'ouvrage suit la **progression du programme officiel** et couvre l'intégralité des **thèmes.**

→ **Le sommaire détaillé** permet de choisir un sujet sur une notion à approfondir.

→ **Un sujet-type complet**, représentatif de l'épreuve de Bac, est proposé en début d'ouvrage.

Une analyse détaillée de chaque sujet

→ **Une rubrique *Les Clés pour réussir*** pour bien analyser et comprendre l'énoncé.

→ **Un corrigé détaillé** et **entièrement rédigé**, conforme à ce que l'on attend de vous à l'examen.

Et en plus, des compléments indispensables et pratiques

→ **L'Infos-Bac** : un dossier complet pour bien aborder l'épreuve écrite.

→ **Un mémento** pour retenir les points-clés.

→ **Un lexique** des termes à connaître.

Couverture : Élise Launay
Schémas et cartes : COREDOC – Laurent Blondel
Édition : Sophie Zeegers – Julie Bocquet – **Fabrication** : Camille Friquet
Mise en page : Desk – **Conception graphique intérieur** : Julie Lannes

Nathan 2019 – 25, avenue de Coubertin – 75013 Paris – ISBN 978-2-09-157441-7

SOMMAIRE

Grandes puissances et conflits dans le monde

Les chemins de la puissance

Proche et Moyen-Orient : un foyer de conflits

Les échelles de gouvernement dans le monde

L'échelle de l'État-nation

L'échelle continentale

L'échelle mondiale

SUJETS DE GÉOGRAPHIE

Clés de lecture d'un monde complexe

À refaire | Réussi

Des cartes pour comprendre le monde

Les dynamiques de la mondialisation

La mondialisation, fonctionnement et territoires

Dynamiques géographiques de grandes aires continentales

L'Amérique : puissance du Nord, affirmation du Sud

Fiches méthode

Lexiques

Mon planning de révisions,

Ce planning propose une sélection de sujets de difficulté progressive et adaptés à différents besoins.

Choisissez votre parcours en fonction de vos objectifs de révisions

Parcours vert — **Objectif : REPRENDRE CONFIANCE**

Parcours bleu — **Objectif : RÉUSSITE ASSURÉE**

Jour	BAC - 6 semaines	BAC - 5 semaines	BAC - 4 semaines
Lun	n° 2 ou 3 COMPO L'historien et les mémoires de la Seconde Guerre mondiale/ de la guerre d'Algérie	n° 20 CROQUIS Pôles et flux de la mondialisation	
Mar		n° 7 ANALYSE D'UN DOC D'HISTOIRE Les États-Unis et le monde depuis 1945 selon le président Obama	n° 7 ANALYSE D'UN DOC D'HISTOIRE Les États-Unis et le monde depuis 1945 selon le président Obama
Mer	n° 27 COMPO Le continent africain face au développement et à la mondialisation		n° 22 ANALYSE DE DEUX DOCS DE GÉOGRAPHIE Les espaces maritimes : approche géostratégique
Jeu	n° 16 ANALYSE DE DEUX DOCS DE GÉOGRAPHIE Une lecture géo-économique de la complexité du monde	n° 26 CROQUIS Les dynamiques territoriales du Brésil	
Ven	n° 20 CROQUIS Pôles et flux de la mondialisation		n° 18 COMPO Un produit mondialisé : étude de cas
Sam		n° 23 COMPO Le continent américain entre tensions et intégrations régionales	n° 10 COMPO Le proche et Moyen-Orient, un foyer de conflit depuis la fin de la Seconde Guerre mondiale
Dim		n° 2 ou 3 COMPO L'historien et les mémoires de la Seconde Guerre mondiale/ de la guerre d'Algérie	

6 semaines avant le BAC !

Pour choisir votre parcours, vous pouvez vous aider du QUIZ sur www.abcbac.com

Parcours rouge — **Objectif : EXCELLENCE**

	BAC – 3 semaines	BAC – 2 semaines	BAC – 1 semaine
Lun	n° 7 ANALYSE D'UN DOC D'HISTOIRE Les États-Unis et le monde depuis 1945 selon le président Obama		n° 25 CROQUIS Les dynamiques territoriales des États-Unis
Mar	n° 31 ANALYSE DE DEUX DOCS DE GÉOGRAPHIE L'Asie du Sud et de l'Est : les défis de la population et de la croissance	n° 11 ANALYSE DE DEUX DOCS D'HISTOIRE Gouverner la France depuis 1946 : État, gouvernement, administration, opinion publique	
Mer		n° 31 ANALYSE DE DEUX DOCS DE GÉOGRAPHIE L'Asie du Sud et de l'Est : les défis de la population et de la croissance	n° 27 COMPO Le continent africain face au développement et à la mondialisation
Jeu	n° 19 COMPO La mondialisation : acteurs, flux et débats	n° 30 COMPO L'Asie du Sud et de l'Est : les défis de la population et de la croissance	n° 1 SUJET COMPLET
Ven	n° 18 COMPO Un produit mondialisé : étude de cas		
Sam	n° 11 ANALYSE DE DEUX DOCS D'HISTOIRE Gouverner la France depuis 1946 : État, gouvernement, administration, opinion publique		n° 1 SUJET COMPLET n° 1 SUJET COMPLET
Dim		n° 26 CROQUIS Les dynamiques territoriales du Brésil	

Infos-Bac

Le programme

Les thèmes au programme en Histoire

Thèmes	Questions
Le rapport des sociétés à leur passé	**Les mémoires : lecture historique** **Une étude au choix parmi les deux suivantes :** – L'historien et les mémoires de la Seconde Guerre mondiale en France – L'historien et les mémoires de la guerre d'Algérie
Grandes puissances et conflits dans le monde depuis 1945	**Les chemins de la puissance** – Les États-Unis et le monde depuis 1945 – La Chine et le monde depuis 1949
	Un foyer de conflits – Le Proche et le Moyen-Orient, un foyer de conflits depuis la fin de la Seconde Guerre mondiale
Les échelles de gouvernement dans le monde	**L'échelle de l'État-nation** – Gouverner la France depuis 1946 : État, gouvernement, administration et opinion publique
	L'échelle continentale – Une gouvernance européenne depuis le traité de Maastricht
	L'échelle mondiale – Une gouvernance économique mondiale depuis le sommet du G6 de 1975

Les thèmes au programme en Géographie

Thèmes	Questions
Clés de lecture d'un monde complexe	**Des cartes pour comprendre le monde** – Confrontation de grilles de lecture géopolitiques, géo-économiques, géoculturelles et géo-environnementales – Réflexion critique sur les modes de représentations cartographiques

Thèmes	Questions
Les dynamiques de la mondialisation	**La mondialisation, fonctionnement et territoires** – Un produit mondialisé (étude de cas) – Acteurs, flux, débats – Des territoires inégalement intégrés à la mondialisation – Les espaces maritimes : approche géostratégique
Dynamiques géographiques de grandes aires continentales	**L'Amérique : puissance du Nord, affirmation du Sud** – Le continent américain : entre tensions et intégrations régionales – États-Unis-Brésil : rôle mondial, dynamiques territoriales
	L'Afrique : les défis du développement – Le Sahara : ressources, conflits (étude de cas) – Le continent africain face au développement et à la mondialisation
	L'Asie du Sud et de l'Est : les enjeux de la croissance – L'Asie du Sud et de l'Est : les défis de la population et de la croissance – Japon-Chine : concurrences régionales, ambitions mondiales

L'épreuve en bref

Comment s'organise l'épreuve ?

- **Durée** : 3 heures
- **Coefficient** : 3
- **Notation** : une note globale sur 20 points est attribuée au candidat. Il n'y a pas de barème précis, mais on estime que la première partie est évaluée sur 12 points environ, et la deuxième sur 8 points.
- **L'épreuve comporte deux parties obligatoires** de durée inégale.

	Partie 1	Partie 2
Cas n° 1	**Composition d'Histoire :** choix entre deux sujets	**Un sujet imposé en Géographie** parmi deux exercices possibles : – analyse d'un ou deux documents en Géographie – **ou** réalisation d'un croquis
Cas n° 2	**Composition de Géographie :** choix entre deux sujets	**Un sujet imposé en Histoire** : – analyse d'un ou deux documents en Histoire

Top chrono !

Trois heures passent vite, ne vous laissez pas déborder par le temps.
Pour vous organiser efficacement, prévoyez environ :

- **1 h 45 à 2 heures pour la composition**, soit :
– travail préparatoire au brouillon : 15 à 20 minutes,
– rédaction sur la copie : 1 h 15 à 1 h 30,
– relecture : 10 à 15 minutes.
- **1 heure à 1 h 15 pour l'analyse de document(s) OU le croquis**, soit :
– travail préparatoire au brouillon : 10 à 15 minutes,
– rédaction ou réalisation du croquis : 40 minutes à 1 heure,
– relecture ou vérification : 5 minutes.

Quels sont les critères d'évaluation de ma copie de Bac ?

- La mobilisation des connaissances du programme en Histoire et en Géographie.
- La contextualisation des documents pour en comprendre le(s) enjeu(x).
- L'analyse et l'interprétation des documents à partir de notions-clés.
- La construction de réponses argumentées.
- La réalisation d'un croquis ou d'un schéma en respectant les langages graphiques conventionnels.

Quelques conseils pratiques

- Remplissez correctement votre trousse : vous ne pourrez pas faire appel à vos camarades.
- Munissez-vous des outils indispensables aux réalisations graphiques (crayons et feutres de couleur, règle, gomme, taille-crayon...).
- Apportez de quoi lire l'heure et maîtriser ainsi votre temps : vous ne pourrez pas utiliser votre téléphone portable.
- Consacrez quelques minutes au choix de votre sujet de composition, mais ne revenez plus sur votre décision.

La méthode pour l'écrit

La composition

2 h

- **La formulation du sujet** correspond à la reprise d'un intitulé du programme, sous la forme d'une question ou d'une affirmation.
- **Vous devez traiter un sujet parmi deux** qui vous sont proposés au choix **dans la même discipline**. Vous devez montrer que vous maîtrisez les connaissances du programme et que vous êtes capable de rédiger de façon argumentée.
- **Pour traiter le sujet choisi**, vous produirez une réponse organisée et pertinente, comportant une introduction, plusieurs parties structurées et une conclusion.
- **Vous pouvez enrichir** votre copie d'un ou deux schémas simples, traduisant votre raisonnement ou spatialisant un processus géographique.

Le travail au brouillon 15 à 20 min

Comprendre et analyser le sujet

- **Il faut repérer et définir les termes** importants de l'énoncé : ce sont des **notions-clés** du programme.
- **En Histoire**, vous devez le limiter dans le temps et dans l'espace (national, continental, mondial).
- **En Géographie**, il vous faut définir le thème et l'inscrire dans l'espace défini par le sujet.

Déterminer l'enjeu du sujet

- **L'enjeu du sujet** sert de fil conducteur à la composition ; il est aussi appelé **problématique**.
- Il se formule en **une ou deux questions**, ou en **une phrase interrogative**.

En Histoire, il peut porter sur :

– la mise en relation du thème avec le contexte général (En quoi ? Dans quelle mesure ?) ;

– la ou les forme(s) que prend la notion étudiée dans le temps et dans l'espace (Comment ? De quelle manière ?).

En Géographie, les questions peuvent être :

– Quelle est la traduction spatiale de cette notion dans l'espace considéré ?

– En quoi les relations de ces acteurs produisent-elles une nouvelle organisation géographique ?

Organiser ses idées

- **Faites preuve de logique** pour répondre à l'enjeu que vous aurez défini.
- **Organisez votre propos en plusieurs paragraphes.**
- **Chaque paragraphe** portera sur une des idées principales de votre argumentation.

L'astuce du prof

Rassemblez au brouillon toutes les informations nécessaires : idées, faits précis (datés, localisés, chiffrés), personnages, données statistiques, etc. Vous pourrez les classer dans chaque paragraphe par un code couleur.

Cadrer son introduction et sa conclusion au brouillon

L'introduction et la conclusion sont la première et la dernière impression que le correcteur a du devoir. Pour éviter les propos non réfléchis, **fixez-en le contenu au brouillon.**

Comment construire une introduction et une conclusion ?

L'**introduction** générale comporte plusieurs étapes :

– une entrée en matière, qui permet de définir les notions-clés du sujet et de le contextualiser ;

– la formulation du/des enjeu(x) du sujet ;

– l'annonce explicite de l'ordre des paragraphes. Elle n'est pas obligatoire, mais elle clarifie votre démarche.

La **conclusion** générale comporte deux moments :

– votre réponse à l'enjeu du sujet, que vous rappellerez explicitement ;

– une mise en perspective : ouverture vers un problème historique nouveau, élargissement à d'autres espaces ou à un thème plus large.

La rédaction sur la copie 1 h 30

Être logique

- **Rappelez le sujet** choisi.
- **Respectez l'ordre de vos paragraphes**, qui donne un sens à votre travail **argumentatif**.
- **Faites des phrases-titres, ou phrases d'introduction, au début de chaque paragraphe**, pour guider le correcteur.
- **Utilisez les notions-clés du sujet** pour montrer que vous le traitez.
- **Reliez vos connaissances** à l'enjeu que vous avez soulevé.
- **Rédigez des transitions** qui résument le contenu de votre paragraphe et annoncent le suivant.
- **Respectez le principe de l'argumentation** en associant toujours une idée et un exemple, tirés de vos connaissances.

Soigner sa copie

- **Soignez votre graphie** ; faites en sorte d'être lisible.
- **Aérez votre devoir** : passez au moins une ligne entre chaque paragraphe et faites des **alinéas.**

- **Construisez des phrases simples** et assez courtes.
- **Faites attention à la syntaxe,** à **la grammaire** et à **l'orthographe** : pas de phrase sans verbe conjugué, sans sujet, etc.

→ N'oubliez pas qu'une composition est aussi un **exercice d'expression écrite**.

- Prenez toujours un temps assez long pour **vous relire** : **corrigez** l'orthographe et le style, **vérifiez** les dates et les faits.

Les étapes-clés de la composition

1. Bien comprendre les notions-clés du sujet.
2. Définir le fil conducteur de son travail.
3. Organiser ses paragraphes grâce à ses connaissances.
4. Cadrer son introduction et sa conclusion au brouillon.
5. Soigner son expression au moment de la rédaction sur la copie.
6. Prendre le temps de se relire.

Analyse d'un ou deux document(s)

1 h

Qu'est-ce qu'une analyse de document(s) ?

L'exercice d'étude de document(s) comporte :

– **un sujet** clairement énoncé,

– **un ou deux documents** qui peuvent être de nature diverse (photographie, affiche, texte, carte),

– **une consigne** visant à orienter l'analyse du ou des documents. Elle peut comporter plusieurs phrases.

Le travail au brouillon 10 min

Analyser la consigne

- **Repérez le thème et le chapitre du programme** auxquels les documents se rattachent.
- **Définissez les notions-clés** de la consigne.
- **Établissez** les étapes de votre réponse à partir des **phrases de la consigne.**

Analyser les documents

Lorsqu'un document est proposé, vous devez :

– **comprendre le contenu du document** en le mettant en relation avec la question historique ou géographique à laquelle il se rapporte ;

– **dégager l'apport et les limites** éventuelles du document pour la compréhension de cette question historique ou de ce thème géographique.

Lorsque deux documents sont proposés, vous devez :

– **dégager l'apport de chacun des documents** en relation avec la question historique ou géographique à laquelle chacun se rapporte ;

– **les mettre en relation** en montrant l'intérêt de cette confrontation.

Sélectionner les éléments de réponse

- **Repérez les informations** qui sont en rapport avec la consigne.
- **Soulignez les passages en lien avec les notions-clés de la consigne.** Entourez les éléments les plus importants d'un tableau, d'un document iconographique, etc.
- **Utilisez une couleur différente** pour chaque étape de votre réponse.

La rédaction sur la copie 45 min

L'identification ou la présentation du document

Il n'est pas toujours demandé de faire une présentation générale du document. Cependant, la consigne va souvent demander d'éclairer un ou deux des aspects suivants :

– **la nature** du document ;

– **la date** de création ou de parution du document ;

– **les sources** du document : si l'auteur est un personnage important, il faut rappeler sa fonction au moment de la publication du document et des faits évoqués par celui-ci ;

– **le contexte**, c'est-à-dire les circonstances qui expliquent la création, la publication et le contenu du document, et qui en **éclairent les enjeux**.

L'analyse

- Montrez que vous cernez le sens général de la consigne :

– **Citez** le document.

– **Précisez** les allusions.

– **Reliez** ces citations à vos connaissances, que vous exposerez précisément.

Une phrase spécifique de la consigne peut vous demander de **montrer les limites de certains aspects tirés du ou des document(s)** : évoquez les conséquences des événements dont il est question, dites ce qui s'est passé ensuite, insistez sur le parti pris éventuel de l'auteur en relevant ses oublis.

> **L'astuce du prof**
>
> S'il y a deux documents, confrontez-les. Mettez en évidence leurs liens, leurs points communs et leurs différences et expliquez-les grâce à vos connaissances.

→ L'analyse de document(s) doit vous permettre de faire la preuve de votre **capacité à comprendre et à critiquer** le contenu, l'apport et la portée du ou des document(s) proposé(s).

La relecture 5 min

Prenez toujours le temps de vous relire : corrigez l'orthographe et le style, vérifiez si votre réponse correspond bien à la consigne, éliminez les répétitions.

Les clés de l'analyse d'un ou deux documents

- Bien comprendre les termes du sujet et de la consigne.
- Expliquer le ou les documents grâce à vos connaissances.
- Cerner les enjeux et les limites du ou des documents.

La production graphique

1 h

Qu'est-ce qu'un croquis ?

- **Le croquis présente, sur un fond de carte, des informations sélectionnées, hiérarchisées** qui sont mises en relation avec un sujet précis.
- **Il s'agit de représenter l'essentiel** à l'aide de figures simples et d'une légende ordonnée.

Le travail au brouillon 15 min

Analyser le sujet (5 min)

Il s'agit de définir les termes du sujet afin de bien les **comprendre** : délimitez le thème et l'espace concernés, reformulez le sujet afin d'en préciser l'enjeu.

Sélectionner les informations à représenter (10 min)

- L'objectif de la production graphique est de **mettre en évidence les phénomènes géographiques** permettant de répondre au sujet.
- Aucun document n'étant fourni lors de l'examen, il faut sélectionner les informations nécessaires **à partir de connaissances personnelles** et d'une réflexion sur le sujet.

La réalisation du croquis 45 min

Organiser la légende et choisir les figurés cartographiques (15 min)

Construire un plan

- **La légende d'un croquis ou d'un schéma est l'équivalent graphique d'un développement** de composition, les figurés et leur signification correspondant aux **connaissances.**
- La légende gagnera à être organisée en **deux ou trois parties**, apportant chacune un élément de réponse au sujet.

Exposer les enjeux du sujet

Chaque partie comporte un titre porteur de sens, par exemple : « Une population inégalement répartie », au lieu de « Répartition de la population ».

Conseil

Faites des essais de couleur et de forme au brouillon pour vérifier la lisibilité de vos figurés, surtout lorsqu'ils se combinent.

Faire de bons choix

Le choix des figurés doit respecter les règles graphiques et doit être cohérent. Les figurés choisis doivent pouvoir se superposer sans que cela nuise à la lisibilité du croquis.

Réaliser la légende et le croquis (30 min)

- **Rédigez le titre** du croquis.
- **Mettez la légende en forme** sur une feuille à part.
- **Complétez le fond de carte** du croquis en commençant par les figurés de surface, puis avec les figurés ponctuels et linéaires, au crayon de couleur ou au feutre.
- Les figurés du croquis doivent **être les mêmes** que ceux définis dans la légende.
- **Rédigez la nomenclature**, c'est-à-dire les noms de lieux importants pour la compréhension de la production graphique.

Soigner la présentation

- **La production doit être soignée, claire et lisible.**
- N'utilisez ni crayon à papier ni surligneur.
- Les figurés de surface seront réalisés uniquement au **crayon de couleur**.

Conseil

Colorez l'intérieur de vos flèches pour les rendre bien visibles.

Les clés de la production graphique

- Organiser la légende en plusieurs parties.
- Cerner l'enjeu du sujet par un titre de croquis qui affirme une idée.
- Faire des choix graphiques pertinents.
- Soigner la réalisation du croquis.

L'oral de contrôle

40 min

Comment se déroule l'oral de contrôle ?

- Vous tirez au sort un sujet, qui comporte **une question d'Histoire** et **une question de Géographie** du programme.
- Les questions portent sur des thèmes majeurs ou des ensembles géographiques du programme.
- L'une des deux questions est **accompagnée d'un document**.
- Le **temps de préparation** est de 20 minutes.
- La **présentation orale** dure également 20 minutes : 10 minutes d'exposé et 10 minutes d'interrogation.

Le travail au brouillon 20 min

Analyser les questions et organiser ses connaissances

- Faites **un brouillon par question**, et numérotez chaque feuille.
- Consacrez 10 minutes à chaque question.
- Faites **une petite introduction** pour mettre chaque question en contexte, dans laquelle vous déterminerez un enjeu et les étapes de votre raisonnement.
- Mobilisez et organisez rapidement vos connaissances, **sans rédiger** : vous n'avez pas le temps !
- **Concluez** en apportant une réponse à l'enjeu de chaque question.

Tirer parti du document

- Présentez et contextualisez rapidement le document pour en montrer l'intérêt.
- Identifiez les événements, les acteurs, les notions auxquels le document fait référence.

L'oral 20 min

Exposer ses connaissances

- Efforcez-vous d'être précis dans vos propos, **en annonçant votre fil directeur et votre plan**.
- Parlez clairement et posément, sans vous précipiter, mais en surveillant votre temps.
- Montrez que vous commentez le document en faisant des **références précises à son contenu**.

Répondre aux questions

- **Prenez votre temps** pour répondre, afin d'éviter les erreurs grossières.
- N'hésitez pas à vous faire préciser le sens d'une question que vous ne comprendriez pas.
- Ne soyez pas surpris si l'examinateur **déborde du cadre des questions** et vous interroge sur l'ensemble des thèmes du programme.

Les sujets

Sujet 1 — Sujet complet

20 pts — 3 heures

France métropolitaine, juin 2019

Partie 1 HISTOIRE

Le candidat traitera l'un des deux sujets de composition proposés.

Composition 1

2 h — 12 pts

› **La Chine et le monde depuis 1949.**

Composition 2

2 h — 12 pts

› **La gouvernance européenne depuis le traité de Maastricht.**

Partie 2 GÉOGRAPHIE

Croquis

1 h — 8 pts

› **Une inégale intégration des territoires dans la mondialisation.**

Sujet 1 Corrigé

Histoire – Composition 1

› **La Chine et le monde depuis 1949**

Les clés pour réussir

L'essentiel à connaître

Thème principal : le sujet reprend intégralement l'intitulé du chapitre d'Histoire concernant la Chine, dans la partie du programme qui examine comment deux pays ont construit progressivement leur puissance à l'échelle mondiale au cours du XXe siècle.

Notions : puissance, superpuissance, communisme, maoïsme, mondialisation.

Analyser le sujet

Définir les termes du sujet

L'intitulé « La Chine et le monde » oblige surtout à se pencher sur les **relations de la Chine avec le monde,** et à expliquer la politique qu'elle suit aussi bien sur le plan diplomatique qu'économique afin de jouer un rôle sur la planète.

Cerner les limites du sujet

- Le sujet s'inscrit dans une période de l'histoire de Chine où celle-ci cherche à **reconstruire sa puissance** après une longue période de déclin. Plusieurs voies ont été suivies avec la victoire du Parti communiste dans la guerre civile en 1949 : une **voie communiste originale,** maoïste, avant un **revirement vers la mondialisation libérale.**
- Évitez les longs développements sur les évolutions internes de la Chine en particulier de l'époque maoïste (Grand Bond en Avant, etc.), le sujet du chapitre et de la composition insistant bien sur le **rapport de la Chine au monde.**

Déterminer l'enjeu du sujet

Parler de la façon dont la Chine communiste se positionne dans le monde ne doit pas donner lieu à une description de la politique étrangère chinoise mais à la **justification** de celle-ci. Vous devez démontrer que l'**objectif du Parti communiste chinois** est de refaire de la Chine une grande puissance mondiale. **De quelle façon, à partir de Mao, la Chine devenue communiste se positionne-t-elle sur la planète pour redevenir une puissance mondiale ?**

Organiser ses idées

Structurer son devoir

- Une démarche **chronologique** paraît tout indiquée tant la rupture de la fin des années 1970 (le tournant économique libéral et le choix de la mondialisation) montre que la Chine communiste a cherché sa voie dans des **modèles très différents**.
- Si l'époque strictement communiste qui précède connaît aussi une rupture dans le conflit avec le grand-frère soviétique, faire deux parties sur la période 1949-1979 risquerait de déséquilibrer le plan. **Deux parties peuvent donc suffire** pour traiter le sujet :

– La Chine maoïste, une nouvelle voie vers la reconquête de la puissance ? (1949-fin des années 1970).
– La montée en puissance d'une Chine ouverte au monde depuis les années 1980.

Mots, personnages et dates-clés : République populaire de Chine, Parti communiste chinois, maoïsme, non-alignement, « développement pacifique », mondialisation, zones économiques spéciales (ZES), « usine du monde », superpuissance ; Mao Zedong, Zhou Enlai, Deng Xiaoping ; 1949 : victoire du Parti communiste dans la guerre civile, 1960 : rupture sino-soviétique, 1976 : mort de Mao, 1979 : réformes de Deng Xiaoping, 2001 : entrée de la Chine dans l'OMC.

Valoriser sa copie

Exploitez les éléments vus en cours de Géographie sur la place de la Chine dans la mondialisation.

! Attention

Le plan est rappelé pour vous aider, mais il ne doit en aucun cas figurer sur votre copie. À vous de guider le correcteur par l'annonce du plan dans l'introduction, les phrases d'attaque des paragraphes et des transitions.

Introduction

Après une longue période de déclin, l'empire chinois s'effondre avec la Révolution de 1911. La République essaye de redonner un rôle mondial à la Chine, mais doit faire face à de nombreuses difficultés, tant extérieures, avec la conquête japonaise des années 1930, qu'intérieures, avec une guerre civile récurrente. En 1949, c'est le Parti communiste chinois dirigé par Mao Zedong qui conquiert finalement le pouvoir et contrôle la Chine continentale – le gouvernement nationaliste se réfugiant sur Taïwan. De quelle façon, à partir de la prise de pouvoir de Mao, la Chine devenue communiste se positionne-t-elle sur la planète pour redevenir une puissance mondiale ?

À l'époque où Mao dirige la Chine, celle-ci fait le choix de s'insérer dans le bloc soviétique puis s'en détache pour offrir un modèle communiste spécifique. Après la mort de Mao, à partir de la fin des années 1970, la Chine fait le choix de s'insérer dans la mondialisation libérale.

I – La Chine maoïste, une nouvelle voie vers la reconquête de la puissance ? (1949-fin des années 1970)

Après des années de guerre contre les Japonais (jusqu'en 1945) puis de guerre civile, la Chine apparaît toujours en 1949 comme l'un des pays les plus pauvres au monde, menacé par la famine. Dès son arrivée au pouvoir, Mao s'allie à l'URSS et adopte le modèle stalinien. Le Parti communiste chinois (PCC), parti unique, utilise la propagande et la terreur, les opposants au régime étant enfermés dans les *laogai*, des camps de travail équivalents au goulag. Sur le plan économique, la Chine s'engage dans une réforme agraire suivie d'une collectivisation des terres, et adopte un plan quinquennal qui donne priorité à l'industrie lourde. La Chine recherche l'indépendance du pays dans les produits de base. Sur le plan politique, le PCC maintient des exigences nationalistes (protectorat sur le Tibet, « région autonome » envahie en 1950). Les tensions sont également fortes avec Taïwan, protégé par les États-Unis mais qui, surtout, garde un siège permanent au Conseil de sécurité de l'ONU attribué en 1945 puisque la République populaire de Chine (RPC) n'a pas encore obtenu de reconnaissance internationale.

Piège à éviter

N'oubliez pas de développer chaque acronyme une première fois avant de les utiliser dans la copie (PCC, RPC…).

À partir de 1960, mécontent de la politique de déstalinisation menée par Khrouchtchev, Mao rompt ses relations avec l'URSS. Il veut faire de la Chine le centre d'une « révolution communiste véritable », et proposer un modèle original et spécifique d'un pays encore assimilable au tiers-monde, qui s'appuie non plus sur le prolétariat ouvrier urbain mais sur une vaste paysannerie. Mais la politique du « Grand Bond en Avant » tourne à la catastrophe tant elle désorganise les campagnes à force de vouloir les restructurer. La famine tue environ 20 millions de personnes et la RPC doit importer du blé. Mao renforce néanmoins la terreur à travers la « Révolution culturelle », ce qui contribue à enfoncer encore plus la Chine dans les difficultés économiques et sociales.

De plus, la rupture avec l'URSS l'ayant isolée, elle a dû changer de politique étrangère. La priorité de Mao est alors d'abord d'imposer sa puissance en Asie. Sur demande soviétique, la RPC était déjà intervenue dans la guerre de Corée en soutenant (jusqu'à aujourd'hui encore) la Corée du Nord. Dans les années 1970, elle essaie d'intervenir en soutien du Vietnam communiste puis se tourne vers le Cambodge des Khmers Rouges. Par la voix de Zhou Enlai, elle rejoint et anime le mouvement des non-alignés, se posant en leader du tiers-monde face aux puissances du Nord, États-Unis et URSS. Elle multiplie alors les aides et les coopérations en direction de l'Afrique, de l'Amérique du Sud et essaie d'y diffuser son modèle communiste paysan. Enfin, elle développe l'arme nucléaire pour renforcer son indépendance géopolitique (1964). La RPC obtient ainsi progressivement sa reconnaissance internationale : la France en 1964, les États-Unis de Nixon en 1971. La même année, elle récupère sur Taïwan le poste permanent au Conseil de sécurité de l'ONU qui devient une tribune pour sa politique étrangère.

Vocabulaire

Non-alignés : désigne d'anciens pays décolonisés qui ne souhaitent pas choisir un bloc ou un autre de la guerre froide, afin de préserver leur toute récente indépendance.

À la mort de Mao (1976), ses partisans se disputent le pouvoir. Les réformateurs regroupés autour de Deng Xiaoping s'imposent en 1978 et mènent une politique de réformes et d'ouverture, cherchant à s'intégrer à la mondialisation.

II – La montée en puissance d'une Chine ouverte au monde depuis les années 1980

À partir de 1979, la Chine se lance dans une série de réformes qui ne touchent pas à la suprématie politique du PCC mais cherchent l'intégration du pays au monde par le biais de son ouverture économique à la mondialisation libérale. Quatre zones économiques spéciales (ZES) sont ouvertes en 1984 sur le littoral, dont la ville de Shenzhen, contiguë du protectorat encore britannique de Hong Kong. Les ZES s'implantent ensuite sur tout le littoral puis, depuis les années 2000, gagnent l'intérieur du pays. Elles transforment progressivement la Chine en « usine du monde » : premier producteur d'acier et de textile, quatrième pour l'automobile, avec des taux de croissance annuelle de 10 % depuis 20 ans... La Chine est devenue aujourd'hui par son PIB la deuxième puissance économique mondiale, derrière les États-Unis et devant son éternel rival japonais. Et elle est maintenant le premier commerçant du monde « exportant vers les territoires Consommateurs (Europe, Amérique du Nord, Japon). Si son PIB/hab. reste moyen, la Chine assure de plus en plus de fonctions décisionnelles dans la division internationale du travail (DIT). Ses dépenses en recherches et développement (R&D) atteignent désormais 2 % de son PIB, ce qui représente 20 % du total mondial ! Le PCC cherche aujourd'hui à construire des filières innovantes dans le secteur des énergies, de la communication ou de la santé ».

Vocabulaire

ZES : espaces qui restent fortement contrôlés mais où l'économie capitaliste libérale est autorisée, ce qui permet la présence de FTN étrangères venant chercher une main-d'œuvre abondante et bon marché.

En un sens, cette ouverture a aussi contribué à la mondialisation, à la fois en ouvrant le pays le plus peuplé du monde aux investissements étrangers mais aussi en donnant à l'économie mondiale un dynamisme nouveau, qui conduit à l'émergence d'une économie-monde multipolaire où le Nord doit revoir ses positions. Elle est aussi au cœur des échanges énergétiques (15 % de l'énergie mondiale) et traite et investit avec l'Afrique, le Moyen-Orient et l'Amérique latine. Elle est devenue aussi le premier pollueur mondial. Les FTN chinoises font également leur apparition et prennent le contrôle d'entreprises occidentales ou japonaises (rachat d'IBM par Lenovo...). Enfin, elle possède une grande part des bons du Trésor américain, finançant ainsi la dette des États-Unis...

Valoriser sa copie

Croisez Histoire et Géographie (Asie et mondialisation) pour montrer que vous pouvez faire une réutilisation réfléchie de vos connaissances. Attention, le sujet reste un sujet d'Histoire !

Depuis 1979, la politique étrangère de la Chine de « développement pacifique » prône un monde multipolaire lui permettant de prendre place sur l'échiquier mondial, au sein des grandes organisations internationales comme l'ONU ou l'OMC, qu'elle intègre en 2001. La création du G20 a été, pour elle comme pour les pays du Sud, un succès diplomatique. Elle est au cœur des BRICS, perpétuant sa politique de défense des pays en développement face aux pays développés. En 1997, la rétrocession de Hong Kong puis, l'année suivante, de Macao lui a redonné son intégralité territoriale. Reste le conflit avec Taïwan malgré un accord de libre-échange en 2010. La Chine reste également un acteur incontournable du dossier coréen, apaisant les tensions mais bloquant la réunification. Elle a été à l'initiative d'organisations internationales, comme l'Organisation de Shanghai avec la Russie et l'Asie centrale, destinée à assurer la stabilité de cette partie du continent, notamment face à l'islamisme, tout en évitant une trop forte immixtion des États-Unis. La crainte d'une trop forte domination chinoise en Asie du Sud et de l'Est pousse en revanche ses voisins à renforcer l'alliance américaine.

La RPC ajoute à ces éléments de puissance un regain d'influence culturelle appuyée sur sa diaspora (30 millions d'expatriés), servant de réseau économique mais aussi de vitrine de la culture chinoise (présence de « *Chinatowns* » dans les grandes métropoles). Le pays a même obtenu l'organisation de grandes manifestations : les Jeux olympiques de Pékin en 2008, l'Exposition universelle de Shanghai en 2010. Mais de nombreux facteurs fragilisent encore son ascension : tensions sociales (grèves de plus en plus fréquentes) qui pourraient dégénérer en tensions politiques, dévoilant la contradiction entre doctrine communiste officielle et libéralisation économique comme ce fut le cas en 1989 avec les manifestations de la place Tian'anmen, atteintes aux droits de l'Homme...

Conclusion

Le PCC semble avoir réussi son pari de refaire de la Chine une puissance dont l'influence se manifeste à nouveau dans plusieurs domaines et à plusieurs échelles, en Asie d'abord, dans le monde ensuite. La Chine apparaît comme une future superpuissance mondiale comparable aux États-Unis. Mais pour y parvenir, le Parti a connu de nombreuses évolutions idéologiques et a dû faire concorder sa doctrine avec la réalité d'espaces de plus en plus mondialisés. Elle offre ainsi un modèle dont on ne sait s'il devra encore évoluer ou s'il peut devenir une référence pour l'avenir.

Histoire – Composition 2

› La gouvernance européenne depuis le traité de Maastricht

Les clés pour réussir

L'essentiel à connaître

Thème principal : ce sujet s'insère au sein du thème d'Histoire intitulé « Les échelles de gouvernement dans le monde » et porte sur le chapitre concernant la gouvernance européenne depuis le traité de Maastricht, en 1992. L'intitulé du sujet reprend donc, sans modification, le titre de ce chapitre.

Très classique et vaste, il requiert de solides connaissances tant sur les **événements** et la **chronologie de la gouvernance européenne** que sur le **fonctionnement des institutions** et leurs modifications avec les **multiples réformes.**

Notions : gouvernance, approfondissement, élargissement, souverainisme, euroscepticisme.

Analyser le sujet

Définir les termes du sujet

- La formulation du sujet met en avant le **terme de gouvernance.** Ce terme, très large et multiforme, est difficile à définir clairement mais des constantes apparaissent. La gouvernance, qui se distingue du gouvernement, est l'ensemble des pratiques politiques, des règles, des institutions qui influent sur l'exercice du pouvoir et qui visent le bien commun, l'efficacité et la participation des citoyens.
- Quant aux **bornes chronologiques**, 1992 est la signature du traité de Maastricht, fondateur de l'Union européenne et porteur d'une nouvelle gouvernance, et l'étude se poursuit jusqu'à nos jours sans limitation de temps.

Cerner les limites du sujet

- Dans la mesure où le sujet porte sur la gouvernance européenne, il est bien entendu que seuls les pays membres ou candidats à cette organisation doivent être évoqués.
- De même, le sujet débute avec le traité de Maastricht en 1992 et ne porte donc pas sur la construction européenne ou le projet politique depuis la fin de la Seconde Guerre mondiale.

- La gouvernance européenne est à la fois politique, économique, financière... Ne vous limitez pas à la seule gouvernance économique.

Pièges à éviter

- Ne confondez pas l'UE et l'Europe dans votre copie ; de même le sujet n'est pas une composition sur la politique extérieure de l'UE et sa place internationale.
- Vous ne devez pas non plus transformer ce sujet en une longue suite de traités sans expliquer en quoi ils modifient la gouvernance.
- De même, vous devez évoquer tous les aspects de cette gouvernance (réformes institutionnelles, mise en place d'une citoyenneté européenne...) et pas seulement les décisions économiques ou financières.

Déterminer l'enjeu du sujet

- Au cœur de ce sujet, il y a la volonté pour la « vieille » CEE de **donner naissance à une Europe politique** qui viendrait s'ajouter à l'Europe économique déjà créée en 1957 et 1986.
- En 1992, le traité de Maastricht pose les **bases d'une gouvernance européenne, efficace et légitime** aux yeux des citoyens européens, gouvernance qui est encore largement inopérante. Comment la gouvernance européenne est-elle, en grande partie, restée embryonnaire et peu efficace ?

Organiser ses idées

Structurer son devoir

Une **démarche chronologique** facilite le traitement de ce sujet ; encore faut-il que votre devoir s'articule autour de quelques dates charnières essentielles : 1992 évidemment mais aussi 2002 avec l'adoption de la monnaie unique, 2005 et le processus avorté de ratification du traité constitutionnel et, depuis 2008, la **crise financière et économique** au sein de l'UE qui met à mal l'émergence d'une gouvernance européenne.

– Le traité de Maastricht : l'ambition d'une réelle gouvernance européenne en 1992.

– Les vœux de Maastricht ont-ils été accomplis ? (1993- 2004).

– Depuis 2005, hésitations et divergences : la gouvernance en panne.

Mots-clés : Maastricht, Nice, Lisbonne, Commission européenne, Parlement européen, conseil de l'Europe, conseil européen, convention de Schengen, euro, Brexit, crise des réfugiés.

Valoriser sa copie

- Pensez à insérer un schéma simple au sein de votre composition pour montrer que vous maîtrisez la localisation et le langage cartographique.
- L'illustration des élargissements successifs depuis 1992 qui rendent plus complexe la gouvernance européenne pourrait être un schéma pertinent.

! Attention

Le plan est rappelé pour vous aider, mais il ne doit en aucun cas figurer sur votre copie. À vous de guider le correcteur par l'annonce du plan dans l'introduction, les phrases d'attaque des paragraphes et des transitions.

Introduction

Brexit, crise monétaire de l'État grec ou drames humains des migrants qui meurent par milliers en tentant d'entrer en Europe : les échecs de l'Union européenne s'accumulent sans que les États membres ne parviennent à s'entendre sur des solutions. Cette succession de crises alimente la défiance des opinions publiques et pose clairement la question de la gouvernance européenne. En 1992, le traité signé à Maastricht aux Pays-Bas posait les premières pierres d'une Europe que l'on voulait plus politique. Mieux gouverner, améliorer les institutions, les règles, mieux intégrer les citoyens afin de mettre en place un pouvoir au service du bien commun et de l'efficacité, mettre donc en place une réelle gouvernance : telles étaient les ambitions de ce traité qui faisait suite à l'effondrement des démocraties populaires en 1989. Il préparait l'avenir et les futures adhésions qui se profilaient. Plus de 20 ans plus tard, ces ambitions ont été revues à la baisse. Les dissensions, les égoïsmes nationaux, les oppositions des eurosceptiques handicapent la gouvernance européenne qui est aujourd'hui bien faible. Comment la gouvernance européenne est-elle, en grande partie, restée embryonnaire et peu efficace ?

I – Le traité de Maastricht : l'ambition d'une réelle gouvernance européenne en 1992

En 1992, la Communauté Économique Européenne (CEE) est à un tournant de sa jeune histoire et le projet d'une Europe politique commence à prendre forme avec l'élaboration du traité de Maastricht. L'effondrement des démocraties populaires (Pologne, Tchécoslovaquie...) en 1989 ouvre des perspectives jusqu'alors bloquées par la guerre froide. Il est alors envisageable de réunifier le continent, de l'unir au sein d'une nouvelle organisation qui ne serait pas seulement économique. En 1992, le traité de Maastricht doit donner une nouvelle orientation aux ambitions européennes dans une logique d'approfondissement, et élaborer une réelle gouvernance pour formaliser une Europe politique. Il envisage une refonte des institutions et donne naissance à l'UE. Le texte du traité évoque le nécessaire approfondissement de l'intégration, renforce le pouvoir du Parlement, crée une citoyenneté européenne, envisage la création d'une monnaie unique (le futur euro) et repose sur trois piliers (les communautés européennes : CEE, CECA, Euratom ; la coopération judiciaire ; la politique extérieure de sécurité). Ce traité doit préparer l'avenir et les futurs élargissements (en 1995 et surtout en 2004 avec l'entrée de dix nouveaux pays dont huit de l'Europe de l'Est, cf. schéma) et approfondissements.

Schéma des élargissements successifs depuis 1992

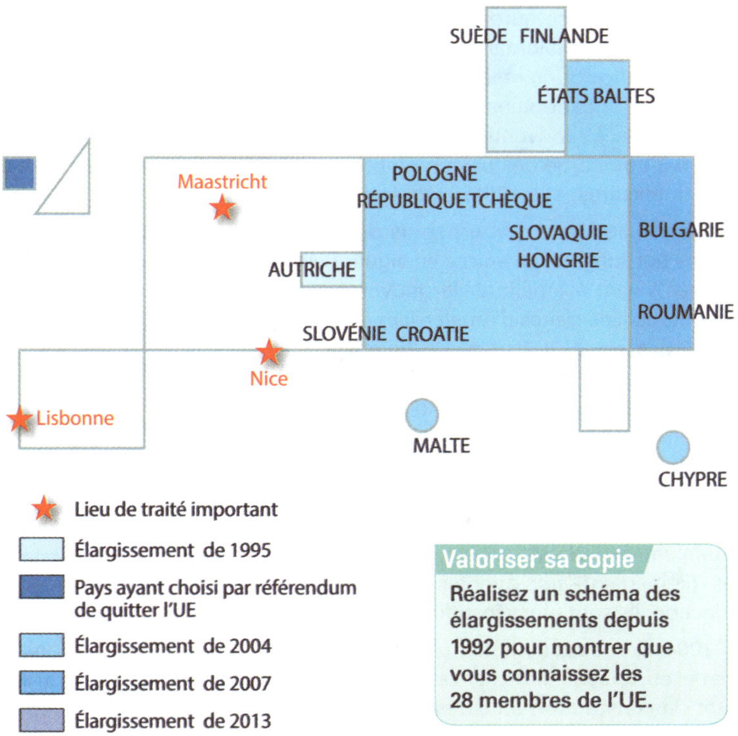

Valoriser sa copie

Réalisez un schéma des élargissements depuis 1992 pour montrer que vous connaissez les 28 membres de l'UE.

Vocabulaire

Ratification : acte d'approuver un traité qui a été signé par les représentants des pays membres et qui lui donne force de loi.

Pour rentrer en vigueur, un traité doit être ratifié par les États membres et la ratification du traité de Maastricht va se révéler difficile. La grande majorité des pays choisissent l'option parlementaire – la moins risquée – et trois, dont la France, choisissent le référendum. En Irlande, les électeurs approuvent largement le texte alors qu'en France, à la suite d'une intense campagne des souverainistes de droite comme de gauche qui estiment que les nations doivent garder leurs prérogatives, le traité est approuvé d'extrême-justesse. Quant au Danemark, après un premier vote négatif, un nouveau référendum est organisé dont le résultat est plus conforme aux attentes.

II – Les vœux de Maastricht ont-ils été accomplis ? (1993-2004)

Dès sa naissance, le traité de Maastricht est mal accepté, jugé peu légitime aux yeux de nombreux électeurs et il n'aura de cesse d'être remanié aux cours des années suivantes même si des avancées significatives seront accomplies.

Ce traité, à la fois économique et politique, devait être la première pierre d'une gouvernance européenne efficace et préparait les futurs élargissements qui se profilaient. Dans les années qui suivent, la gouvernance européenne avance donc réellement et plusieurs mesures mises en avant par Maastricht sont adoptées. La liberté de circulation des individus est établie en 1997 avec la convention de Schengen, puis l'euro devient la monnaie unique d'une partie des pays membres de l'UE dès 1999 pour les transactions financières, et en 2002 pour les particuliers.

Si le traité de Maastricht a permis des avancées significatives, durant les années qui suivent son entrée en vigueur (1993) plusieurs autres textes sont adoptés visant à améliorer la gouvernance européenne et à réformer les institutions. Les traités d'Amsterdam en 1997 et de Nice en 2001 tentent de favoriser la prise de décision et la coopération au sein de l'Union européenne. Le pouvoir du Parlement est étendu et la règle de vote du Conseil de l'UE devient celle de la majorité qualifiée et non de l'unanimité, difficile à obtenir dans une Europe élargie. Mais ces deux traités, en remaniant celui de Maastricht, ne répondent pas pleinement aux attentes et, dès leur rédaction, ils sont jugés insuffisants.

Vocabulaire

Conseil de l'UE : réunion des ministres des pays membres de l'UE selon l'ordre du jour.
Majorité qualifiée : majorité pondérée selon la population de chaque pays membre ; elle correspond environ à 73 % des voix.

En 2004, un nouveau traité, plus ambitieux, est rédigé : le traité constitutionnel européen. Piloté par Valéry Giscard d'Estaing, il doit donner un semblant de constitution à l'UE et assurer une réelle gouvernance à l'échelle européenne. Mais l'échec de sa ratification en 2005 fera de ce traité un projet mort-né. L'euroscepticisme ne cesse de grandir au sein de l'UE et la France et les Pays-Bas (deux pays fondateurs de la CEE) votent à une large majorité (respectivement 55 et 61 %) contre ce texte. Même si le processus de ratification se poursuit dans les autres pays, l'échec est évident et marque un coup d'arrêt à la volonté d'une gouvernance européenne. Deux ans plus tard, le traité de Lisbonne, moins ambitieux, modifie les traités précédents et continue d'élaborer une gouvernance européenne. Ce traité touche la diplomatie et les institutions en rendant la Commission responsable devant le Parlement. Même s'il est prudent, le traité de Lisbonne est une réelle avancée pour une gouvernance européenne. C'est également lors des discussions pour le finaliser que les chefs d'État et de gouvernements de l'UE envisagent l'élection d'un président du Conseil européen qui aura pour rôle de le représenter dans l'ensemble de l'UE.

Les années qui suivent Lisbonne vont cependant se révéler très difficiles.

III – Depuis 2005, hésitations et divergences : la gouvernance en panne

En 2008, la crise financière puis économique qui touche l'UE va mettre à mal la gouvernance européenne. Confrontés à d'immenses difficultés financières, certains pays membres s'en remettent à la solidarité européenne pour faire face à leur endettement et leur déficit. L'idée d'un partage des dettes ou d'un soutien financier sans faille est cependant très mal acceptée, notamment dans les pays membres du nord de l'Europe. Cette crise monte les États les uns contre les autres et se révèle dramatique pour l'unité et la solidarité de l'UE et, partant, pour la gouvernance européenne. Alors que les pays du sud de l'UE sont montrés du doigt pour leur mauvaise gestion, chaque pays tente de trouver des solutions nationales et aucune instance européenne de gouvernance financière et économique crédible n'émerge.

Les affaires étrangères, la diplomatie ou encore la défense illustrent également les hésitations de la gouvernance européenne. En 2009, conscients des faiblesses de l'UE sur la scène internationale, incapables de parler d'une seule voix, les 27 pays membres désignent un haut représentant de l'Union européenne pour les affaires étrangères et la politique de sécurité. Mais des révolutions arabes de 2010 aux interventions britanniques ou françaises au Mali ou en Centrafrique en 2013-2014, l'UE a brillé par sa frilosité, son manque de visibilité, son absence de décisions claires. Ainsi les citoyens européens assistent, impuissants, à la division des États européens face à l'afflux de réfugiés chassés par des conflits en Afrique ou au Proche-Orient. Alors que certains pays membres comme l'Allemagne ou la Suède ouvrent leurs frontières, d'autres, telle la Hongrie ou la Bulgarie les ferment. La Grèce, pourtant laminée par la crise financière, ne reçoit qu'un soutient insuffisant de l'UE pour accueillir les réfugiés sur son sol.

> **Valoriser sa copie**
> Faites référence aux événements internationaux récents pour inscrire votre réflexion dans le contemporain.

Conclusion

Depuis 1992, l'UE tente, très progressivement, de construire une véritable gouvernance européenne, mais les échecs et les renoncements ont été très nombreux et les ambitions initiales revues à la baisse. Les dissensions nationales quant au devenir de l'Union, la défiance des opinions publiques attestée par la très forte abstention aux élections européennes, le manque d'autorité et de visibilité de ceux censés représenter l'UE ou encore l'absence d'harmonisation fiscale ou financière marquent l'échec, pour l'instant, d'une réelle gouvernance européenne. Seule une réforme d'ampleur et un transfert des compétences des pays membres vers l'UE pourront lui donner une réelle crédibilité.

Géographie – Croquis

› Une inégale intégration des territoires dans la mondialisation

Les clés pour réussir

L'essentiel à connaître

Thème principal : ce croquis, l'un des deux attendus sur le thème 2 de Géographie, permet de représenter la **hiérarchisation des territoires dans l'espace mondial**. Il est la traduction graphique du chapitre portant sur les territoires inégalement intégrés à la mondialisation.

Notions : hiérarchisation, espaces moteurs, commandement, aire de puissance, intégration, marginalisation.

Analyser le sujet et organiser ses idées

Définir les termes du sujet

- La notion d'intégration s'oppose à celle de **marginalisation**, implicitement attendue. Est intégré à l'espace mondial un territoire qui, parce qu'il dispose d'infrastructures opérantes et compte des acteurs puissants, commande **flux** et **décisions**.
- À l'inverse, un territoire est marginalisé quand, faute d'acteurs influents et/ou d'infrastructures performantes, il reste à l'écart des échanges et **subit les décisions** des autres acteurs. La mondialisation sert de cadre au sujet mais ne doit pas être traitée en tant que telle ; seules ses **conséquences spatiales** doivent être abordées.

Déterminer l'enjeu du sujet

- Par un double processus de diffusion des produits, des idées et des investissements d'une part, et de concentration des pouvoirs d'autre part, la mondialisation **hiérarchise les territoires**. Il s'agit donc de restituer cette hiérarchisation, en produisant une **typologie des territoires selon leur influence dans l'espace mondialisé**.
- Inscrivez votre réflexion à **plusieurs échelles**, la mondialisation opérant un classement des lieux aussi bien à l'échelle mondiale qu'au sein de chaque métropole.

Réaliser sa légende et sa production graphique

Préparer sa légende

- Commencez par **classer les États en plusieurs catégories**, selon leur degré d'intégration à la mondialisation. Le nombre de catégories n'est pas imposé ; trouvez l'équilibre entre une représentation trop schématique et une multiplication excessive des catégories, dans laquelle vous risqueriez de vous perdre, et donc de commettre des erreurs de classement.
- Jouez ensuite sur le **changement d'échelle** pour montrer que la hiérarchisation s'opère aussi à l'intérieur des États, voire des métropoles, marquées par les **disparités sociospatiales**.

Préparer son croquis

- Votre typologie doit être rendue par un **dégradé de surfaces colorées.** L'ordre visuel reflétant l'ordre des données, les **espaces dominants** doivent être de couleur foncée, et les **espaces dominés** de couleur claire. Assurez-vous que vos couleurs sont bien distinctes les unes des autres.
- La hiérarchisation à d'autres échelles sera rendue par des **figurés ponctuels ou linéaires**, permettant de ne pas alourdir le croquis et d'en faciliter la lecture.

Valoriser son croquis

- Combinez vos figurés pour faciliter la lecture globale du croquis.
- Normalisez et **hiérarchisez votre nomenclature**, pour renforcer l'effet graphique de vos choix de couleur. À un type d'espace correspond un type d'écriture.
- Plutôt que de chercher à être exhaustif, **procédez parfois de façon sélective**, et indiquez-le dans votre légende.

Valoriser sa copie

Assurez-vous que vous pouvez correctement superposer vos figurés pour en faciliter la lecture.

1. Un espace mondial de plus en plus multipolaire

- Trois aires de puissance commandent l'espace mondialisé
- Les pays développés profitent de la mondialisation
- Des pays émergent et prennent une place croissante dans la mondialisation
- Certains pays profitent d'avantages spécifiques pour s'insérer dans la mondialisation (rente pétrolière et/ou contrôle d'une matière première)
- De nombreuses parties du monde restent dominées dans la mondialisation
- Exemple de PMA marginalisés par le processus de mondialisation

2. La mondialisation hiérarchise les territoires à toutes les échelles

- Les métropoles des aires de puissance, pôles décisionnels mondiaux
- Les mégalopoles, centres d'impulsion de l'espace mondialisé
- Les métropoles relais de la mondialisation dans les pays émergents
- Les façades maritimes, interfaces majeures de la mondialisation
- Des fractures sociospatiales dans les métropoles

Valoriser sa copie

Classez et hiérarchisez vos figurés en deux parties pour clarifier votre démarche.

Sujet 2 L'historien et les mémoires de la guerre d'Algérie

12 pts

2 h

France métropolitaine, septembre 2017

Composition

› **L'historien et les mémoires de la guerre d'Algérie.**

Les clés pour réussir

L'essentiel à connaître

Thème principal : le sujet correspond à l'entrée du premier thème du programme d'Histoire, « Les mémoires : lecture historique ». L'étude est consacrée ici aux mémoires de la guerre d'Algérie.

Notions : mémoires, mémoire collective, mémoire individuelle, mémoire d'État, histoire, commémoration, devoir de mémoire.

Analyser le sujet

Définir les termes du sujet

- **La mémoire** est le souvenir, partiel et sélectif, qu'un individu ou une communauté a d'un événement. **Les mémoires** sont les souvenirs d'individus ou de groupes « porteurs de mémoire », ici les **Français et Algériens impliqués dans la guerre.**
- Le travail des historiens est d'interroger les mémoires, de les mettre à distance et en perspective : on parle de **processus d'historicisation des mémoires.**
- La guerre d'Algérie, guerre de décolonisation sanglante, voit s'affronter la France et le FLN de 1954 à 1962. Bien que la France ait longtemps parlé d'opérations de « maintien de l'ordre », cette véritable guerre **a profondément divisé la société**, brisant l'idée d'unité de la nation, et **provoquant ensuite des tensions autour des enjeux de mémoires.**

Cerner les limites du sujet

- Le sujet n'indique pas de limite temporelle mais **commence dès 1962**, avec l'indépendance et la mise en place des premières mémoires officielles.
- En France, le fait de ne pas nommer ce conflit pendant la guerre a préparé le refoulement de la mémoire.

Pièges à éviter

- Ne faites pas l'histoire du conflit algérien (programme de Première). Le sujet porte sur les mémoires de ce conflit.
- N'omettez pas d'envisager la construction de la mémoire **des deux côtés de la Méditerranée**, selon des chronologies et des motivations différentes.
- Il n'y a pas une mémoire française ou algérienne : distinguez les différents groupes mémoriels.

Déterminer l'enjeu essentiel du sujet

- Le sujet met en relation l'historien avec les mémoires concurrentielles et antagonistes issues de la guerre d'Algérie.
- Il s'agit d'étudier comment se sont constituées et ont évolué ces mémoires, de part et d'autre de la Méditerranée, et selon les groupes qui en sont porteurs.
- Interrogez aussi le **travail des historiens** face à ces multiples mémoires, la manière dont, par un travail de distanciation critique, ils en ont fait un **objet d'histoire**, et leur place face à cette « demande sociale d'histoire » de plus en plus pressante.
- En quoi la guerre d'Algérie est-elle un enjeu de mémoires en France et en Algérie ? Comment le travail de l'historien peut-il en faire un objet d'histoire ?

Organiser ses idées

Structurer son devoir

Mettez en lumière les **rythmes et les modalités de ce travail de mémoire**, en distinguant la France de l'Algérie. Vous pouvez organiser votre démonstration selon les axes suivants :

– La constitution de mémoires plurielles et antagonistes de part et d'autre de la Méditerranée.

– La constitution de la mémoire des États, avec des motivations différentes en France et en Algérie.

– Les historiens face aux différentes mémoires de la guerre d'Algérie.

Mots-clés : mémoire, « guerre sans nom », commémoration, FLN, FNACA, Harki, « pieds noirs », concurrence mémorielle, loi mémorielle, amnistie.

Valoriser sa copie

- Distinguez clairement les mémoires individuelles des mémoires de groupe et des mémoires d'État.
- Développez des exemples de mémoires choisis en Algérie et en France.
- Mettez en exergue le travail des historiens face aux mémoires. **Citez au moins un historien spécialiste de la question.**

HISTOIRE

Sujet 2 Corrigé

› L'historien et les mémoires de la guerre d'Algérie.

> **! Attention**
> Le plan est rappelé pour vous aider, mais il ne doit en aucun cas figurer sur votre copie. À vous de guider le correcteur par l'annonce du plan dans l'introduction, les phrases d'attaque des paragraphes et des transitions.

Introduction

La guerre d'Algérie est un sujet brûlant, provoquant régulièrement la polémique dans l'actualité française et algérienne. Au lendemain de l'armistice, en 1962, la construction de la mémoire officielle se met en place en Algérie, alors qu'en France « la mémoire est ensevelie » (Benjamin Stora) : des mémoires concurrentes et antagonistes se construisent.

> **Valoriser sa copie**
> Citez régulièrement des historiens pour montrer que vous maîtrisez leur discours sur les mémoires.

Ces différentes mémoires sont devenues un objet d'étude pour les historiens qui travaillent sur leur apparition et leur évolution. Si les mémoires peuvent être définies comme un rapport subjectif au passé, un souvenir partiel et sélectif qu'un individu ou une communauté a d'un événement, l'historien vise à construire un récit cohérent, objectif et nécessairement distancié de ces mémoires.

En quoi la guerre d'Algérie est-elle un enjeu de mémoires en France et en Algérie ? Comment le travail de l'historien peut-il en faire un objet d'histoire ?

> **Valoriser sa copie**
> Rédigez une problématique qui permette de cerner tous les aspects du sujet. Chaque partie développée doit apporter un élément de réponse.

Après avoir présenté les différentes mémoires de groupe qui émergent dès 1962, nous verrons que l'État algérien instrumentalise l'histoire pour construire une mémoire officielle, alors que la France enfouit la mémoire de cette « opération de maintien de l'ordre ». Enfin, nous nous intéresserons au travail des historiens face à la multiplicité de ces mémoires, qui a abouti à une relecture des événements dans les deux pays.

I – La guerre d'Algérie a fait naître des mémoires plurielles et antagonistes

Elle a divisé les Français comme les Algériens car les acteurs ont été nombreux et leurs engagements différents. Des mémoires éclatées sont nées. La mémoire des combattants s'est beaucoup exprimée dans l'espace public au lendemain du conflit. Appelés et rappelés du contingent français ont écrit, selon Benjamin Stora, plus de 2 500 livres entre 1962 et 1982. Vaincus, ils évoquent des violences commises et non assumées, une guerre subie. Au contraire, la mémoire des membres de l'OAS, les « ultras », est celle de la colère qui accompagne la défaite et de la trahison des politiques qui ont abandonné l'Algérie.

Côté algérien, la mémoire des combattants est celle du FLN, celle d'un gouvernement autoritaire qui tire sa légitimité du combat mené pour l'indépendance et entretient la mémoire de la victoire, de la fin de l'oppression.

Les pieds-noirs, ces 800 000 rapatriés qui ont vécu l'arrachement, l'exil en métropole, portent la mémoire du pays perdu. Ils véhiculent aussi la mémoire des massacres d'Oran après l'indépendance. Enfin, les harkis ont vécu une véritable tragédie : abandonnés par l'armée française, condamnés dans leur pays d'origine, ils ont aussi été victimes de massacres au moment de l'indépendance.

Ces différents groupes mémoriels refusent l'oubli qui s'organise en France. Dès les années 1970, les anciens combattants et les harkis cherchent à se faire entendre. Les premiers veulent obtenir le statut d'ancien combattant. Les seconds se révoltent en 1975 pour dénoncer leurs conditions de vie déplorables. Dans les années 1980, les pieds-noirs réclament une indemnisation à l'État.

La guerre d'Algérie suscite ainsi des mémoires plurielles et antagonistes en France et en Algérie. Cette concurrence mémorielle a retardé l'émergence d'une mémoire consensuelle du conflit, d'autant plus que dans chaque État se construit une mémoire officielle.

Vocabulaire

OAS (Organisation de l'Armée Secrète) : créée en 1961, elle se bat de façon clandestine pour garder l'Algérie française.

FLN (Front de Libération National) : parti né en 1954 pour obtenir l'indépendance. En 1962, il prend le pouvoir et devient le parti unique de l'Algérie indépendante, non sans luttes internes.

Harkis : Algériens qui ont servi de supplétifs dans l'armée française en Algérie entre 1957 et 1962. À ce titre, ils obtiennent le statut d'anciens combattants en 1974.

II – Les mémoires officielles se construisent différemment de part et d'autre de la Méditerranée

Dès l'armistice, l'Algérie met en place une mémoire d'État, sous le contrôle du FLN. Les emblèmes d'État sont ceux de la lutte pour l'indépendance. Le drapeau du FLN devient celui de l'État, le chant du maquis est adopté en 1963 comme hymne national, et les fêtes nationales correspondent à des dates-clés du conflit : le 1er novembre est la fête de la révolution, le 5 juillet la fête de l'indépendance.

Pour unifier la mémoire, l'État crée le mythe des 1,5 million de martyrs (contre 300 000 morts pour les historiens). L'idée d'un peuple se soulevant de façon unanime à l'appel du FLN devient l'histoire officielle, tandis que les héros évincés durant et après le conflit, comme M. Boudiaf, sont exclus de ce panthéon officiel ; les épisodes troubles du conflit sont ignorés, comme les luttes fratricides qui ont fait plus de 10 000 morts.
Mais ce récit national est progressivement remis en cause. En 1979, le président Chadli amorce un mouvement d'amnistie : il libère Ben Bella et réhabilite certains héros de la guerre. En 1980, le mouvement de contestation du « Printemps berbère » écorne le mythe de l'unicité de la guerre d'indépendance. 60 % des Algériens ont alors moins de 20 ans et sont moins sensibles au discours « révolutionnaire » du FLN. Puis, la guerre civile des années 1990 en Algérie provoque une résurgence des souvenirs enfouis des violences de guerre. En 1999, le président Bouteflika fait réapparaître dans les discours officiels des nationalistes historiques et leur offre un hommage posthume : l'aéroport deTlemcen reçoit le nom de Messali Hadj.
Ainsi, en Algérie, on peut parler d'une histoire sélective et instrumentalisée pour légitimer le pouvoir autoritaire du FLN. Si des mémoires multiples existent, elles ont été réduites au silence.
En France, entre 1954 et 1962, la « guerre sans nom » prépare le terrain à l'oubli officiel une fois l'indépendance accordée. La guerre est niée jusqu'aux années 1970 : les autorités mènent une politique de l'oubli afin de restaurer l'unité nationale et d'effacer les traumatismes. Par une série de lois votées entre 1962 et 1982, les actes commis pendant la guerre, y compris la torture, sont amnistiés.
La guerre d'Algérie fait l'objet d'une construction mémorielle différente des deux côtés de la Méditerranée. Elle représente un enjeu difficile à historiciser.

> **L'astuce du prof**
> N'oubliez pas les phrases de transition pour faire le lien entre deux parties.

III – Les historiens doivent faire face à ces différentes mémoires et les mettent à distance pour les historiciser

Face à ces mémoires, les historiens ont un rôle complexe. Avec un accès restreint aux archives, ils doivent écrire une histoire objective, distanciée et dépassionnée, ramenant chaque mémoire à sa place.
Les premiers pas de la recherche historique sont hésitants. Quelques historiens précurseurs et militants dénoncent les pratiques de la torture : Henri Alleg publie dès 1958 *La Question*, Pierre Vidal Naquet en 1962 *La Raison d'État*. Mais l'étude de la mémoire de la guerre d'Algérie demeure largement « invisible » entre 1962 et 1992.
Le contexte devient plus favorable avec l'ouverture des archives militaires en 1992 ; de nombreux travaux d'historiens s'engagent. R. Branche soutient une thèse sur *La Torture en Algérie* en 2001 démontrant que l'État français a couvert des pratiques de torture.

Ces travaux d'historiens ramènent la guerre d'Algérie dans les débats de société, certains parlant même d'hypermnésie ou d'exaltation de la mémoire. Dans ce contexte, la France reconnaît officiellement au conflit son statut de « guerre » en octobre 1999, provoquant selon B. Stora une « accélération de la mémoire » : publications, films de fiction, documentaires se multiplient. Le maire de Paris fait poser en 2001 une plaque pour commémorer les victimes du 17 octobre 1961.
Mais lorsque le président Chirac inaugure, le 5 décembre 2003, le mémorial national aux morts militaires de la guerre, il décide d'en faire la date de commémoration officielle du conflit. Cette date neutre, dépourvue de sens, montre les limites du devoir de mémoire. En février 2005, le Parlement vote une loi mémorielle, dont l'article 4 intime aux programmes scolaires de reconnaître « le sacrifice des combattants de l'armée française issus [des] territoires [d'Afrique du Nord] ». Les historiens dénonçant une entrave à leurs travaux de recherche, cet article est abrogé en 2006.
En Algérie, le travail des historiens est encore empêché, car l'État rejette toujours les responsabilités de la guerre sur la France et censure les archives et les travaux de recherche.

Conclusion

Les mémoires de la guerre d'Algérie sont éclatées et antagonistes. Si la construction de la mémoire d'État en France n'a commencé qu'à la fin des années 1990, elle s'est construite immédiatement après l'indépendance en Algérie par la négation de pans entiers de la guerre de libération. On peut donc parler d'une double occultation. Face à cette multitude de mémoires collectives et individuelles, face à l'instrumentalisation de l'histoire, l'historien doit construire un discours objectif et distancié, rendu difficile par la limitation de l'accès aux sources, notamment en Algérie encore à l'heure actuelle. Ces mémoires sont aussi un enjeu des relations diplomatiques entre les deux États.

Sujet 3

12 pts 2 h 30

L'historien et les mémoires de la Seconde Guerre mondiale en France

Liban, mai 2019

Composition

› **L'historien et les mémoires de la Seconde Guerre mondiale en France.**

Les clés pour réussir

L'essentiel à connaître

Thème principal : ce sujet s'inscrit dans le premier thème d'Histoire, « Les mémoires : lecture historique » et repose sur l'étude sur la Seconde Guerre mondiale en France. Le travail des historiens doit être bien distingué de celui des acteurs des mémoires.

Notions : histoire, mémoires, résistancialisme, repentance, devoir de mémoire.

Analyser le sujet

Définir les termes du sujet

- Le sujet invite à réfléchir aux liens entre « mémoires » et « histoire ». **Interdépendantes** et **souvent soumises aux idéologies dominantes**, ces deux notions se nourrissent l'une de l'autre.
- La mémoire installe le souvenir dans l'affectif. Elle est en évolution permanente et susceptible de longues latences et de soudaines revitalisations. Elle est **plurielle** (individuelle, officielle…).
- L'histoire, elle, est une **reconstruction savante et incomplète du passé** mais qui se veut **objective**. L'histoire est volonté de comprendre, mise en récit problématisée de ce qui est ordinairement de l'ordre du vécu affectif et émotionnel ou du système des représentations.

Cerner les limites du sujet

- Le sujet ne donne pas de **bornes chronologiques** mais, de fait, l'histoire et les mémoires de ce conflit prennent leurs racines au lendemain du conflit et ces processus de mémorialisation et d'historicisation sont encore à l'œuvre aujourd'hui.
- Pour ce qui est des **bornes spatiales**, le sujet invite à se cantonner aux incidences françaises du conflit.

Pièges à éviter

- Parler de « la » mémoire alors que seules existent « des » mémoires.

- Ne raisonner qu'en fonction des discours et des projets d'un groupe particulier et de sa mémoire.
- Stigmatiser certaines mémoires, **sources pour l'historien.**
- Confondre la démarche historique avec le « **devoir de mémoire** ». Confondre le débat historiographique avec un débat éthique ou moral.

Déterminer l'enjeu essentiel du sujet

- Les notions de « mémoires » et d'« histoire » doivent servir de fil directeur à l'argumentation en lien avec le **rôle de l'État comme créateur d'une mémoire officielle.**
- Comment les mémoires de la Seconde Guerre mondiale ont-elles évoluées depuis 1945 ? Quel fut le travail de l'historien face à ces mémoires plurielles et passionnelles ?

Organiser ses idées

Structurer son devoir

L'**analyse diachronique** de ces notions s'appuie sur les inflexions majeures de l'histoire et des mémoires sur la période concernée :

– Ainsi, les années 1944 jusqu'à la fin des années 1960 sont celles du **résistancialisme** forgé par le pouvoir politique, niant certaines mémoires particulières et laissant peu de place à une démarche historique critique.

– La fin des années 1960 et les années 1970 marquent un **tournant majeur** : l'histoire s'émancipe d'un discours officiel et **met en lumière les faits occultés.**

– Depuis les années 1980, les procès et la **reconnaissance officielle des responsabilités** de l'État entraînent la mise en avant d'un « devoir de mémoire » dont l'historien cherche à se dégager.

Mots-clés : résistancialisme, épuration, GPRF, de Gaulle, Malraux, Shoah, attentisme, repentance, Papon, négationnisme, loi Gayssot.

Valoriser sa copie

Illustrer votre copie par un schéma synthétique permet de mettre en valeur les étapes de votre argumentation.

Sujet 3 Corrigé

› L'historien et les mémoires de la Seconde Guerre mondiale en France.

! Attention

Le plan est rappelé pour vous aider, mais il ne doit en aucun cas figurer sur votre copie. À vous de guider le correcteur par l'annonce du plan dans l'introduction, les phrases d'attaque des paragraphes et des transitions.

Introduction

« Le passé appartient par nature à l'histoire. Si les acteurs font l'histoire, ce sont les historiens qui en fixent les contours, l'expliquent » (S. Berstein). La mémoire appartient au domaine des sentiments tandis que l'histoire est consciemment problématisée, l'historien recherche la vérité et recoupe les sources. En France, les « années noires » (1940-1944) de la Seconde Guerre mondiale donnent rapidement naissance à des mémoires plurielles (individuelles, de groupes) et à une mémoire collective souvent dépendante des idéologies dominantes. Le regard de l'historien s'en nourrit et s'en distingue en les mettant à distance. Il construit une histoire des mémoires et de leurs enjeux.

Comment les mémoires de la Seconde Guerre mondiale ont-elles évoluées depuis 1945 ? Quel fut le travail de l'historien face à ces mémoires plurielles et passionnelles ?

Nous verrons que, de 1945 aux années 1960, certains faits furent occultés pour restaurer l'unité de la nation. Les historiens et les groupes insatisfaits ont fait la lumière sur cette occultation, puis tenté de réconcilier mémoire collective et histoire.

L'astuce du prof

Pour amorcer votre introduction, il peut être judicieux d'utiliser une citation.

I – La construction des mémoires d'après-guerre : une volonté de restaurer l'unité

Le régime de Vichy est mis « entre parenthèses » à la Libération et qualifié par de Gaulle comme « nul et non avenu », forgeant alors le mythe résistancialiste.

Pour restaurer la cohésion de la nation, les groupes de résistants menant depuis 1944 une épuration sauvage sont désarmés et le GPRF (Gouvernement Provisoire de la République Française) instaure l'épuration légale. La justice étudie alors plus de 300 000 dossiers, et 30 % donnent lieu à des condamnations (dont 1 500 condamnés à mort) : punir quelques responsables c'est dédouaner l'ensemble du peuple. Puis, dès les années 1950, des lois amnistient les faits de collaboration : 30 000 prisonniers pour collaboration en 1946, moins de 10 en 1960.

La mémoire officielle forge l'image d'une France unie et résistante et le cinéma accompagne ce processus. *La Bataille du rail* de René Clément (1946) narre le rôle

Vocabulaire

Résistancialisme : notion forgée par l'historien Henri Rousso, désigne un courant de la mémoire présentant une France unie et résistante face à l'Allemagne nazie.

Épuration : actions visant à écarter de la vie politique et sociale les personnes accusées de collaboration avec l'ennemi.

Valoriser sa copie

Vous appuyer sur des exemples précis, des chiffres, des films ou des citations clés de discours renforce la pertinence de votre propos.

des cheminots pour nuire à l'occupant. Ce film est projeté aux enfants des écoles primaires pendant plusieurs années. Les discours officiels renforcent ce mythe. De Gaulle, le 26 août 1944, vante un Paris « libéré par son peuple [...] avec l'appui et le concours de la France toute entière » et André Malraux exalte les héros de la Résistance lors du transfert des cendres de Jean Moulin au Panthéon en 1964. Ce résistancialisme est partagé par les communistes, qui cristallisent un conflit de mémoires avec les gaullistes : le PCF se proclame parti des « 75 000 fusillés » récupérant ainsi politiquement l'ensemble de la Résistance.

La mémoire des déportés de la Shoah est alors confondue dans le souvenir global de la déportation. Dans le film *Nuit et brouillard* d'Alain Resnais (1956), ce sont les résistants qui apparaissent, et la censure demande au réalisateur de retirer l'image d'un policier français gardant le camp de Pithiviers pour occulter la participation des Français à cette déportation.

L'histoire est alors celle des faits militaires ou se révèle dépendante du contexte : ainsi, Robert Aron publie une *Histoire de Vichy* (1954) développant la théorie du glaive et du bouclier. Il passe donc sous silence la politique collaborationniste du régime de Vichy.

Vocabulaire

Théorie du glaive et du bouclier : théorie énoncée après la guerre et présentant Pétain, « le bouclier », défendant le territoire français et de Gaulle, « le glaive », se battant contre l'ennemi, les deux agissant de concert.

II – Mémoires en débat et revisitées : une France collaboratrice ?

Après cette première phase d'amnésie collective et de mutisme délibéré ou subi s'ouvre une nouvelle période à la fin des années 1960.

Le film documentaire de Marcel Ophüls, *Le Chagrin et la pitié* (1969), présente « la chronique d'une ville française sous l'Occupation », Clermont-Ferrand. Les Français y sont montrés comme attentistes. Tournant le dos au résistancialisme, ce documentaire est interdit de diffusion à la télévision pendant plus de 10 ans, car il renvoie l'image d'une France lâche et égoïste se souciant d'abord de sa propre survie et largement antisémite.

Vocabulaire

Attentisme : attitude de collaboration la plus modérée, définie par Henri Rousso, les attentistes ne luttant ni contre l'occupant ni contre Vichy, et ne se préoccupant que de leur propre survie.

Il n'est diffusé qu'en 1981 (plus de 15 millions de téléspectateurs).

Puis c'est au tour des historiens de revoir le rôle de Vichy pendant la guerre. Ainsi, *La France de Vichy* de l'historien américain Robert Paxton paraît en 1973. S'appuyant sur des sources écrites, des entretiens avec des vichystes et des archives allemandes, il démontre que le régime français a participé activement à la politique génocidaire en organisant les rafles et en assurant la garde des camps d'internement (Pithiviers, Drancy). Les historiens français lui emboîtent le pas tels qu'Henri Rousso avec *Le Syndrome de Vichy* (1987).

Un contexte nouveau pour la mémoire juive s'ouvre alors. Le procès d'Eichmann (1961), responsable de la logistique de la solution finale, et la guerre des Six Jours (1967) constituent un tournant majeur. La mémoire du génocide, ignorée jusqu'alors, devient constitutive de l'identité juive. Cela passe par l'action militante de déportés juifs avec la création de l'association des Fils et Filles des Déportés Juifs de France (FFDJF) en 1979 par Serge et Beate Klarsfeld traquant partout dans le monde les anciens responsables du génocide. D'autre part, le chef-d'œuvre documentaire de Claude Lanzmann, *Shoah* (1985), fait approcher le spectateur au plus près de la connaissance des chambres à gaz.

III – Mémoire officielle et histoire : une réconciliation impossible ?

En 1964, les crimes contre l'humanité deviennent imprescriptibles, ouvrant la voie à la judiciarisation des mémoires et à la repentance progressive de l'État. L'historien s'éloigne du débat passionnel pour narrer un passé plus proche de la vérité se dégageant d'une récupération politique.

La fin des années 1980 ouvre l'ère des grands procès. La justice condamne plusieurs hauts responsables du régime de Vichy, comme Maurice Papon. Secrétaire général de la préfecture de Gironde pendant la Guerre, il fournit en 1944 un (faux) certificat de résistance. Il reste alors en fonction après-guerre et mène une brillante carrière politique : préfet de police de Paris ou ministre du Budget en 1978. Sa collaboration est révélée par *Le Canard Enchaîné* en 1981 : il fut responsable de l'arrestation de plus de 1 500 Juifs. Son procès débute en 1997 et il est condamné à 10 ans de réclusion pour complicité de crime contre l'humanité.

Parallèlement, l'État fait son *mea culpa*. Les différents présidents avaient fait l'impasse sur ce passé. François Mitterrand consent en 1993 à instituer une journée nationale du souvenir des persécutions racistes et antisémites, mais refuse catégoriquement d'assumer la responsabilité de l'État dans la Shoah. Enfin, le 16 juillet 1995, Jacques Chirac reconnaît les responsabilités de la République dans le génocide. Il proclame la « dette imprescriptible » de la France à l'égard des Juifs. On entre alors dans une logique victimaire où les différents groupes souhaitent faire reconnaître leurs souffrances (tsiganes, malgré-nous). Ce discours inflationniste a entraîné le développement du négationnisme, puni désormais par la loi Gayssot (1990).

> **Vocabulaire**
>
> **Repentance :** manifestation publique du sentiment de repentir pour une faute commise et pour laquelle on demande pardon.

> **Vocabulaire**
>
> **Négationnisme :** néologisme créé par Henry Rousso. C'est la négation de la réalité du génocide pratiqué par l'Allemagne nazie contre les Juifs. Robert Faurisson est le militant négationniste le plus connu en France dans les années 1980.

De cette mémoire découle la notion très controversée du « devoir de mémoire ». Par des lois et des commémorations, l'État devrait entretenir le souvenir des souffrances subies par certaines catégories de la population. Les historiens œuvrent alors pour que le Parlement n'intervienne pas dans l'écriture de l'histoire, car l'histoire officielle n'est pas scientifique mais politique. La loi ou la justice ne peuvent faire l'histoire.

Histoire et mémoires : entre soumission et émancipation du pouvoir politique

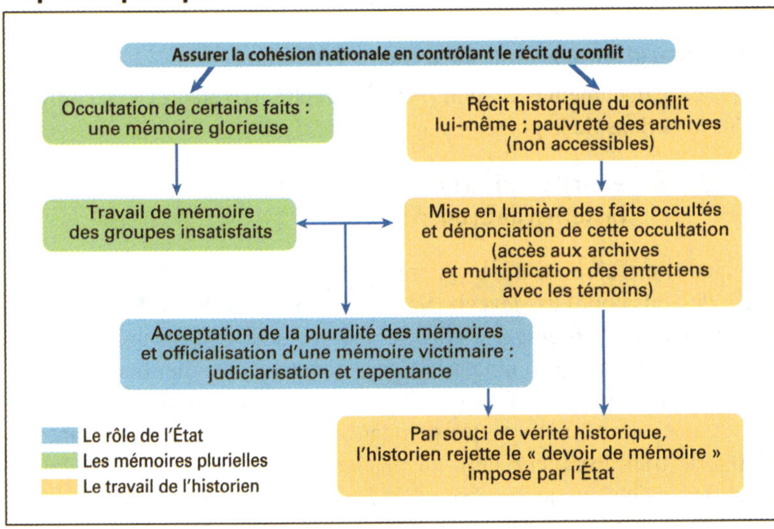

Conclusion

La construction des mémoires de la Seconde Guerre mondiale depuis 1945 montre bien les rapports conflictuels mais aussi l'interdépendance entre mémoires et histoire. Ainsi, si l'histoire a d'abord peiné à se détacher d'une mémoire officielle résistancialiste, le travail de l'historien a ensuite consisté à révéler les faits occultés et à redonner leur place à la pluralité des mémoires, permettant alors aux Français et à l'État d'accepter l'inacceptable : la Collaboration. Néanmoins, si l'histoire de ce conflit est aujourd'hui moins passionnelle, elle doit se dégager en permanence des idéologies dominantes et rechercher avant tout la vérité plus que la commémoration, qui reste du domaine des pouvoirs publics.

Valoriser sa copie

Représenter les processus de mémorialisation et d'historicisation de ce conflit et l'influence de l'État dans ces processus permet de synthétiser les idées-clés de votre argumentation.

Sujet 4 — L'histoire de la guerre d'Algérie face à des mémoires éclatées

8 pts — 1 h

Pondichéry, avril 2015

Analyse d'un document

› L'historien et les mémoires de la guerre d'Algérie.

Analysez le document pour montrer les difficultés auxquelles sont confrontés les historiens de la guerre d'Algérie.

Document — Extraits d'un article de Guy Pervillé, historien de la guerre d'Algérie

Cinquante ans après sa fin, la guerre d'Algérie semble suffisamment éloignée de nous pour être devenue un événement appartenant de plein droit à l'histoire. [...] La guerre d'Algérie a si profondément déchiré la communauté nationale qu'il n'a pas été possible de reconstituer une mémoire nationale consensuelle. En effet, la mémoire collective de cette guerre est éclatée entre, au moins, trois tendances divergentes : les partisans de l'Algérie française, ceux de l'indépendance de l'Algérie, et la majorité silencieuse de ceux qui ont évolué de la première à la deuxième position (à l'instar du général de Gaulle) tout en restant troublés par des sentiments confus et contradictoires. L'intégration de plusieurs populations venues d'Algérie dans des conditions très différentes (rapatriés européens, « Harkis », immigrés et enfants d'immigrés algériens) renforce encore ces divergences. C'est pourquoi la guerre d'Algérie est longtemps restée une guerre sans nom (le mot « guerre » étant remplacé dans son cas par « opérations de maintien de l'ordre »), sans signification consensuelle et sans commémoration officielle. La commémoration du 19 mars 1962 comme fin de la guerre d'Algérie, organisée depuis 1963 par une grande association d'Anciens combattants en Afrique du Nord, la FNACA, et par un nombre croissant de municipalités, provoque chaque année de véhémentes protestations d'autres associations d'Anciens combattants et de rapatriés français et français musulmans d'Algérie, pour lesquels cette date rappelle une défaite, et le début de la pire période de la guerre. [...]
Les historiens ont donc un rôle à jouer dans l'élaboration de la mémoire collective, en concurrence ou en coopération avec d'autres acteurs. Mais dans ce processus d'élaboration de la mémoire collective, les historiens

se trouvent en concurrence avec des groupes porteurs de mémoires antagonistes, dont la rivalité mérite de plus en plus le nom de « guerre des mémoires ». [...] Cinquante ans après son dénouement, l'histoire de la guerre d'Algérie ne manque plus de sources : à celles de l'histoire dite « immédiate » (sources orales, audiovisuelles, périodiques et livres surabondants) elle ajoute depuis 1992 les archives publiques françaises en voie d'ouverture.

Guy Pervillé, « L'historien et les mémoires de la guerre d'Algérie », *Historiens et géographes*, n° 420, octobre-novembre 2012.

Les clés pour réussir

L'essentiel à connaître

Thème principal : le chapitre concerné par cette étude est « le rapport des historiens aux mémoires de la guerre d'Algérie ». L'analyse du texte permet de mener une réflexion sur les difficultés que rencontre l'historien pour construire une histoire objective d'un événement face à des mémoires antagonistes.

Notions : mémoire, histoire, mémoires de groupe, mémoires antagonistes, commémoration.

Analyser le sujet

La consigne

Le sujet invite à réfléchir aux difficultés rencontrées par les historiens pour construire une histoire dépassionnée d'un événement qui a divisé la communauté nationale. L'analyse amène ainsi à une réflexion sur les **rapports entre histoire et mémoires de la guerre d'Algérie.**

Le document

- Le document à analyser est un **texte d'un historien de la guerre d'Algérie**, Guy Pervillé. Il s'agit d'un extrait d'un article tiré d'une revue spécialisée, *Historiens et géographes*, qui traite précisément des **difficultés rencontrées par les historiens face aux mémoires.**
- Il a été publié dans le numéro d'octobre-novembre 2012, c'est-à-dire dans un contexte de relance de la polémique autour de la **responsabilité de l'État français dans la répression de la manifestation du 17 octobre 1961**, provoquée par un communiqué de l'Élysée reconnaissant implicitement la responsabilité de l'État français dans la répression.

Déterminer l'enjeu du sujet

L'enjeu consiste à réfléchir au **lien entre mémoires et histoire,** au **rapport que les groupes mémoriels entretiennent avec le passé** et à la **difficulté des historiens** de construire un récit face à ces différentes tensions. La politique de l'État qui consiste à nier cette mémoire doit être comprise comme l'une de ces difficultés.

Organiser ses idées

Structurer son devoir

- L'introduction doit présenter avec précision le document et ses enjeux, mais aussi rappeler le contexte de sa rédaction.
- Une partie souligne le fait que le texte fait référence aux différentes mémoires de la guerre et aux difficultés que cela représente pour la construction d'un récit historique.
- Il faut aussi évoquer la politique d'oubli menée par l'État français jusque dans les années 1990, qui est l'une des difficultés à laquelle les historiens doivent faire face.
- Il convient enfin d'évoquer la lente ouverture des archives officielles qui explique pourquoi l'historicisation de la guerre d'Algérie a été lente.

Mots-clés : mémoires, 19 mars 1962, 1992 et l'ouverture des archives militaires, harkis, pieds-noirs, appelés du contingent, OAS.

Valoriser sa copie

- Appuyez-vous sur différentes citations extraites du texte pour introduire une analyse.
- Commencez chacune de vos parties par la présentation en une phrase de l'idée générale développée.
- N'hésitez pas à rédiger des transitions courtes qui rappellent les enjeux évoqués tout en créant un lien avec ceux qui suivent.

Sujet 4 Corrigé

› L'historien et les mémoires de la guerre d'Algérie.

! Attention

Le plan est rappelé pour vous aider, mais il ne doit en aucun cas figurer sur votre copie. À vous de guider le correcteur par l'annonce du plan dans l'introduction, les phrases d'attaque des paragraphes et des transitions.

Introduction

La guerre d'Algérie est à peine terminée que se met en place ce que l'on peut appeler une « guerre des mémoires ». Le document soumis à l'analyse est un extrait d'un article de l'historien spécialiste de l'Algérie coloniale et postcoloniale et de la guerre d'Algérie, Guy Pervillé, paru à la fin de l'année 2012

L'astuce du prof

Rappelez le contexte de la date de parution de l'article pour montrer que vous maîtrisez les enjeux actuels du sujet.

dans une revue spécialisée : *Historiens et géographes*. Cette parution s'inscrit dans un contexte particulier. En effet, François Hollande, président de la République, reconnaît implicitement la responsabilité de la République dans la répression de la manifestation du 17 octobre 1961 à travers un communiqué officiel. Les tensions provoquées par cette annonce montrent à quel point les mémoires de la guerre d'Algérie, plus de 50 ans après la fin du conflit, restent conflictuelles.
En quoi ce document montre-t-il combien le travail des historiens est difficile face à ces mémoires antagonistes ?

I – Des groupes mémoriels antagonistes

Ce document nous permet d'analyser quelques-unes des raisons qui permettent de comprendre combien le travail des historiens est difficile face à des mémoires antagonistes.
Guy Pervillé évoque d'emblée l'impossibilité d'une « mémoire nationale consensuelle » face à la multiplicité des « groupes porteurs de mémoires antagonistes » et rivaux, mais aussi une « mémoire éclatée ». D'après lui, trois groupes se dégagent selon leur attitude face au conflit. Le premier est porteur de la mémoire des combattants (appelés et rappelés du contingent), qui ont trouvé au lendemain de la guerre un lieu d'expression dans l'espace public. C'est une mémoire de vaincus qui s'ancre dans les violences commises mais pas nécessairement assumées. Face à ce groupe, on trouve la mémoire des membres de l'OAS, partisans de l'Algérie française qui considèrent la fin de la guerre comme une trahison des politiques français. À ces groupes porteurs de mémoire, Guy Pervillé ajoute celles des « populations venues d'Algérie dans des conditions très différentes ». Il fait ici clairement allusion aux pieds-noirs, ces 800 000 rapatriés qui ont tout quitté pour s'exiler en métropole et qui portent une mémoire de l'arrachement et du pays perdu. Il mentionne enfin les harkis, ces Algériens qui ont servi dans l'armée française, qui ont vécu un double drame : condamnés et victimes de massacres dans leur pays d'origine, ils n'ont jamais été véritablement intégrés et reconnus en France. Enfin, il rappelle la mémoire des immigrés et de leurs descendants qui, dans un contexte de croissance économique forte, viennent travailler dans les entreprises françaises en recherche de main-d'œuvre.
C'est la multiplicité et la rivalité de ces mémoires qui rend le travail d'élaboration d'une histoire collective complexe. D'autant plus que l'historien est confronté, par ailleurs, à la volonté de l'État d'oublier ce qui n'était pas encore considéré comme une guerre, mais comme une « opération de maintien de l'ordre ».
La « guerre sans nom » (1954-1962) annonce, au moment de l'indépendance, la difficulté de la reconnaissance par l'État français d'une guerre et, fatalement, de la mémoire officielle de cette guerre. L'historien s'y trouve confronté dans son travail d'élaboration d'un récit historique.

Valoriser sa copie
Finissez votre partie par une transition qui rappelle les enjeux du sujet abordés et annoncent les futurs.

II – Le travail de l'historien, entre mémoires, archives et politique mémorielle

Guy Pervillé montre ainsi la conflictualité que provoque le choix de la « commémoration du 19 mars 1962 comme fin de la guerre d'Algérie ». Organisée dès 1963, elle révèle les tensions entre les différents groupes porteurs de mémoires. Mais alors que ces groupes se déchirent, l'État met en place une « politique de l'oubli » qui consiste à ne pas reconnaître que la France a mené une guerre coloniale en Algérie. La guerre est ainsi niée jusque dans les années 1970, afin de tenter de restaurer une unité nationale mise à mal entre 1954 et 1962, comme le montrent les lois d'amnistie votées entre 1962 et 1982.

L'historien est donc confronté à une double difficulté : faire face à une multiplicité de mémoires antagonistes, mais aussi écrire l'histoire d'un événement que l'État cherche à nier : l'historicisation de la guerre d'Algérie est lente et difficile.

L'élaboration d'une histoire distanciée et objective, qui n'omet aucun groupe mémoriel, est un véritable enjeu pour les historiens de la guerre d'Algérie.

La première de ces difficultés est l'accès aux archives, très limité du fait de leur classement « secret défense ». Les premiers travaux d'historiens, comme *La Question* de Henri Alleg (1958), s'appuient surtout sur des témoignages. Il faut attendre l'ouverture des archives militaires en 1992 pour que les historiens puissent travailler sur des documents officiels, comme Raphaëlle Branche qui s'est penchée sur *La Torture en Algérie*. C'est ce qu'évoque Guy Pervillé à la fin de l'extrait en parlant de la multiplicité des sources à la disposition des historiens : « Cinquante ans après son dénouement, l'histoire de la guerre d'Algérie ne manque plus de sources ». Ces différents travaux d'historiens font ressurgir la guerre d'Algérie dans les débats de société. C'est dans ce contexte que, en 1999, la France reconnaît officiellement le conflit en lui donnant le statut de « guerre ».

Valoriser sa copie

Citez quelques ouvrages historiques incontournables et choisis dans des périodes différentes pour montrer l'évolution de la construction du discours historique.

Conclusion

Guy Pervillé établit dans cet extrait la multiplicité des mémoires mais aussi la politique d'État tournée longtemps vers l'oubli, principales difficultés auxquelles l'historien doit faire face en France pour construire une histoire dépassionnée, objective et collective de la guerre d'Algérie. Cependant, la multiplication des sources et l'ouverture des archives publiques font progressivement entrer cet événement dans l'histoire.

Sujet 5 — L'historien face aux évolutions des mémoires de l'Occupation et de Vichy

8 pts — 1 h

Pondichéry, avril 2015

Analyse d'un document

› L'historien et les mémoires de la Seconde Guerre mondiale.

À partir de l'analyse du document, montrez l'histoire des relations entre les travaux de l'historien et les différentes mémoires du régime de Vichy et de l'Occupation.

HISTOIRE

Document **Extraits issus de l'avant-propos de l'ouvrage *La France de Vichy 1940-1944*, paru pour la première fois en 1973**

À l'automne 1960, étudiant à Harvard, j'arrivais à Paris pour entamer ma thèse d'histoire sur le corps des officiers dans la France de Vichy. Bien que seize ans seulement se soient écoulés depuis la Libération, je croyais naïvement qu'un historien pouvait étudier la France de l'Occupation avec la même liberté que la guerre de Sécession. [...]

Il a suffi d'une visite au Service historique de l'armée de terre (château de Vincennes), où je comptais consulter les archives de l'armée d'armistice (celle que Vichy avait été autorisé à conserver), pour que la réalité me rattrape brutalement. Les blessures de l'Occupation étaient encore si douloureuses que, loin de stimuler la recherche historique, elles l'inhibaient : on m'informa que les archives devaient rester closes cinquante ans. [...]

J'ai tout de même réussi à trouver des archives sur la question, celles des Allemands. Quand je me suis plongé dans les télégrammes et les notes envoyés quotidiennement à Berlin [...], je me suis aperçu que les postulats que soutenait *L'Histoire de Vichy* de Robert Aron, l'ouvrage de référence dans ces années-là, ne correspondaient pas à ce que j'étais en train de lire. [...]

Henry Rousso[1] a fort bien décrit les doutes que mon livre a suscités dans une grande partie du public et chez quelques universitaires. Certains esprits l'ont accueilli favorablement, soit qu'ils fussent déjà prédisposés à condamner Vichy, soit que 1968 les eût préparés à remettre en question les comportements des générations antérieures, soit que le film de Marcel Ophüls (1970) les eût sensibilisés aux complexités et aux ambiguïtés des années d'Occupation. Ceux qui l'ont rejeté étaient non seulement les apologistes[2] de Vichy mais aussi une large fraction de l'opinion, qui sans être pétainiste, croyait ce que Pétain avait dit à son procès sur son appui secret aux Alliés et sur sa stratégie du « bouclier » pour protéger le peuple français du mieux qu'il le pouvait.

Robert O. Paxton, *La France de Vichy 1940-1944*, nouvelle édition de 1999.

1. Henry Rousso est un historien français qui dirige l'Institut d'histoire du temps présent. Il est notamment l'auteur de l'ouvrage *Le syndrome de Vichy de 1944 à nos jours*, 1987.
2. Personnes qui glorifiaient le régime de Vichy.

Les clés pour réussir

L'essentiel à connaître

Thème principal : le document s'inscrit explicitement dans l'étude des relations entre historien et mémoires, chapitre introductif du programme d'Histoire. L'étude du document permet de comprendre en quoi le travail de l'historien s'inscrit dans un contexte mémoriel qui en influence le contenu.

Notions : mémoire, histoire, Collaboration, occultation.

Analyser le sujet

La consigne

Vous devez réfléchir aux relations **entre les travaux des historiens et le contexte mémoriel dans lequel ils s'inscrivent**, et ce dans une perspective historique. Vous devez établir chronologiquement les **grandes étapes de ces relations**, de l'occultation au dévoilement.

Le document

- Le texte est un extrait de la préface de l'ouvrage de l'américain Robert Paxton, *La France de Vichy*, publié dans la nouvelle édition de 1999. Initialement paru en 1973, cet ouvrage établit, à partir de sources allemandes, la **collaboration active du régime de Vichy avec les autorités allemandes.**
- 25 ans plus tard, R. Paxton revient sur les **difficultés rencontrées dans son travail de recherche en France**, et les explique par l'**influence de l'historien Robert Aron** sur les mémoires de l'Occupation.

Déterminer l'enjeu du sujet

Le sujet vous invite à interroger la façon dont un historien a pu, par son travail, **influencer la mémoire collective de l'Occupation en France.** Vous devez montrer le basculement des années 1970, qui scellent douloureusement le passage d'une histoire occultée à une histoire assumée, celle de la Collaboration.

Organiser ses idées

Structurer son devoir

- Suivant un ordre chronologique – celui du texte –, montrez que R. Paxton commence ses recherches dans une France encore persuadée que le régime de Vichy l'avait protégée, influencée en cela par les travaux de l'historien R. Aron.
- Établissez ensuite les formes et les causes de la prise de conscience des années 1970. Sous l'influence conjointe de films, de mouvements sociaux et de travaux d'historiens, des Français admettent l'ampleur et la gravité de la collaboration du régime de Vichy avec l'Allemagne nazie, tandis que d'autres la rejettent encore.

Mots-clés : mémoires, Vichy, Collaboration, théorie de l'épée et du bouclier, mythe résistancialiste.

Valoriser sa copie

- Insistez sur le décalage entre la date de publication, 1999, et les événements auxquels elle se rapporte, les années 1960 et 1970. Il s'agit bien d'un regard rétrospectif de l'auteur, qui peut être critiqué.
- Montrez les méthodes du travail de l'historien.
- Rappelez le rôle du général de Gaulle dans la construction d'une mémoire résistancialiste de la Seconde Guerre mondiale en France.
- Discutez les limites de l'analyse de R. Paxton, en revenant sur le « mythe résistancialiste » en France et les traces du basculement des années 1970.

HISTOIRE

Sujet 5 Corrigé

› L'historien et les mémoires de la Seconde Guerre mondiale.

! Attention

Le plan est rappelé pour vous aider, mais il ne doit en aucun cas figurer sur votre copie. À vous de guider le correcteur par l'annonce du plan dans l'introduction, les phrases d'attaque des paragraphes et des transitions.

Introduction

L'étude historique de la Seconde Guerre mondiale en France doit beaucoup à l'américain Robert Paxton. Dans cet extrait de la préface de 1999 à *La France de Vichy*, paru pour la première fois en français en 1973, il revient sur les circonstances de son travail de recherche. Étudiant à Harvard (l. 1) il choisit de s'intéresser à l'armée d'armistice (l. 7), et demande pour cela à consulter les archives militaires françaises. Le refus catégorique du service historique des

Armées (l. 11), mais aussi les informations qu'il retire de l'étude des archives allemandes, l'amènent à prendre conscience des impasses de la mémoire française de Vichy. Comment expliquer que la mémoire de la Seconde Guerre mondiale en France ait occulté la réalité de la Collaboration jusqu'aux années 1970 ? Quelle est la place de l'historien dans ce dévoilement ?

L'astuce du prof

Vous pouvez faire référence au texte par de simples rappels de ligne.

I – Expliquer l'absence de mémoire de l'Occupation et de Vichy

Robert Paxton commence par décrire et expliquer l'absence de mémoire du régime de Vichy en France durant les années 1960, parlant même d'« inhibition » (l. 10)

Il expose d'abord les formes et l'objectif de son travail, donnant à voir les méthodes et les principes de la recherche historique. Étudiant en histoire, R. Paxton choisit de consacrer sa thèse (l. 1) à la France de Vichy. Pour cela, il a consulté les archives allemandes, constituées de documents officiels produits en masse par les occupants entre juin 1940 et l'été 1944 : « je me suis plongé dans les télégrammes et les notes envoyés quotidiennement à Berlin » (l. 13-14).

L'astuce du prof

Choisissez quelques citations qui résument précisément le contenu du document.

Le volume et le contenu de ces documents établissent l'ampleur de la collaboration engagée par le régime de Vichy avec l'Allemagne hitlérienne. Or, ce que disent les archives et *La France de Vichy*, l'opinion française le refuse.

R. Paxton tente alors d'expliquer ce processus d'occultation de la vérité. Il rappelle ainsi l'influence de l'historien Robert Aron à travers son ouvrage majeur, *L'Histoire de Vichy*, publié en 1954 (l. 15). Proche des hommes de Vichy, R. Aron dut pourtant, en tant que Juif, fuir à Alger pour sauver sa vie. Sur la foi des déclarations de Pétain, il établit la faible implication du gouvernement de Vichy dans la Collaboration. Il soutient ainsi la théorie du « glaive et du bouclier », Pétain protégeant en réalité les Français contre les violences allemandes tandis que le général de Gaulle portait l'attaque contre le régime nazi (l. 26-27). Selon R. Paxton, cette version de l'histoire aurait imprégné les mémoires françaises, dissimulant par choix ou par facilité les responsabilités de son gouvernement : « une large partie de l'opinion [...] croyait Pétain » (l. 25). Ce faisant, R. Paxton rappelle la persistance d'un courant pétainiste en France, nationaliste et conservateur, qui favorise le vote de deux lois d'amnistie en 1951 et 1953. Il n'évoque pas, en revanche, l'influence du général de Gaulle.

Valoriser sa copie

Mobilisez vos connaissances pour mettre les propos de l'auteur en contexte, ici en rappelant le rôle du général de Gaulle dans la construction d'une mémoire sélective de la Seconde Guerre mondiale.

Or, devenu président de la République en 1958, de Gaulle défend une vision unificatrice de la France, forgeant le « mythe résistancialiste » et mettant le régime de Vichy entre parenthèses, ce qui entretient le silence sur cette période et ses acteurs.

Pourtant, progressivement, la mémoire française de la Seconde Guerre mondiale fait une place au régime de Vichy. R. Paxton expose pourquoi et de quelles manières cette mémoire connaît un retournement durant les années 1970.

II – Accepter et comprendre la réalité de la Collaboration

Cela s'explique d'abord par un contexte contestataire. Le vaste mouvement social de 1968 refuse l'autorité de la génération au pouvoir, et appelle à une société plus ouverte : « remettre en question les comportements des générations antérieures » (l. 21-22). Ces interrogations touchent notamment la période de Vichy, dont les zones d'ombre se dévoilent.

La diffusion d'œuvres d'art joue également un rôle important. En 1974, *Lacombe Lucien*, de Louis Malle, dresse le portrait d'un collaborateur, milicien. R. Paxton cite le documentaire de Marcel Ophüls, *Le Chagrin et la Pitié*, réalisé entre 1969 et 1970 (l. 23), qui décrit la vie quotidienne sous l'Occupation à Clermont-Ferrand. La Résistance y apparaît comme minoritaire, tandis qu'une partie des Français, antisémite, compose avec l'occupant. Les interviews d'hommes politiques, vichystes mais toujours élus en 1969, achèvent de semer le doute.

Enfin, R. Paxton souligne le rôle des historiens dans les mutations à l'œuvre : « les doutes que mon livre a suscités » (l. 18). De fait, il établit que, loin d'avoir pratiqué un double jeu, le régime de Pétain a sollicité puis alimenté la Collaboration. Ainsi, R. Paxton enclenche un véritable tournant mémoriel. Ces mutations des mémoires alimentent ensuite le travail de Henry Rousso, qui évoque un « passé qui ne passe pas » pour décrire ces « trous de mémoires » et parle de « dévoilement » dans *Le Syndrome de Vichy*, paru en 1987 et cité par R. Paxton.

Pourtant, cette opposition entre temps d'occultation et temps de dévoilement est aujourd'hui contestée par certains historiens, comme Pierre Laborie. Dans *Le Chagrin et le venin* (2011), il défend au contraire la complexité des mémoires du conflit jusqu'aux années 1960, et critique le mythe résistancialiste comme la vision attentiste des Français, surévalués *a posteriori*. Ce faisant, il montre que la recherche historique est elle-même objet de débats.

Conclusion

Dans cette préface, R. Paxton revient sur le basculement des mémoires françaises de la Seconde Guerre mondiale, de l'adhésion résistancialiste à la dénonciation de la Collaboration. Il rappelle le rôle joué par les historiens – dont lui-même – dans la compréhension de cette période, mais aussi l'influence du contexte sur leur propre travail, le tournant historien des années 1970 étant porté par une période de contestation.

Sujet 6 Les États-Unis et le monde depuis 1945

12 pts 2 h

France métropolitaine, septembre 2017

Composition

› **Les États-Unis et le monde depuis 1945.**

Les clés pour réussir

L'essentiel à connaître

Thème principal : le sujet, qui traite de la puissance américaine, reprend l'intitulé du programme d'Histoire dans sa partie consacrée à la façon dont deux pays ont construit leur puissance au XXe siècle.
Notions : puissance, superpuissance, hyperpuissance, *hard power, soft power.*

Analyser le sujet

Définir les termes du sujet

- Le sujet demande d'examiner le **rapport des États-Unis au monde** et le **rôle qu'ils y jouent**. Vous devez donc maîtriser la **notion de puissance** (capacité d'influence d'un État sur un espace extérieur proche ou, comme ici, mondial) et expliciter les domaines dans lesquels elle peut s'exercer (politique, économique, culturel...).
- Il faut bien connaître les **éléments constitutifs de la puissance américaine** et en donner des **exemples précis** (par exemple le rôle des FTN dans la domination économique, etc.) et **historiques** (comme des interventions militaires).

Cerner les limites du sujet

- Cette puissance mondiale a commencé à se construire dès la fin du XIXe siècle puis s'est révélée en 1918. Ces éléments peuvent être rappelés en introduction.
- Le sujet, portant sur la seconde moitié du XXe siècle, vous demande de présenter les États-Unis comme une **puissance mondiale affirmée et assumée** après la Seconde Guerre mondiale. Vous devez montrer qu'ils jouent ensuite durablement un **rôle de premier plan** qui pèse jusqu'à nos jours sur l'évolution de la planète.

Déterminer l'enjeu du sujet

- Le chapitre du programme concerné, « Les chemins de la puissance », cherche à montrer comment se construit la puissance d'un État, il faut donc garder cette ligne directrice dans votre composition.
- Ne vous contentez pas de simplement décrire la puissance américaine durant cette période mais montrez plutôt comment celle-ci s'est **construite progressivement**. Par quels moyens les États-Unis ont-ils accédé à la puissance qui est la leur aujourd'hui ? Comment l'ont-ils exercé depuis leur victoire en 1945 ?

Organiser ses idées

Structurer son devoir

Choisissez un **plan chronologique** pour montrer les étapes de la montée en puissance :
– 1945 apparaît d'abord comme le moment où les États-Unis deviennent l'une des principales puissances mondiales.
– La guerre froide les pousse ensuite à développer les instruments de leur puissance.
– Enfin, leur victoire en 1991 les laisse seule superpuissance dans les relations internationales.

Mots-clés : puissance, *Manifest Destiny*, guerre, relations internationales, ONU, guerre froide, gendarmes du monde, unilatéralisme, libre-échange, Truman, Kennedy, Reagan. 1945 : victoire dans la Seconde Guerre mondiale, 1947-1991 : guerre froide, 1969 : conquête de la Lune.

Valoriser sa copie

Vous pourrez examiner et interroger la puissance des États-Unis de nos jours en vous aidant de votre cours de Géographie.

HISTOIRE

Sujet 6 Corrigé

› Les États-Unis et le monde depuis 1945.

! Attention

Le plan est rappelé pour vous aider, mais il ne doit en aucun cas figurer sur votre copie. À vous de guider le correcteur par l'annonce du plan dans l'introduction, les phrases d'attaque des paragraphes et des transitions.

Introduction

Depuis le début du XXe siècle, les États-Unis n'ont cessé d'accroître leur influence, passant d'un rôle volontairement régional à celui d'une puissance à l'échelle mondiale. Cela est dû essentiellement à leur expansion économique et commerciale, et se traduit dans leur implication grandissante dans les affaires d'une Europe qui domine encore le monde. C'est toutefois la Seconde Guerre mondiale qui les a propulsés au sommet de la puissance, leur donnant un rôle central dans l'organisation des relations internationales.
Comment, depuis 1945, les États-Unis ont-ils alors exercé cette puissance ?
La Seconde Guerre mondiale fait des États-Unis l'un des deux Grands qui désormais dominent la planète à la place des Européens. Mais l'opposition entre ces deux Grands les amène à utiliser leur puissance pour défendre leur modèle idéologique. Depuis la fin de cette opposition en 1991, les États-Unis apparaissent comme l'unique superpuissance organisatrice des relations internationales.

Vocabulaire

Puissance : capacité d'un pays à influencer les autres dans un ou plusieurs domaines.

I – Les États-Unis deviennent « Grands »

Entrés en guerre seulement en 1941, les États-Unis sont devenus rapidement un pilier essentiel de la victoire des Alliés, se battant à la fois dans le Pacifique (où ils ont été agressés par le Japon) mais aussi en Europe, ouvrant un second front qui fait tomber l'Allemagne hitlérienne. Le pays a mobilisé 4 millions de soldats, dont 300 000 perdent la vie, et toutes ses capacités économiques et technologiques. La mise au point et l'explosion des premières bombes atomiques en août 1945 permettent la capitulation du Japon mais surtout impressionnent voire inquiètent l'opinion publique mondiale. Si l'URSS est réputée avoir fourni l'effort principal contre Hitler en Europe en prenant Berlin, les États-Unis apparaissent comme les principaux vainqueurs à l'échelle de la planète, d'autant que l'Europe, dévastée et affaiblie, a perdu son rang, malgré la présence du Royaume-Uni au cœur de l'alliance victorieuse.
Cette image de grande puissance est renforcée par le rôle actif et même central que jouent les États-Unis dans l'organisation d'un nouvel ordre mondial, au cœur de la diplomatie internationale. Par les grandes conférences de Yalta et Potsdam en 1945, ils s'impliquent dans la reconstruction de l'Europe, notamment dans la partie occidentale qu'ils libèrent et, surtout, jettent les bases des nouvelles relations internationales.
Préparée à la conférence de Dumbarton Oaks, l'Organisation des Nations unies (ONU) voit le jour à la conférence de San Francisco (26 juin 1945). Celle-ci, dont le siège sera fixé à New York, remplace la Société des Nations (SDN) et se dote de moyens d'actions pour maintenir la paix : interventions

Valoriser sa copie

Montrez comment la puissance américaine s'élève pour passer au premier rang mondial, notamment avec le déclin d'une Europe qui a eu besoin des États-Unis pour se libérer et se reconstruire.

militaires mais aussi agences économiques, sociales et culturelles. Les États-Unis, en effet, estiment que la paix mondiale doit s'appuyer sur la stabilité et le développement de l'économie et du commerce. Lors de la conférence de Bretton Woods (1944), ils proposent la création d'organisations internationales comme le FMI, la Banque mondiale ou encore une organisation internationale du commerce qui ne verra finalement pas le jour mais débouchera sur des cycles de négociations commerciales favorisant le libre-échange (GATT).

II – Les États-Unis assument le rôle de défenseurs du monde libre

L'URSS s'implique peu dans ce nouvel ordre, en particulier dans son volet économique. Cherchant à diffuser son modèle communiste, elle inquiète les États-Unis qui voient l'Europe menacée. Les modèles et les intérêts des deux Grands divergent alors de plus en plus clairement et, à partir de 1947, leur alliance fait place à une rivalité qui met le monde au bord d'une nouvelle guerre.

Le président Truman, dans un discours en 1947, montre que les États-Unis veulent continuer à s'impliquer dans les relations internationales au nom de la défense du modèle démocratique et des libertés individuelles qu'ils incarnent. En estimant remplir une mission, une « *Manifest Destiny* », Truman jette les bases d'une politique d'endiguement du communisme qui sera suivie continuellement par ses successeurs.

Les États-Unis utilisent alors les moyens du *hard power*. Ils mettent en place un réseau d'alliances y compris militaires (OTAN, 1949) et ce sur tous les continents, afin d'encercler l'URSS et ses alliés. Ils n'hésitent pas non plus à mener des interventions militaires (guerre de Corée, du Vietnam...) et à utiliser l'arme diplomatique, notamment leur droit de veto au Conseil de sécurité de l'ONU, quand leurs intérêts sont menacés.

Mais ils utilisent aussi et de plus en plus les outils du *soft power*. Ils défendent ainsi le libre-échange (diffusion des produits américains) et soutiennent économiquement leurs alliés (le plan Marshall est le premier acte de l'endiguement). Par ailleurs, leur modèle se diffuse par l'influence culturelle (cinéma, musique...) qu'ils exercent à l'échelle de la planète. Après une période de fortes tensions à l'époque de Staline, la guerre froide s'apaise et la compétition devient plus pacifique. La conquête spatiale en est un symbole, d'abord gagnée par les Soviétiques avant que les Américains ne les dépassent en envoyant le premier homme sur la Lune en 1969. Cette conquête, dont la dimension est aussi militaire, est révélatrice de la compétition technologique, économique mais aussi culturelle, par le biais de la propagande, à laquelle s'est livré chaque modèle en cherchant à prouver sa suprématie par rapport à l'autre.

> **Vocabulaire**
>
> ***Manifest Destiny*** : « destinée manifeste » des États-Unis ayant vocation à diffuser un modèle de société idéale pour l'ensemble de l'humanité.

> **Valoriser sa copie**
>
> Rappelez que la puissance des États-Unis se renforce aussi sur le plan culturel et technique.

HISTOIRE

III – Les États-Unis après 1991, un nouvel empire ?

La disparition de l'URSS en 1991 sonne la victoire du modèle américain, qui doit continuer à se diffuser. Les États-Unis affichent leur volonté de recréer un nouvel ordre mondial reposant sur l'ONU et le libéralisme économique (création de l'OMC en 1994) dont ils sont le modèle de référence. *Hard* et *soft power* restent alors au service de leur puissance. Au nom de la défense de la paix et des droits de l'Homme, les États-Unis se proclament les « gendarmes du monde », ce qui se traduit par des interventions sous l'égide de l'ONU : guerre du Golfe dès 1991 pour libérer le Koweït contre l'Irak, missions humanitaires en Somalie…

Par ailleurs, les États-Unis, première puissance économique, pèsent le quart du PIB mondial, contrôlent la moitié des grandes FTN et, désormais, diffusent une culture mondialement partagée qui se superpose aux cultures locales. Certains parlent alors de l'hyperpuissance américaine.

> **Vocabulaire**
>
> **Hyperpuissance** : se dit d'un pays qui a une influence dans tous les domaines et sans rivaux.

Cette influence sans partage provoque des résistances, et des critiques montent contre la puissance voire le modèle américain, à l'instar du mouvement altermondialiste. Les attentats islamistes du 11 septembre 2001, commis sur le sol américain lui-même, sont la face la plus spectaculaire de cette contestation. La riposte anti-terroriste des États-Unis, visant à mener une « guerre contre la terreur » au nom de la liberté, les pousse alors parfois à l'unilatéralisme. Si leur intervention en Afghanistan se fait dans le cadre d'une mission de l'ONU en 2001 pour débusquer les principaux leaders terroristes, celle contre l'Irak en 2003 n'en a pas le soutien. Enfin, ses partenaires économiques et commerciaux, l'Union européenne et surtout la Chine, apparaissent de plus en plus comme des rivaux capables de développer des instruments de puissance similaires. Dans un monde qui devient multipolaire, les États-Unis doivent mobiliser leur puissance pour garder leur place.

> **Valoriser sa copie**
>
> Vous pouvez croiser votre réflexion avec les chapitres de Géographie sur la mondialisation et la place qu'y tiennent les États-Unis.

Conclusion

Ainsi, les États-Unis ont progressivement construit leur puissance à l'échelle mondiale. S'ils avaient déjà les instruments du *soft power* en main, c'est leur implication dans la défense de la démocratie, d'abord dans la Seconde Guerre mondiale puis dans la guerre froide, qui les a poussés à développer et utiliser aussi le *hard power* au point de devenir une superpuissance voire, après 1991, une hyperpuissance.

Mais l'émergence d'un monde multipolaire les oblige aujourd'hui à repenser leur rôle et leur influence.

Sujet 7 Les États-Unis et le monde depuis 1945 selon le président Obama

8 pts 1 h

Asie, juin 2015

Analyse d'un document

› Les États-Unis et le monde depuis 1945 selon le président Obama.

Analysez le document pour dégager comment, selon le président Obama, s'est construite la puissance des États-Unis depuis 1945. Montrez qu'il s'agit d'un point de vue.

Document Discours de Barack Obama lors de la réception du Prix Nobel de la paix, 10 décembre 2009

[…] La Seconde Guerre mondiale fut un conflit dans lequel le nombre total de civils qui ont péri a dépassé celui des soldats. Dans le sillage d'une telle destruction et avec l'avènement de l'ère nucléaire, il est apparu clairement aux vainqueurs comme aux vaincus que le monde avait besoin d'institutions afin de prévenir une autre guerre mondiale. […] Les États-Unis ont conduit le monde à la construction d'une architecture destinée à maintenir la paix : un plan Marshall et une Organisation des Nations unies, des mécanismes gouvernant les règles de la guerre, et des traités pour protéger les droits de l'homme, prévenir le génocide et limiter les armes les plus dangereuses. À de nombreux égards, ces efforts ont été couronnés de succès. Certes, des guerres terribles ont eu lieu et des atrocités ont été commises. Mais il n'y a pas eu de Troisième Guerre mondiale. La guerre froide s'est terminée lorsque des foules en jubilation ont fait tomber un mur. Le commerce a recousu la plupart des parties du monde. Des milliards d'êtres humains sont sortis de la pauvreté. Les idéaux de la liberté et de l'autodétermination, de l'égalité et de la règle du droit ont progressé tant bien que mal. Nous sommes les héritiers de la force d'âme et de la perspicacité des générations passées et c'est un héritage dont mon propre pays est fier à juste titre.

Pourtant, dans la première décennie d'un siècle nouveau, cette vieille architecture ploie sous le poids de nouvelles menaces. Le monde n'a sans doute plus à redouter la perspective d'une guerre entre deux superpuis-

HISTOIRE

sances nucléaires, mais la prolifération pourrait aggraver le risque d'une catastrophe. Le terrorisme est une tactique très ancienne, mais les techniques modernes permettent à quelques petits hommes saisis d'une rage démesurée d'assassiner des innocents à une échelle horrifiante. D'autre part, les guerres entre nations ont de plus en plus cédé la place à des conflits internes. [...]
Le monde a soutenu les États-Unis au lendemain des attaques du 11 septembre 2001, et continue d'appuyer nos efforts en Afghanistan, sur la base de l'horreur causée par ces attaques insensées et du principe reconnu d'autodéfense. Le monde avait pareillement reconnu la nécessité d'affronter Saddam Hussein quand il avait envahi le Koweït – un consensus qui a transmis un message clair quant aux conséquences de toute agression. En outre, les États-Unis ne peuvent pas exiger des autres de respecter un code de conduite que nous refuserions d'appliquer nous-mêmes. Notre action, dans ce cas, semblerait arbitraire et saperait la légitimité de toute intervention future – même quand elle serait des plus justifiées [...].
Les États-Unis ne vacilleront jamais dans leur engagement en faveur de la sécurité internationale. Mais dans un monde où les menaces sont plus répandues et les missions plus complexes, l'Amérique ne peut pas agir dans l'isolement. L'Amérique ne peut à elle seule assurer la paix. [...]

Discours du président des États-Unis d'Amérique, Barack Obama, lors de la réception du Prix Nobel de la paix, 10 décembre 2009.

Les clés pour réussir

L'essentiel à connaître

Thème principal : le document se rattache au chapitre sur l'étude des relations entre les États-Unis et le monde depuis 1945, premier exemple du thème « Les chemins de la puissance ».

Notions : puissance, *hard power, soft power*, guerre froide, hyperpuissance.

Analyser le sujet

La consigne

Vous êtes d'abord invité à revenir sur la **manière dont s'est construite la puissance mondiale des États-Unis**, et sur les **grandes étapes de ce processus** depuis la fin de la Seconde Guerre mondiale. Vous devez ensuite montrer que l'auteur du texte est engagé, en repérant ses silences et ses choix dans sa lecture de ce processus.

Le document

Le texte soumis à l'étude est constitué de larges extraits du discours prononcé par le président des États-Unis, Barak Obama, lorsqu'il reçoit le Prix Nobel de la paix, en décembre 2009. Tout en dressant une histoire du monde depuis 1945, il revient sur les formes de la puissance de son pays, et y défend l'idée que les États-Unis jouent un rôle essentiel dans la construction de la paix mondiale.

Déterminer l'enjeu du sujet

Vous devez éclairer **les grandes étapes de l'histoire des relations entre les États-Unis et le monde**, c'est-à-dire expliquer quand et comment s'affirme la puissance de ce pays. En adoptant une posture critique, vous devez également montrer qu'Obama se livre à une véritable apologie, ce qui implique qu'il exagère ou tait certains aspects, au service de son propos. Vous exposerez ainsi les **limites du document**.

Organiser ses idées

Structurer son devoir

- Construisez votre devoir en respectant l'ordre chronologique globalement suivi par le président Obama dans son discours, en procédant à une lecture critique pour chaque grand moment.
- Une première étape sera ainsi consacrée au **rôle des États-Unis dans le monde durant la guerre froide**, et à la lecture orientée qu'en propose le président américain.
- Une seconde étape portera sur l'**hyperpuissance des États-Unis dans le monde depuis 1991** ; vous y discuterez de la façon dont Obama expose et conçoit le rôle de son pays vis-à-vis de la communauté internationale, et sur les éventuels changements avec son prédécesseur.

Mots-clés : destinée manifeste, guerre froide, bipolarisation, puissance nucléaire, endiguement, ONU, « *enlargement* », libéralisme, terrorisme, 11 septembre 2001, guerre préventive.

Valoriser sa copie

- Insistez sur le contexte et la nature du document ; en recevant le Prix Nobel de la paix un an après son élection, Obama accroît sa légitimité, mais soulève aussi les critiques.
- Établissez une comparaison précise avec les choix du président précédent, George W. Bush (2000-2008), dont les choix internationaux ont alimenté la défiance envers les États-Unis, et avec lequel Obama entend explicitement rompre.
- Montrez qu'Obama s'inscrit dans une logique ancienne de construction de la puissance, fondée sur la destinée manifeste.

Sujet 7 Corrigé

› Les États-Unis et le monde depuis 1945 selon le président Obama.

! Attention

Le plan est rappelé pour vous aider, mais il ne doit en aucun cas figurer sur votre copie. À vous de guider le correcteur par l'annonce du plan dans l'introduction, les phrases d'attaque des paragraphes et des transitions.

Introduction

Lorsqu'il reçoit le prestigieux Prix Nobel de la paix en décembre 2009, Barak Obama, président des États-Unis depuis tout juste un an, suscite l'espoir de la communauté internationale. Il entend rompre avec son prédécesseur, George W. Bush, qui s'était engagé dans un rapport de défiance et de domination avec une partie du monde depuis les attentats du 11 septembre 2001. Obama a ainsi pris la tête de la première puissance mondiale avec comme objectif de consolider sa puissance, c'est-à-dire de restaurer son image, sa capacité à séduire et à inspirer confiance (le *soft power*), mais aussi de conforter les outils de la domination américaine, qu'elle soit diplomatique, militaire ou économique (le *hard power*). Parvient-il réellement à rompre avec la politique de son prédécesseur, ou s'inscrit-il dans une logique de continuité, liée à l'exercice de la puissance des États-Unis dans le monde depuis 1945 ?

L'astuce du prof

Combinez la définition des grandes notions du sujet avec la contextualisation du document.

I – L'influence pacificatrice des États-Unis sur le monde (1945-1991)

Barack Obama, rappelant la place des États-Unis dans la guerre froide (1945-1991), considère qu'ils y ont garanti l'équilibre du monde et fait triompher la paix.

Il rappelle le rôle des États-Unis dans la Seconde Guerre mondiale, qui fait entrer le monde dans une nouvelle ère par le nombre de victimes civiles (l. 1-2) mais aussi par l'utilisation de la bombe atomique (l. 3). Les États-Unis y assument la place de puissance, alors qu'ils s'y étaient refusés auparavant. Dès lors, ils s'opposent à l'autre superpuissance, l'URSS : la guerre froide, sans affrontement direct, commence.

Obama insiste alors sur l'influence bénéfique des États-Unis sur le plan diplomatique, en rappelant qu'ils sont à l'origine de l'existence de l'ONU (l. 8), fondée en 1945 à San Francisco à partir des dispositions de la Charte de l'Atlantique (1941). Toutefois, il omet de rappeler le droit de veto des États-Unis au Conseil de sécurité, dont ils sont membres permanents. De même, Obama fait du plan Marshall (l. 7) une décision pacifique. Or, si ce plan de 13 milliards de dollars permet aux pays d'Europe de l'Ouest de se reconstruire après la guerre, il est aussi un élément essentiel de la doctrine Truman en 1947, qui vise l'endiguement du communisme et accélère la bipolarisation du monde. En outre, ce plan repose sur l'extraordinaire puissance économique des États-Unis, qui détiennent les deux tiers des réserves d'or mondial en 1945, et font du dollar la monnaie mondiale (Bretton woods, 1944).

Obama évoque aussi de façon incomplète la puissance militaire des États-Unis. S'il rappelle la signature des traités de non-prolifération des armes nucléaires (SALT I, en 1972) ou la reconnaissance des droits de l'Homme obtenue par les accords d'Helsinki (1975), il tait l'énorme arsenal militaire américain, qui se déploie dans le monde pendant la guerre froide, grâce à des traités comme l'OTAN (1949). Certes, il reconnaît « des guerres terribles » et « des atrocités » (l. 11-12), faisant référence aux guerres de Corée et surtout du Vietnam, durant lesquelles les forces américaines ont utilisé des armes chimiques et bactériologiques. Mais il insiste surtout sur l'efficacité de la guerre froide, qui s'achève en 1989 par la chute du mur de Berlin (l. 14-15) et le triomphe du modèle américain.

Ce dernier repose sur des valeurs qu'Obama cite explicitement : « liberté, autodétermination, égalité et règle du droit » (l. 16). Il manifeste ainsi son attachement à la destinée manifeste des États-Unis, selon laquelle ils doivent diffuser leur modèle, et ainsi étendre leur *soft power*.

HISTOIRE

II – Restaurer le *soft power* américain par une politique étrangère multilatérale

Après avoir vanté l'influence des États-Unis pendant la guerre froide, Obama expose les enjeux auxquels ils font face depuis 1991, insistant sur leur courage, et montrant que leur puissance se renforce.

> **Valoriser sa copie**
> Vous pouvez combiner transition et phrase-titre pour annoncer chacune de vos grandes idées.

Le président dresse un bilan plutôt flatteur mais excessif de la diffusion du modèle économique américain, la politique d'« *enlargement* », engagée dans les années 1990, visant la diffusion conjointe de la démocratie et de l'économie de marché : « le commerce a recousu la plupart des parties du monde », « sortis de la pauvreté » (l. 14-15). Certes, les échanges entre les pays ont beaucoup augmenté et la pauvreté relative a reculé, mais cela n'a pas également profité à tous : en Afrique, la pauvreté continue de croître, et partout les écarts entre riches et pauvres se creusent.

Enfin, après avoir dressé un tableau des menaces pesant sur le monde, insistant sur le terrorisme d'Al Quaïda (l. 24), Obama esquisse les grandes lignes de sa politique étrangère. Il justifie la guerre en Afghanistan par les attentats du 11 septembre 2001, tout comme la guerre du Golfe par l'invasion du Koweït par l'Irak en 1991 ; à chaque fois, la réaction militaire américaine fait suite à une violation du droit (l. 31-32). Toutefois, désavouant le principe de guerre préventive adopté par son prédécesseur, Obama reconnaît implicitement que l'intervention américaine en 2003 était une erreur, car reposant sur des arguments falsifiés – un lien entre l'Irak et Al Quaïda –, et non soutenue par l'ONU : « notre action semblerait arbitraire et saperait la légitimité de toute intervention future » (l. 37-38). Il montre ainsi l'importance du *soft power* des États-Unis, de leur capacité à susciter la confiance et à être suivis par le reste du monde. Il demande enfin au reste du monde de s'allier aux États-Unis, renouant avec une logique multilatérale abandonnée par George W. Bush.

Conclusion

Tout en prenant ses distances avec la guerre préventive de George W. Bush, Obama rend hommage à son pays, dont il fait un facteur de paix grâce à son modèle économique et idéologique, mais aussi par sa puissance militaire. Obama minore ainsi les conflits et les violences provoquées par les États-Unis, avant d'appeler le monde à s'associer au combat américain contre le terrorisme. Sera-t-il entendu ?

Sujet 8 — La Chine et le monde des années 1960 aux années 1980

8 pts 1 h

France métropolitaine, juin 2015

Analyse d'un document

› La Chine et le monde des années 1960 aux années 1980.

Comment le document montre-t-il l'évolution de la place de la Chine dans les relations internationales depuis les années 1960 et comment explique-t-il les changements de la politique chinoise qui sont à l'origine de cette évolution à partir de la fin des années 1970 ?

En quoi la place de la Chine dans le monde après 1984 confirme-t-elle l'appréciation de ces deux journalistes ?

HISTOIRE

Document Réflexions de deux journalistes dans un ouvrage paru en 1984

Aujourd'hui la Chine, après être passée de l'alliance de droit avec l'URSS contre les États-Unis à une alliance de fait avec les États-Unis contre l'URSS, a détendu ses relations avec celle-ci, sans compromettre vraiment celles qu'elle entretient avec l'Amérique. […]

D'une manière générale, la Chine donne de toute évidence la priorité à son renforcement interne et ne se pose plus, comme pendant les années 1960, en Mecque du véritable communisme[1] et en inspiratrice de nombreux mouvements révolutionnaires du tiers-monde. Cette attitude n'est pas incompatible, bien au contraire, avec une certaine ouverture, notamment commerciale, indispensable en tout état de cause à la modernisation économique et sociale du pays. […]

Régnant sur l'État le plus peuplé du globe, et de beaucoup, les successeurs des Ming[2] et de Mao se doivent certes, d'abord, d'assumer la cohésion interne de leur pays. L'ouverture ne peut être, dans ces conditions, que lente. Mais il suffirait qu'elle s'amorce pour de bon pour avoir une portée considérable. C'est dans ce contexte que l'accélération des échanges, après la mort de Mao Zedong en 1976, doit retenir l'attention. Même si la part de la Chine dans le commerce mondial demeure infime, le fait est qu'elle a progressé de 20 % par an entre 1978 et 1981.

André Fontaine et Pierre Li, *Sortir de l'hexagonie*, Paris, 1984.

1. Expression qui désigne le pays revendiquant la direction du camp communiste.
2. Prestigieuse dynastie d'empereurs chinois qui régna du XIVe au XVIIe siècle.

Les clés pour réussir

L'essentiel à connaître

Thème principal : le document s'inscrit dans le deuxième thème du programme d'Histoire « Les chemins de la puissance », autour de la deuxième étude « La Chine et le monde depuis 1949 ». Il s'agit de se concentrer sur une période d'une vingtaine d'années : le **tournant entre l'ère maoïste et le début de libéralisation de l'économie chinoise.**

Notions : puissance, ouverture, ZES.

Analyser le sujet

La consigne

Montrer l'évolution de la place de la Chine dans le monde depuis les années 1960 revient à envisager les grandes étapes de l'ouverture politique puis économique de la Chine sur la scène internationale : émancipation de la tutelle soviétique et tentation d'un *leadership* sur le tiers-monde (années 1960) ; rapprochement des États-Unis et reconnaissance internationale (années 1970) ; ouverture économique (années 1980) et ses conséquences après 1984.

Le document

- Extraits de l'ouvrage *Sortir de l'hexagonie* écrit par André Fontaine et Pierre Li en 1984.
- Les journalistes synthétisent la politique étrangère chinoise depuis les années 1960 et apparaissent même comme des visionnaires quant au devenir de la puissance économique de la Chine.

Pièges à éviter

Ne développez pas trop la période contemporaine ; vous faites un sujet d'Histoire et s'il paraît judicieux d'envisager la période de la fin des années 1980-1990, ne basculez pas vers la Géographie et la place actuelle de l'économie chinoise en Asie et dans le monde.

Déterminer l'enjeu du sujet

- Vous devez expliquer le tournant entre la reconquête d'une puissance politique par la Chine sous Mao et les réformes adoptées dans un deuxième temps pour développer la puissance économique, ce qui implique d'amorcer un développement et une modernisation de l'économie chinoise.
- Il est aussi intéressant de montrer **comment le monde analyse cette nouvelle puissance chinoise** à travers le regard de deux journalistes occidentaux.

Sujet 8 Corrigé

› La Chine et le monde des années 1960 aux années 1980.

! Attention

Le plan est rappelé pour vous aider, mais il ne doit en aucun cas figurer sur votre copie. À vous de guider le correcteur par l'annonce du plan dans l'introduction, les phrases d'attaque des paragraphes et des transitions.

Introduction

Quand la Chine s'éveillera... le monde tremblera. Cet ouvrage de l'écrivain et homme politique français Alain Peyrefitte en 1973 est ici prolongé par ces extraits de *Sortir de l'hexagonie* d'André Fontaine et Pierre Li en 1984. En effet, la Chine des années 1970-1980 suscite de plus en plus l'intérêt des analystes occidentaux. Puissance complète jusqu'au XVIIIe siècle, la Chine était un État sous tutelle au début du XXe. La seconde moitié du XXe siècle est celle de la reconquête d'une puissance perdue. À travers l'analyse de ce document, nous verrons l'éveil progressif de la Chine au monde des années 1960 aux années 1980. Pour cela, nous aborderons tout d'abord l'ouverture politique de la Chine au monde dans les années 1960, puis l'ouverture économique gage du développement à la fin des années 1970 ainsi que ses résultats dans les années 1980.

Valoriser sa copie

Utilisez une citation ou le titre d'une œuvre pour amorcer votre introduction.

I – L'ouverture politique de la Chine au monde dans les années 1960-début 1970

« Après être passée d'une alliance de droit avec l'URSS », écrivent les deux journalistes. En effet, à ses débuts, en 1949, la RPC cherche des alliés et s'est logiquement inscrite dans la lignée du modèle soviétique. Cela passe alors par la signature d'un traité d'amitié avec l'URSS en 1950.

Vocabulaire

RPC (République populaire de Chine) : proclamée par Mao le 1er octobre 1949 sur la place Tian' Anmen.

Mais, dans les années 1960, Mao cherche à s'émanciper de la tutelle du grand frère soviétique et en profite pour faire de la Chine la « Mecque du véritable communisme ». En effet, Mao critique sévèrement la déstalinisation lancée par Khrouchtchev à la fin des années 1950 qu'il taxe de révisionnisme. Cette opposition aboutit à la rupture sino-soviétique de 1963, que Mao a largement orchestrée. Forte d'un modèle idéologique original, le maoïsme, la Chine cherche à gagner une sphère d'influence comme « inspiratrice de nombreux mouvements révolutionnaires du tiers-monde » (l. 7-8). Depuis la première conférence du tiers-monde à Bandung en 1955, la Chine s'est intégrée à cet ensemble et tente d'en assurer le *leadership*, comme Deng Xiaoping le sous-entend d'ailleurs lors de son discours devant l'ONU en 1974, lorsqu'il expose la théorie des trois mondes. La Chine souhaite devenir une puissance politique avec qui il faut désormais compter.

La Chine reste néanmoins assez isolée diplomatiquement. Elle doit donc se faire une place sur la scène internationale et choisit alors « une alliance de fait avec les États-Unis contre l'URSS ». En effet, au début des années 1970, la « diplomatie du ping-pong » amorce le rapprochement des États-Unis et de la Chine, chacun cherchant à s'appuyer sur l'autre pour contrer l'influence soviétique en Asie. Ce rapprochement a pour effet de permettre à la RPC de récupérer son siège au Conseil de sécurité de l'ONU en 1971 et donne lieu à la visite officielle de Nixon en Chine en 1972.

Mais, à la mort de Mao, la Chine demeure en retard économique et les politiques utopiques maoïstes ne sont pas étrangères aux difficultés du pays dans les années 1970. Son successeur, Deng Xiaoping, décide alors l'ouverture économique du pays.

Valoriser sa copie

Utilisez des exemples précis pour expliciter les éléments du document.

II – L'ouverture économique de la Chine fin des années 1970-années 1980 et ses résultats

Cette « ouverture » est « notamment commerciale » et est « indispensable en tout état de cause à la modernisation économique et sociale du pays ». Le constat ici dressé par les journalistes est aussi celui de Deng Xiaoping qui lance dès son arrivée au pouvoir la politique des Quatre Modernisations (1978), qui passe notamment par une libéralisation de l'économie. Ainsi, cette politique entraîne la création de ZES dont les premières s'ouvrent sur le littoral dès 1980.

Mais afin « d'assumer la cohésion interne d[u] pays », « l'ouverture ne peut être [...] que lente ». Et c'est bien le choix fait par Deng Xiaoping qui choisit une ouverture progressive du territoire chinois aux investissements étrangers (ZES en 1980, puis villes ouvertes en 1984).

Vocabulaire

ZES (zones économiques spéciales) : lieux bénéficiant d'avantages spéciaux qui les rendent attractifs pour les investisseurs étrangers.

En 1984, la Chine demeure un pays en développement, mais l'ouverture économique apparaît déjà comme le moyen d'accéder à la puissance et si « elle s'amorce pour de bon », elle pourrait avoir « une portée considérable ». On assiste en effet, à une « accélération des échanges » et même si « la part de la Chine dans le commerce mondial demeure infime », « elle a progressé de 20 % par an entre 1978 et 1981 ». Ce constat du dynamisme économique de la Chine au début des années 1980 ne fait que se confirmer par la suite. Le commerce extérieur chinois ne cesse de croître ensuite avec la poursuite de l'ouverture du territoire à des régions entières au milieu des années 1980, puis au territoire dans sa totalité en 1992. Les taux de croissance économique ne cessent de dépasser les 10 % par an dans les années 1990. La prévision des deux journalistes est donc confirmée par les succès économiques de la Chine à la fin du XXe et au début du XXIe siècle.

Conclusion

Entre les années 1960 et les années 1980, la Chine s'est donc éveillée au monde. Elle est d'abord devenue une puissance politique et idéologique influente dans les années 1960-1970, sous Mao. Puis, Deng Xiaoping a choisi d'ouvrir le pays à la mondialisation libérale. Sa politique fut couronnée de succès, la Chine devenant la 2e puissance économique mondiale au début du XXIe siècle. Peut-on pour autant parler aujourd'hui d'une puissance complète ?

Sujet 9

8 pts — 1 h

Le Proche et le Moyen-Orient, un foyer de conflits depuis la fin de la Seconde Guerre mondiale

France métropolitaine, juin 2018

Analyse d'un document

› Le Proche et le Moyen-Orient, foyer de conflits depuis la fin de la Seconde Guerre mondiale.

À partir de ce document, montrez que depuis la fin de la Seconde Guerre mondiale, le Proche et le Moyen-Orient sont à la fois un foyer de conflits et un enjeu des affrontements internationaux.

Document **Discours du Président américain Barack Obama au Caire (Égypte) le 4 juin 2009**

[…] Dans un passé relativement récent, les tensions ont été nourries par le colonialisme qui a privé beaucoup de musulmans de droits et de chances de réussir, ainsi que par une guerre froide qui s'est trop souvent déroulée par acteurs interposés, dans des pays à majorité musulmane et au mépris de leurs propres aspirations. En outre, les mutations de grande envergure qui sont nées de la modernité et de la mondialisation ont poussé beaucoup de musulmans à voir dans l'Occident un élément hostile aux traditions de l'islam. […]

Permettez-moi de m'exprimer aussi clairement et aussi simplement que possible sur certaines questions précises auxquelles nous devons maintenant faire face ensemble. La première est celle de l'extrémisme violent sous toutes ses formes. À Ankara, j'ai fait clairement savoir que l'Amérique n'est pas – et ne sera jamais – en guerre contre l'islam. (Applaudissements)

[…] Voilà maintenant plus de sept ans, forts d'un large appui de la communauté internationale, les États-Unis ont donné la chasse à Al Qaïda et aux talibans. Nous avons agi de la sorte non par choix, mais par nécessité. […]

Je voudrais aussi aborder le dossier de l'Irak. Contrairement à la guerre en Afghanistan, la guerre en Irak est le résultat d'un choix, lequel a provoqué des désaccords marqués dans mon pays et à travers le monde. Tout

en étant convaincu que le peuple irakien a gagné au bout du compte à être libéré de la tyrannie de Saddam Hussein, je crois aussi que les événements en Irak ont rappelé à l'Amérique la nécessité de recourir à la diplomatie et de construire un consensus international pour résoudre ses problèmes à chaque fois que c'est Israéliens, les Palestiniens et le monde arabe. [...]
Depuis des dizaines d'années, une impasse persiste : deux peuples aux aspirations légitimes, chacun marqué par un passé douloureux qui rend un compromis insaisissable. Il est aisé de pointer un doigt accusateur : les Palestiniens peuvent attirer l'attention sur la dislocation consécutive à la fondation d'Israël, et les Israéliens peuvent dénoncer l'hostilité et les attaques dont le pays a de tout temps fait l'objet à l'intérieur même de ses frontières et par-delà. Mais si nous examinons ce conflit à travers le prisme de l'une ou l'autre partie, nos œillères nous cacheront la vérité : la seule solution consiste à répondre aux aspirations des uns et des autres en créant deux États, où Israéliens et Palestiniens vivront chacun dans la paix et la sécurité. [...]
La troisième source de tension est nos intérêts en commun à l'égard des droits et des responsabilités des États concernant les armes nucléaires. Cette question a constitué une source de tension entre les États-Unis et la République islamique d'Iran. Pendant de nombreuses années, l'Iran s'est défini en partie par son opposition à mon pays et il existe en effet un passé tumultueux entre nos deux pays. [...] Chaque pays, y compris l'Iran, devrait avoir le droit d'avoir accès à l'énergie nucléaire pacifique s'il respecte ses engagements dans le cadre du Traité de non-prolifération nucléaire.

Discours du Président Barack Obama,
prononcé le 4 juin 2009, à l'Université du Caire (Égypte).

HISTOIRE

Les clés pour réussir

L'essentiel à connaître

Thème principal : l'analyse de ce document repose sur le chapitre « Le Proche et le Moyen-Orient, foyer de conflit depuis la fin de la Seconde Guerre mondiale ».
Vous montrerez que le Proche et Moyen-Orient concentre les conflits, avant d'exposer son importance stratégique dans les relations internationales, à travers le rôle qu'y jouent les États-Unis.
Notions : sionisme, islamisme, guerre froide, multilatéralisme.

Analyser le sujet

La consigne

- Construite en deux temps, la consigne vous invite à traiter successivement le Proche et Moyen-Orient comme le théâtre de nombreux conflits, que vous devrez identifier et expliquer, puis comme un enjeu des relations internationales, dans lesquelles les États-Unis jouent un rôle singulier.
- Ne focalisez pas votre développement sur les États-Unis, mais partez bien des conflits régionaux pour exposer, quand c'est nécessaire, la part des États-Unis.

Le document

Il s'agit d'un discours prononcé par Barack Obama au Caire, le 4 juin 2009. Président des États-Unis depuis moins d'un an, il entend apaiser les relations tendues entre son pays et les peuples du Proche et Moyen-Orient, qui l'accusent d'ingérence. Il dresse également un état des lieux des conflits internes à la région, pour établir les responsabilités et les solutions de paix possibles. Il met en avant le rôle central des États-Unis, dont il reconnaît certaines erreurs, tout en justifiant globalement la politique menée par son pays.

Déterminer l'enjeu du sujet

En partant du document, vous devez présenter les principaux conflits qui ont déchiré le Proche et Moyen-Orient depuis la fin de la colonisation jusqu'à 2009, qu'ils soient internes ou liés au contexte international. Barack Obama établissant également des responsabilités et des enjeux dans le présent, vous devez évoquer la place des États-Unis dans ces conflits, et les propositions qu'il fait pour les résoudre.

Organiser ses idées

Structurer le devoir

- Identifiez et expliquez les conflits internes au Proche et Moyen-Orient que l'auteur passe en revue dans son discours.
- Exposez ensuite de quelles manières le Proche et Moyen-Orient est devenu un enjeu des affrontements internationaux, en insistant sur le rôle des États-Unis.

Mots-clés : Guerre du Golfe, Guerre d'Irak, Israël, Palestine, Iran, guerre froide, guerre préventive, islamisme, sionisme.

Valoriser la copie

- Appuyez-vous sur le chapitre consacré aux relations entre les États-Unis et le monde pour éclairer les enjeux de la région dans la guerre froide puis au temps de l'hyper-puissance étatsunienne.
- Articulez les échelles pour montrer que les conflits au Proche et Moyen-Orient ont un fort écho international.
- Portez un regard critique sur la démarche de Barack Obama, qui ne tient pas toujours compte des situations concrètes entre belligérants.

Sujet 9 Corrigé

› Le Proche et le Moyen-Orient, foyer de conflit depuis la fin de la Seconde Guerre mondiale.

Attention

Le plan est rappelé pour vous aider, mais il ne doit en aucun cas figurer sur votre copie. À vous de guider le correcteur par l'annonce du plan dans l'introduction, les phrases d'attaque des paragraphes et des transitions.

Introduction

Lorsqu'il se rend au Caire en juin 2009, Barack Obama vient d'être élu président des États-Unis. Il souhaite retisser des relations de confiance entre son pays et les peuples du Proche et Moyen-Orient, marqués par des conflits auxquels les États-Unis participent. En dressant un état des lieux des affrontements de la région, Obama veut dire la responsabilité de son pays, mais aussi unir tous les acteurs autour des principes du **multilatéralisme**. Il s'agit donc de comprendre comment se sont noués les conflits du Proche et Moyen-Orient, à l'échelle régionale comme à l'échelle internationale, tout en examinant la manière dont les États-Unis y ont pris part, et entendent les dénouer. Quels conflits intérieurs ont déchiré cette région ? À quels conflits la communauté internationale a-t-elle participé, et quel a été le rôle spécifique des États-Unis dans ce processus d'internationalisation ?

I – Le Proche et Moyen-Orient est d'abord marqué par le conflit entre Israël, les pays arabes et les Palestiniens

> **Vocabulaire**
> **Sionisme :** mouvement politique né à la fin du XIXe siècle en Europe, et qui a comme objectif la création d'un État juif en Palestine.

Ce conflit, « grande source de tension » qui s'est noué avant la Seconde Guerre mondiale, fait l'objet d'un long développement de Barack Obama dans son discours. Il identifie trois acteurs, « les Israéliens, les Palestiniens et le monde arabe ». En effet, au nom du sionisme des Juifs venus surtout d'Europe ont progressivement formé un « foyer national juif » en **Palestine**, alors peuplée majoritairement d'Arabes. En 1947, l'ONU élabore un plan de partage en deux États, l'un juif, l'autre arabe. Mais la proclamation unilatérale d'**Israël** en mai 1948 provoque instantanément un conflit avec les pays arabes voisins, ce « passé douloureux » évoqué ici. Syrie et Égypte en tête, ils refusent « la dislocation consécutive à la fondation d'Israël », à savoir l'instauration de nouvelles frontières et le sort réservé aux 700000 arabes obligés de quitter leurs terres, et qui se réfugient dans toute la région. En 1949, l'arrêt des combats n'éteint pas les tensions; aucun pays arabe ne reconnaît Israël. De nouvelles guerres éclatent en 1967 et 1973, réduisant encore les espoirs palestiniens, et alimentant le basculement terroriste contre la population israélienne, ces « attaques » dont parle Obama.

L'astuce du prof

En Histoire, vous devez inscrire le plus de dates et noms d'acteurs précis dans votre copie.

Soutien actif d'Israël – ce que l'auteur ne précise pas – les États-Unis n'en ont pas moins œuvré pour construire une paix durable entre les belligérants. En 1978, les États-Unis obtiennent de l'Égypte un accord avec Israël. En 1993, les accords d'Oslo, signé entre Palestiniens et Israéliens à l'initiative du président Clinton, ouvrent la porte à la construction d'un État palestinien. Mais la multiplication des colonies en Palestine bloque sa concrétisation.

Valoriser sa copie

Éclairez les prises de position d'Obama en les replaçant dans le contexte large des liens entre les États-Unis et Israël.

En 2009, de nombreux observateurs estiment déjà que la création de « deux États où [chacun vivrait] dans la paix et la sécurité » est compromis. À ce conflit régional s'ajoutent des conflits internationaux.

II – Le Proche et Moyen-Orient est aussi le théâtre de conflits internationaux

Dans son discours, Obama dresse un état des lieux des conflits qui déchirent la région depuis la **guerre froide**. Il insiste cependant sur ceux qui impliquent les États-Unis, et notamment la guerre du Golfe, et surtout son avatar la « guerre en Irak » (2003), qu'il relie à la « guerre en Afghanistan ». Cette dernière, qui éclate en octobre 2001 après les attentats du 11 septembre, conduit au renversement des « talibans », un groupe islamiste au pouvoir depuis 1996, et à la lutte contre l'organisation islamiste Al Qaeda, auteure de l'attentat. Obama justifie ainsi cette guerre « par la nécessité ».

Vocabulaire

Islamisme : mouvement politique qui entend faire de l'Islam le fondement de la vie sociale et politique d'un État.

Depuis, la reconstruction d'un État fiable en Afghanistan est en panne, tout comme en Irak. Neutralisé par la guerre du Golfe après son invasion du Koweït en 1990, l'Irak est attaqué par les États-Unis en 2003, après une vaste campagne visant à y accréditer l'existence d'armes de destruction massive, et malgré des « désaccords marqués » avec une partie de l'opinion et des États du monde. Guerre rapidement qualifiée de préventive, puisque les États-Unis ont choisi d'attaquer avant de l'être, elle est justifiée par la fin de la dictature en Irak (« le peuple irakien a gagné au bout du compte »), même si Obama admet ses limites. De fait, cette guerre a durablement déstabilisé l'Irak, devenu le foyer de l'État Islamique en Irak et au Levant, appelé également Daesh, et qui prône un islamisme particulièrement violent.

L'importance stratégique du pétrole, inexistante dans cet extrait, doit également être relevée. Le Proche et Moyen-Orient détient 2/3 des réserves estimées, et les guerres du Golfe et d'Irak avaient aussi comme objectif de garantir la mise à disposition du pétrole de la région sur le marché mondial.

Valoriser sa copie

Soulevez les sujets qu'Obama passe volontairement sous silence.

Enfin, Obama évoque les relations difficiles (« passé tumultueux ») entre les États-Unis et l'Iran. Autrefois partenaires, ils sont devenus adversaires après l'instauration de la République islamique d'Iran en 1979. Obama esquisse une solution à ce blocage, faisant appel à la diplomatie, aux traités internationaux (« traité de non-prolifération nucléaire »). Au fond, c'est sur « l'appui de la communauté internationale » et sur le **multilatéralisme** qu'il compte pour sortir la région de ses impasses géopolitiques. C'est pourquoi il veut redonner confiance aux peuples musulmans, distinguant soigneusement l'islam (« L'Amérique ne sera jamais en guerre contre l'islam ») de l'islamisme (« extrémisme violent »).

Conclusion

Le discours de Barack Obama au Caire est l'occasion pour lui de dresser un état des lieux des conflits qui déchirent le Proche et Moyen-Orient, qu'ils soient internes, comme le conflit entre Israël et les Palestiniens, ou internationaux, comme la guerre d'Irak en 2003. Décidé à construire des relations apaisées avec les pays et les peuples de la région, Obama reconnaît en partie les responsabilités de son pays dans ces conflits et prône le multilatéralisme, tout en justifiant les choix de son pays.

Sujet 10

8 pts

1 h

Le Proche et le Moyen-Orient, un foyer de conflits depuis la fin de la Seconde Guerre mondiale

France métropolitaine, juin 2016

Composition

› **Le Proche et le Moyen-Orient, un foyer de conflits depuis la fin de la Seconde Guerre mondiale.**

Les clés pour réussir

L'essentiel à connaître

Thème principal : ce sujet correspond à la seconde entrée du thème 2 du programme d'Histoire, « Grandes puissances et conflits dans le monde depuis 1945 ». Il s'agit d'étudier un foyer de conflits particulier, le Moyen-Orient. Certains éléments du chapitre sur « Les États-Unis et le monde depuis 1945 » peuvent être mobilisés.

Notions : conflit, islamisme, chiisme, puissance régionale, interventionnisme, sunisme.

À noter : la profusion des faits et leur complexité imposent de traiter ce sujet de façon synthétique en privilégiant sa problématisation.

Analyser le sujet

Définir les termes du sujet

Proche et Moyen-Orient : ces deux termes forgés par les puissances occidentales au début du XXe siècle ont une **visée géopolitique plus que géographique** et désignent des régions aux contours fluctuants. Le Proche-Orient désigne les « régions du Levant », c'est-à-dire les pays de l'est du bassin méditerranéen, de la Turquie à l'Égypte. Le terme de Moyen-Orient, qui s'est imposé dans le monde anglo-saxon, désigne l'ensemble des pays de l'Asie de l'Ouest (de la Turquie à l'Iran voire l'Afghanistan) et du Sud-Ouest (Péninsule arabique) et l'Égypte.

Conflits : le mot désigne ici des **oppositions violentes**, de diverses natures, qui prennent le plus souvent la forme de **luttes armées**.

Cerner les limites du sujet

- Le sujet commence en 1945, après la Seconde Guerre mondiale. La région s'émancipe de la tutelle occidentale avec la fin des « mandats ». Vous ne devez pas inclure les pays du Maghreb dans l'étude. Ils ne sont pas considérés comme appartenant au Moyen-Orient, qui ne doit pas être confondu avec « le monde arabe ».

- L'ampleur du sujet exclut un traitement exhaustif et événementiel qui ferait un récit détaillé des conflits de la région depuis 1945. Il faut s'appuyer sur quelques exemples seulement pour **mettre en lumière les logiques qui font du Proche et du Moyen-Orient un foyer de conflits.**
- Il ne faut pas non plus que votre propos se focalise sur le conflit israélo-palestinien, même si une place doit lui être accordée.

Déterminer l'enjeu essentiel du sujet

Le Proche et le Moyen-Orient forment une **région particulièrement instable**, une des plus conflictuelles du monde, et ce depuis 1945. Ces conflits ont une grande résonance sur les plans médiatique, géopolitique et diplomatique. Votre objectif est d'expliquer pourquoi, en dégageant les **multiples facteurs qui font du Moyen-Orient une terre d'affrontements et un enjeu majeur des relations internationales.**

Organiser ses idées

Structurer son devoir

Il vous faut d'abord rendre compte de la **diversité des populations et de leur cohabitation parfois difficile**, d'autant que les États de la région, souvent récents, sont fragiles. Ces facteurs internes sont doublés de **facteurs externes**, à savoir l'intervention des grandes puissances qui luttent pour étendre leur influence dans cette **région hautement stratégique** et contribuent parfois à sa déstabilisation.

Mots-clés : guerre du Liban, Saddam Hussein, George W. Bush, canal de Suez, guerres israélo-arabes, guerres du Golfe.

Valoriser sa copie

Vous devez insister sur l'interdépendance des enjeux et des conflits afin d'éviter d'en faire un catalogue.

Sujet 10 Corrigé

Attention

Le plan est rappelé pour vous aider, mais il ne doit en aucun cas figurer sur votre copie. À vous de guider le correcteur par l'annonce du plan dans l'introduction, les phrases d'attaque des paragraphes et des transitions.

Introduction

En 1945, la tutelle européenne sur le Proche et le Moyen-Orient prend fin. De nouveaux États, issus du processus de décolonisation, prennent leur destin en main. Mais dès cette époque et jusqu'à nos jours, de multiples

conflits rendent la région très instable, la plaçant régulièrement sous les feux des médias et la soumettant aux interventions extérieures. Quels facteurs expliquent l'importance de ces conflits et leur retentissement bien au-delà des frontières du Moyen-Orient ?
Dans un premier temps il convient de montrer la grande diversité culturelle et religieuse de la région qui peut fragiliser la stabilité des États. Nous verrons ensuite que la question de l'accès aux ressources constitue un facteur de tensions au Proche et au Moyen-Orient qui est aussi déstabilisé par les interventions des grandes puissances.

I – Le Proche et le Moyen-Orient : une région à l'équilibre fragile où les conflits s'imbriquent

Le Proche et le Moyen-Orient se caractérisent par une grande diversité culturelle. En effet, si l'islam est la religion largement majoritaire au Proche et au Moyen-Orient, cette unité n'est qu'apparente, tant cette religion s'est diversifiée et même divisée depuis son apparition dans la région au VIIe siècle. La principale division distingue l'islam sunnite du chiisme. La majorité des musulmans sont sunnites. Les chiites forment des minorités dans la plupart des pays du Proche et du Moyen-Orient et sont majoritaires dans certains, comme l'Iran ou l'Irak. Cette opposition doctrinale se traduit sur le plan politique. L'Iran et l'Arabie saoudite cherchent en effet à s'affirmer comme puissance régionale, ce qui les conduit à des affrontements de plus en plus frontaux. En janvier 2016, les deux pays ont rompu leurs relations diplomatiques. Certaines communautés particulières de l'islam, comme les druzes ou les alaouites, sont également présentes dans la région, qui compte aussi des minorités chrétiennes appartenant à différentes églises. Les coptes, en Égypte, représenteraient ainsi entre 7 et 10 % de la population et souffrent d'être considérés comme des citoyens de seconde zone. Les Juifs enfin, qui formaient des minorités dans tous les États de la région avant la Seconde Guerre mondiale, sont aujourd'hui essentiellement présents en Israël où ils forment la majorité du peuplement.
À cette diversité religieuse s'ajoute un autre facteur d'hétérogénéité essentiel, celui du peuplement. Numériquement, les trois plus grandes familles de peuples de la région sont les Turcs au Nord, les Perses à l'Est (Iran) et les Arabes au Sud et à l'Ouest. Mais on compte aussi un grand nombre d'autres peuples comme les Kurdes, qui forment une population de 25 à 30 millions de personnes, à cheval sur quatre États, la Syrie, la Turquie, l'Iran et l'Irak et réclament le droit à l'autodétermination. Un mouvement indépendantiste kurde, le PKK, est entré en conflit armé avec l'État turc depuis les années 1980.
La plupart des États de la région sont récents et leurs frontières sont issues des mandats de la SDN ce qui constitue un terreau favorable aux conflits de toutes natures.

Vocabulaire

Mandat de la Société des nations : administration temporaire d'un territoire issu du démantèlement de l'Empire ottoman (turc), confiée dans l'entre-deux-guerres à la France et au Royaume-Uni.

Ces États sont composés, dans bien des cas, de plusieurs communautés, à l'instar du Liban où cohabitent des chrétiens de plusieurs obédiences, des sunnites, des chiites et des druzes. L'histoire des relations entre ces diverses communautés alterne les phases de coexistence pacifique, d'affrontements et même d'impérialisme.

Faute d'États-nations suffisamment solides, la rivalité entre les communautés peut nourrir des tensions, entre États mais aussi à l'intérieur des États. C'est le cas du Liban, qui a connu une guerre civile entre 1975 et 1989 pendant laquelle les diverses communautés qui composent ce pays se sont affrontées. La montée en puissance de l'islamisme, à partir des années 1970, a pu aussi déstabiliser certains États et quelquefois attiser la division des communautés comme en Irak, où les djihadistes d'Al-Qaïda multiplient les actions violentes contre les chiites depuis 2003, ou en Syrie, où l'Organisation État islamique s'attaque aux Syriens chiites ou kurdes.

Les frontières qui délimitent les États font par ailleurs l'objet de contestations. La création de l'État d'Israël en 1948 suscite ainsi l'hostilité des États arabes voisins. Israël est entré en guerre à trois reprises avec ceux-ci, en 1948-1949, en 1967 et en 1973. À partir de 1967, Israël occupe les territoires palestiniens de Gaza (jusqu'en 2005) et de la Cisjordanie, ainsi que la partie est de Jérusalem.

Quelquefois, la remise en cause des frontières est liée à la rivalité pour l'accès aux ressources. En 1990 par exemple, l'Irak de Saddam Hussein annexe le Koweït pour élargir son accès à la mer et accroître ses réserves pétrolières.

Car la question de la maîtrise des ressources est essentielle dans la région et contribue à attiser les tensions et l'interventionnisme des grandes puissances.

Vocabulaire

Islamisme : doctrine politique qui entend faire de l'islam la source principale ou exclusive de la législation et de la vie politique.

L'astuce du prof

Le cas du conflit israélo-arabe est incontournable mais ne doit pas constituer une part démesurée du développement, qui doit montrer que les conflits ont été très nombreux depuis 1945, au-delà de ce cas qui est le plus connu et le plus médiatisé.

Valoriser sa copie

Cet exemple de l'annexion du Koweït qui débouche sur la première guerre du Golfe permet d'amener la transition avec la deuxième partie.

II – Le Proche et le Moyen-Orient, une région stratégique qui suscite l'interventionnisme des grandes puissances

Le Moyen-Orient, au carrefour de l'Europe et de l'Asie, est une région stratégique essentielle. L'essor des échanges internationaux, dans le cadre de la mondialisation qui se met en place après la Seconde Guerre mondiale, renforce l'intérêt stratégique de certains points de passage comme le canal de Suez, qui relie la Méditerranée à la mer Rouge, ou le Golfe persique, qui

HISTOIRE

borde les côtes de plusieurs États producteurs de pétrole. Le Moyen-Orient possède en effet d'immenses réserves pétrolières et assure 30 % de la production mondiale. Tous les États de la région ne sont pas dotés de cette ressource, ce qui est un autre facteur d'inégalités, voire de crispations.

L'accès à l'eau nourrit aussi les tensions. C'est une ressource essentielle mais rare, le climat dans la région étant majoritairement aride ou semi-aride. La croissance démographique a accru les besoins. L'eau des grands fleuves est très disputée. C'est notamment le cas du Tigre et de l'Euphrate. La construction de barrages par la Turquie, en amont de ces fleuves, suscite de fortes tensions avec les pays en aval, la Syrie et l'Irak, qui voient le débit des eaux diminuer sur leur territoire.

La manne des hydrocarbures, indispensable au développement économique et industriel, intéresse les grandes puissances et fait du Moyen-Orient un terrain d'affrontement entre elles, notamment pendant la guerre froide.

Dès 1945, les États-Unis privilégient cette région pour leur approvisionnement énergétique. En février 1945, ils signent un pacte avec l'Arabie saoudite, qui devient leur principal fournisseur de pétrole. Dans le même temps, ils cherchent à tisser un réseau d'alliances afin de contenir l'influence soviétique. Certains pays comme l'Égypte de Nasser ou la Syrie se rapprochent de l'URSS et s'opposent à l'influence des États-Unis, soutiens d'Israël. Après la révolution qui place les islamistes au pouvoir en Iran en 1979, ce pays devient aussi un adversaire résolu des États-Unis. Avec la fin de la guerre froide, dès le début des années 1990 et jusque dans les années 2000, l'influence américaine dans la région s'est accentuée. À l'enjeu pétrolier et à la sécurisation des routes maritimes s'est ajoutée la volonté de contrôler et surveiller certains États hostiles comme l'Iran ou la Syrie, et de lutter contre les réseaux terroristes islamistes, surtout Al-Qaïda, après les attentats du 11 septembre 2001. Les États-Unis de George W. Bush n'hésitent pas à mener des interventions militaires comme celle d'Irak en 2003 (seconde guerre du Golfe), suscitant l'hostilité des opinions publiques du Moyen-Orient, qui y voient une forme d'impérialisme.

Que ce soit par alliés interposés ou par leurs interventions directes, la politique des puissances a pu exacerber ou entretenir certains conflits. La guerre civile en Syrie a ainsi une dimension régionale et internationale, comme le montre le schéma suivant L'intervention militaire de la Russie pour défendre le régime de Bachar el-Assad, décidée en septembre 2015, fait même de la Syrie le théâtre d'un nouvel affrontement entre l'Est et l'Ouest. Elle alourdit le bilan humain déjà terrible (plus de 300 000 morts) et accélère la fuite des civils. La rivalité entre les puissances régionale s'appuie sur cette conflictualité Est-Ouest, l'Iran s'opposant à l'Arabie saoudite.

La guerre civile en Syrie, un conflit aux implications régionales et internationales

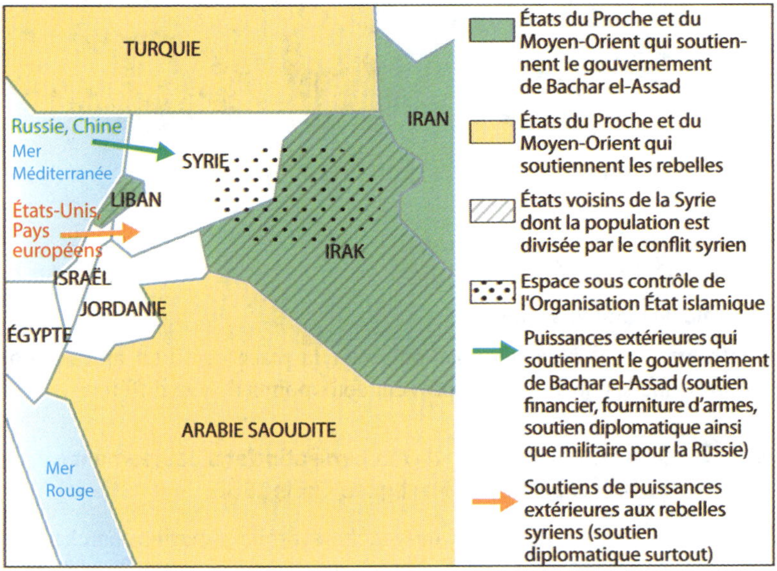

Les médias et les opinions publiques accordent une grande attention à ces conflits, ce qui explique aussi leur résonance. C'est particulièrement le cas du conflit israélo-palestinien, dont le règlement apparaît comme une étape essentielle à la stabilisation de la région. La cause des Palestiniens qui réclament leur État est très populaire dans l'opinion du Moyen-Orient. Malgré les espoirs de paix ouverts par les accords d'Oslo sous égide américaine en 1993, le conflit perdure.

Conclusion

Le Proche et le Moyen-Orient forment une région particulièrement instable depuis 1945. Les conflits y sont nombreux et prennent racine dans une histoire longue et complexe. Sa position et ses ressources en pétrole en font, dès 1945, un terrain d'affrontement des grandes puissances qui essaient d'y établir leur influence. Dans un emboîtement complexe de luttes d'influence, bien des conflits, pourtant localisés géographiquement, ont une résonance régionale et internationale. La paix y est d'autant plus difficile à établir, comme le montre l'enlisement dramatique du conflit syrien. La communauté internationale a-t-elle les moyens de sortir durablement le Proche et Moyen-Orient de ces engrenages conflictuels ?

HISTOIRE

Sujet 11

8 pts — 1 h

Gouverner la France depuis 1946 : État, gouvernement, administration, opinion publique

Centres étrangers, juin 2018

Analyse de deux documents

› Le rôle de l'État en France.

Confrontez les documents pour présenter la place de l'État après 1946. Montrez que les documents expriment deux points de vue différents.

Doc. 1 Jean Monnet au plan de modernisation et d'équipement de la France. Rue de Martignac, Paris 1950.

Traduction de haut en bas et de gauche à droite : marine marchande, charbon, pétrole et carburant, voitures/camions, acier, tracteurs, blé, chemins de fer, lait, viande, énergie électrique, engrais, ciment. En marge à gauche : balance commerciale.

Fondation Jean Monnet pour l'Europe, Lausanne.

Doc. 2 **Discours du Premier ministre Jacques Chaban-Delmas à l'Assemblée nationale, 16 septembre 1969**

Tentaculaire et en même temps inefficace : voilà, nous le savons tous, ce qu'est en passe de devenir l'État, et cela en dépit de l'existence d'un corps de fonctionnaires, très généralement compétents et parfois remarquables. Tentaculaire, car, par l'extension indéfinie de ses responsabilités, il a peu à peu mis en tutelle la société française tout entière.

Cette évolution ne se serait point produite si, dans ses profondeurs, notre société ne l'avait réclamée. Or c'est bien ce qui s'est passé. Le renouveau de la France après la Libération, s'il a mobilisé les énergies, a aussi consolidé une vieille tradition colbertiste et jacobine[1], faisant de l'État une nouvelle providence. Il n'est presque aucune profession, il n'est aucune catégorie sociale qui n'ait, depuis vingt-cinq ans, réclamé ou exigé de lui protection, subventions, détaxation ou réglementation.

Mais, si l'État ainsi sollicité a constamment étendu son emprise, son efficacité ne s'est pas accrue car souvent les modalités de ses interventions ne lui permettent pas d'atteindre ses buts.

Extrait du discours du Premier ministre Jacques Chaban-Delmas, le 16 septembre 1969, à l'Assemblée nationale.
http://www.assemblee-nationale.fr/histoire/chaban1969.asp – Consulté le 22/06/2018

1. Doctrine qui tend à organiser le pouvoir de façon administrative et centralisée.

Les clés pour réussir

L'essentiel à connaître

Thème principal : l'étude de ces documents s'inscrit dans le chapitre « Gouverner la France depuis 1946 : État, gouvernement, administration et opinion publique ».
Vous devez, par un travail de confrontation, montrer que la manière de concevoir le rôle de l'État change entre 1949 (document 1) et 1969 (document 2).
Notions : État, gouvernement, administration, centralisme, État-providence, productivisme.

Analyser le sujet

La consigne

Vous devez commenter et discuter la place de l'État en France après 1946, c'est-à-dire le rôle que l'État entend jouer et les outils qu'il entend mobiliser dans ce but. La consigne vous invite à confronter les deux

HISTOIRE

documents, à les comparer pour identifier et expliquer les missions de l'État, et les moyens qu'il déploie pour cela. Cette comparaison doit vous conduire à repérer puis éclairer l'opposition entre les deux documents, chacun portant une analyse différente sur le rôle de l'État.

Les documents

Document 1 : une photographie de 1949, conservée par la fondation Jean Monnet pour l'Europe. On y voit le commissaire au Plan assis à son bureau, posant devant une carte de France indiquant en anglais les réalisations du Plan, c'est-à-dire la hausse de production des biens indispensables à la reconstruction de la France.

Document 2 : extrait d'un discours prononcé devant les députés le 16 septembre 1969 par le Premier ministre Jacques Chaban-Delmas. Il y décrit la place de l'État en France, pour en déplorer les excès et les limites.

Déterminer l'enjeu du sujet

- Le sujet vous conduit d'abord à identifier et expliquer le rôle central de l'État dans un contexte marqué par les enjeux de la reconstruction, et les outils par lesquels il entend exercer ce rôle (développement de l'administration, nationalisations, planification).
- Vous devez ensuite éclairer comment s'opère le passage d'un rôle fort de l'État (document 1) à une remise en cause de ce rôle vingt ans plus tard (document 2).

Organiser ses idées

Structurer son devoir

- Identifiez et expliquez comment l'État renforce ses moyens d'action à partir de 1945, et pourquoi. Montrez ensuite que ce renforcement est progressivement remis en cause.

Mots-clés : reconstruction, Plan, planification, nationalisations, administration, État-providence, Sécurité sociale.

Valoriser sa copie

- Appuyez-vous sur les contextes de 1949 et de 1969, en France comme dans le monde, pour expliquer l'évolution des regards portés sur le rôle de l'État.
- Identifiez précisément le rôle et les responsabilités des deux auteurs pour éclairer leur point de vue.

Sujet 11 Corrigé

› Le rôle de l'État en France.

! Attention

Le plan est rappelé pour vous aider, mais il ne doit en aucun cas figurer sur votre copie. À vous de guider le correcteur par l'annonce du plan dans l'introduction, les phrases d'attaque des paragraphes et des transitions.

Introduction

Les destructions et la fin dramatique de la IIIe République conduisent les dirigeants politiques de la France à repenser à la fois les institutions et le rôle de l'État en 1946. Les nécessités de la **reconstruction** et la pression exercée par les Alliés incitent à mettre rapidement en place un appareil administratif efficace, capable de piloter la remise en marche de l'économie nationale, tout en renforçant la légitimité de l'État. À partir de 1946, de quels outils l'État se dote-t-il pour organiser et accélérer la **reconstruction** et ainsi améliorer le quotidien des Français ? Pourquoi ces outils sont-ils remis en cause vingt ans plus tard ?

Valoriser sa copie

Appuyez-vous sur un contexte large pour montrer l'intérêt de votre sujet.

I – En 1949 comme en 1969, l'État joue un rôle économique essentiel

L'ampleur des nécessités de la reconstruction conduit à donner un rôle décisif à l'État en matière économique.

Cela se traduit par la création d'un commissariat au Plan, dont Jean Monnet prend la tête dès 1946. C'est à ce poste qu'il est pris en photo dans le *document 1*. Il est alors chargé de coordonner les activités de production agricole et industrielle de manière à relancer rapidement la reconstruction.

La multiplicité des enjeux explique que le contrôle des espaces maritimes revête une importance essentielle, pour laquelle les acteurs régionaux sont prêts à déclencher des conflits à toutes les échelles.

Ces activités, indispensables à l'économie comme à l'amélioration des conditions de

L'astuce du prof

Montrez par votre phrase-titre que vous ne traitez pas les documents l'un après l'autre, mais que vous les confrontez.

Vocabulaire

Reconstruction : ensemble des activités visant à reconstruire les bâtiments, les lieux de production et plus largement l'activité économique détruite par les combats de la Seconde Guerre mondiale.

vie, sont nombreuses. Elles apparaissent sur la carte située au second plan du document 1 : voitures-camions, tracteurs, blé, lait, viande ou énergie électrique par exemple. Il ne s'agit pas d'un système où l'État commanderait l'activité économique, à la manière soviétique ; la France demeure dans le bloc occidental et n'entend pas rompre avec le système capitaliste. Par la planification, l'État fixe pour 5 ans des objectifs quantitatifs aux principaux acteurs économiques, après en avoir discuté avec les représentants du patronat comme des syndicats. Le Plan formalise ces objectifs, et le commissaire au Plan est chargé de les mettre en œuvre en impulsant de nouvelles méthodes de production. Il s'agit bien du « renouveau de la France après la Libération » dont parle le Premier ministre en 1969 (document 2).
Le rôle décisif de l'État passe également par de nombreuses nationalisations, qui donnent naissance à de grands groupes industriels placés sous le contrôle de l'État, comme Electricité de France ou Charbonnages de France, mais aussi à un système bancaire largement public. De fait, l'État « étend ses responsabilités » comme le pointe le document 2, devenant le premier investisseur et le premier entrepreneur du pays.

> **Vocabulaire**
> **Nationalisation :** opération qui fait de l'État le propriétaire d'une entreprise ou d'un ensemble d'entreprises.

L'importance et l'ampleur de ce rôle expliquent la formation d'une administration puissante, chargée d'en exercer le contrôle. À l'image de Jean Monnet (document 1), de nombreux fonctionnaires sont recrutés et formés à l'École Nationale d'Administration (ENA), fondée en 1945 pour diriger cette administration nouvelle. Ce « corps de fonctionnaires [...] compétents » (document 2) dirige par exemple l'INSEE ou l'INED, nouveaux instituts à vocation statistiques. La plupart d'entre eux travaillent à Paris, au service du pouvoir politique, dans une logique centralisatrice « colbertiste et jacobine ».
Enfin, la création de la Sécurité sociale concrétise la mise en place de l'État-Providence, évoqué dans le document 2. Les assurances santé, vieillesse, famille et accident du travail transforment la vie des Français, concrétisant les aspirations de justice sociale exprimées dans le programme du Conseil national de la Résistance (document 2).
Ainsi, de fait, l'État « étend son emprise » après 1945. Or cette influence croissante est progressivement discutée.

II – Si le rôle central de l'Etat est célébré en 1949, il est critiqué en 1969

Le document 1 défend explicitement le principe d'un État influent et puissant, à travers l'œuvre du Commissariat au Plan et de son directeur, Jean Monnet. Photographié dans un bureau résolument moderne, doté des équipements de communication les plus récents, il incarne la réussite de cet État renforcé.

> **Valoriser sa copie**
> Montrez la dimension politique du premier document, destiné à valoriser l'influence du Commissariat au Plan.

Les différentes productions, symbolisées par des pictogrammes de différentes tailles correspondant très probablement aux années 1946-1949, sont globalement en hausse. Cette augmentation améliore considérablement et rapidement la vie quotidienne des Français, tout en relançant les performances économiques de la France, symbolisées par sa balance commerciale. De fait, la France entre alors dans les Trente Glorieuses, temps de forte croissance économique reposant sur le productivisme.

Vocabulaire

Productivisme : principe économique faisant de la hausse de la production une priorité absolue.

Vingt ans plus tard, l'heure est à la critique. Dans un discours prononcé à l'Assemblée nationale en 1969, une année après la forte contestation de mai 1968, alors que le général de Gaulle vient de quitter le pouvoir, le chef du gouvernement déplore l'importance prise par l'État dans la vie du pays. Avec des mots comme « tentaculaire » ou « inefficace », Jacques Chaban-Delmas entend bien dénoncer sans ambigüité les compétences économiques et sociales de l'État, qu'il juge responsables des blocages dont souffre alors la France. D'un point de vue quantitatif, il est permis d'en douter, puisque la France connaît alors une croissance encore vigoureuse. Sans doute fait-il référence à l'influence des hauts fonctionnaires, éloignés des préoccupations quotidiennes de la population. Le Premier ministre critique également les moyens d'action de l'État qu'il estime inefficaces. Arbitre, l'État n'a pas les moyens d'imposer ses décisions aux acteurs économiques. Il est probable que Jacques Chaban-Delmas aspire à une organisation plus libérale, dans laquelle l'État serait moins influent.

Conclusion

Ainsi, après 1946, l'État se dote de nombreux outils pour exercer une influence décisive sur la vie économique nationale. Plan, nationalisations, Sécurité sociale, corps de hauts fonctionnaires concrétisent ce renforcement. Mais en 1969, le chef du gouvernement critique vigoureusement cette situation, appelant de ses vœux une redéfinition de l'appareil d'État.

Sujet 12 Gouverner la France depuis 1946 : État, gouvernement, administration et opinion publique

12 pts — 2 h

France métropolitaine, juin 2016

Composition

› Gouverner la France depuis 1946 : État, gouvernement, administration, opinion publique.

Les clés pour réussir

L'essentiel à connaître

Thème principal : ce sujet reprend le titre de la première entrée du 3e thème d'Histoire. Les connaissances et enjeux mobilisés dans les deux autres entrées du thème peuvent être utiles également. Le gouvernement, à l'échelle de l'État-nation, est en effet influencé par l'évolution de la gouvernance aux autres échelles.

Analyser le sujet

Définir les termes du sujet

Le sujet invite à réfléchir à la **façon dont la France a été gouvernée depuis 1946**, c'est-à-dire comment elle a été dirigée, et le type de politiques qui ont été menées. Il met en avant plusieurs notions :

– L'État exerce l'autorité souveraine sur le territoire français.

– L'administration exerce des missions dont le but est de répondre aux besoins d'intérêt général de la population.

– Le gouvernement est une entité politique qui exerce le pouvoir exécutif.

– L'opinion publique est l'ensemble des pensées et jugements d'une société.

Cerner les limites du sujet

- Le sujet commence en 1946, date qui correspond aux **débuts de la IVe République**. La période précédente, notamment les mois qui suivent la Libération, ne doit être évoquée que dans l'introduction. Il n'est pas spécifié de date pour clore le sujet. Vous devez donc l'étudier **jusqu'à nos jours.**
- Même si certaines idées propres aux deux autres entrées du thème doivent être mobilisées, notamment les **progrès de la mondialisation ou de la construction européenne**, il ne faut pas les développer trop avant, ce qui conduirait au hors sujet.

Déterminer l'enjeu du sujet

Le sujet commence au lendemain de la Seconde Guerre mondiale. Il invite à étudier comment la façon de gouverner **la France a été transformée à l'issue de ce conflit** puis, par la suite, sous l'effet de la mondialisation ou de la construction européenne. L'**opinion publique**, qui s'affirme par le développement des médias, devient également un acteur important qui a infléchi les modes de gouvernement du pays.

Organiser ses idées

Structurer son devoir

Il est possible d'adopter un **plan chronologique**, en retenant trois axes :

– Le rôle de l'État, traditionnellement plus important en France que dans d'autres pays européens, se voit encore renforcé et ses domaines d'action élargis au lendemain de la Seconde Guerre mondiale. Il s'agit alors d'une **refondation de l'État**.

– Ce volontarisme étatique culmine avec la présidence du général de Gaulle (1958-1970) et de son successeur, Georges Pompidou (1970-1974). L'opinion publique s'affirme.

– À partir de la seconde moitié des années 1970, le rôle de l'État tend à changer, sous les effets conjugués de la crise économique, de la mondialisation et de la construction européenne. Cette **redéfinition de la gouvernance** est mal perçue par une partie de l'opinion publique. La défiance du politique s'accroît.

Mots-clés : de Gaulle, hauts fonctionnaires, DATAR, ENA, État-providence, décentralisation, politiques keynésiennes.

Valoriser sa copie

- Pensez à mettre en valeur les ruptures chronologiques qui justifient votre plan, en ménageant des transitions claires entre les parties.
- Appuyez vos idées par des exemples précis sans les multiplier, ce qui alourdirait inutilement la copie.

! Attention

Le plan est rappelé pour vous aider, mais il ne doit en aucun cas figurer sur votre copie. À vous de guider le correcteur par l'annonce du plan dans l'introduction, les phrases d'attaque des paragraphes et des transitions.

Introduction

En France, l'État joue traditionnellement un rôle considérable. Il dispose du pouvoir suprême de gouverner et s'appuie sur une administration étoffée. Après le régime de Vichy, il faut restaurer un État républicain assez efficace pour surmonter les difficultés de l'après-guerre et satisfaire une opinion

HISTOIRE

publique qui s'affirme de plus en plus. L'apparition de nouvelles échelles de gouvernement, continentale et mondiale, dans la deuxième moitié du XXe siècle, constitue un autre défi qui impose progressivement de redéfinir les rôles de l'État.

Quel modèle de gouvernement se met en place à partir de 1946 ? Comment est-il modifié sous l'effet de l'opinion publique, de la mondialisation et de la construction européenne ?

Il convient d'abord, pour traiter ces questions, de montrer qu'un nouveau modèle de gouvernement de la France se met en place en 1946, qui repose sur un rôle accru de l'État. Ce modèle se renforce à partir de 1958 et les débuts de la Ve République. À partir des années 1970, l'on assiste à une redéfinition du rôle de l'État en France.

I – Sous la IVe République, un nouveau modèle de gouvernement se met en place (1946-1958)

Après la dictature de Vichy, un régime parlementaire rénové est mis en place, qui accorde de nombreux pouvoirs à l'Assemblée comme l'élection du président de la République, l'initiative des lois ou la possibilité de déposer une motion de censure contre le gouvernement. Cet équilibre institutionnel, favorable aux parlementaires, entraîne une grande instabilité ministérielle, même si en réalité le personnel politique est assez stable. François Mitterrand, par exemple, est ministre dans dix gouvernements successifs sous la IVe République.

L'administration est réformée et renforcée. L'ENA (École Nationale d'Administration), créée en 1945, doit former des hauts-fonctionnaires, très qualifiés, chargés de diriger les principaux services de l'État. Des services spécialisés sont mis en place afin de rationaliser et de rendre plus efficace l'administration et le gouvernement comme l'INSEE (Institut National de la Statistique et des Études Économiques) par exemple. Cette modernisation de l'administration est influencée par la pensée technocratique.

La stabilité du personnel administratif tempère l'instabilité ministérielle et assure la permanence de l'État. D'autant plus que cet État élargit son champ d'action et ses compétences.

Comme dans d'autres pays européens, dès 1944, de grandes réformes comme l'instauration de la Sécurité sociale ont mis en place l'État-providence.

L'État s'investit également dans l'économie. Après les nationalisations d'après-guerre

L'astuce du prof

Pour appuyer une idée, illustrez-la par un exemple précis. Mais il n'est pas utile de les multiplier.

Vocabulaire

Pensée technocratique : courant de pensée prônant une organisation politique qui permette aux experts de participer aux prises de décisions.

Vocabulaire

État-providence : État qui intervient dans le domaine social afin de garantir le citoyen contre le chômage, la maladie ou la vieillesse.

dans les secteurs bancaire, minier, énergétique ou des transports, l'État se retrouve à employer 10 % des actifs. Un commissariat au Plan est créé en 1946 afin d'orienter les stratégies économiques du pays.

Ce rôle accru de l'État dans les domaines économique et social correspond aux théories de l'économiste britannique Keynes dont la pensée est très influente après la guerre, notamment chez les hauts fonctionnaires.

Ces réformes de l'État sont efficaces, permettant la reconstruction du pays et la croissance économique des « Trente Glorieuses ». De Gaulle, à partir de 1958, renforce encore l'efficacité d'un État qui doit se mettre au service de l'exécutif.

II – Un État qui se renforce sous la présidence de De Gaulle et jusqu'au début des années 1970

Valoriser sa copie

Insérez un schéma simplifié des institutions de la Vᵉ République pour exposer l'organisation des pouvoirs et ses évolutions possibles.

Le général de Gaulle revient au pouvoir en 1958 et veut mettre fin à l'instabilité ministérielle qui, selon lui, empêche de gouverner efficacement et de mener une politique de long terme. Le pouvoir exécutif doit piloter la politique de l'État. Comme le montre le schéma suivant, la constitution de la Vᵉ République, inspirée par les principes gaullistes, donne de larges pouvoirs au président de la République qui nomme le Premier ministre et peut dissoudre l'Assemblée nationale.

Les institutions de la Vᵉ République (depuis 1962)

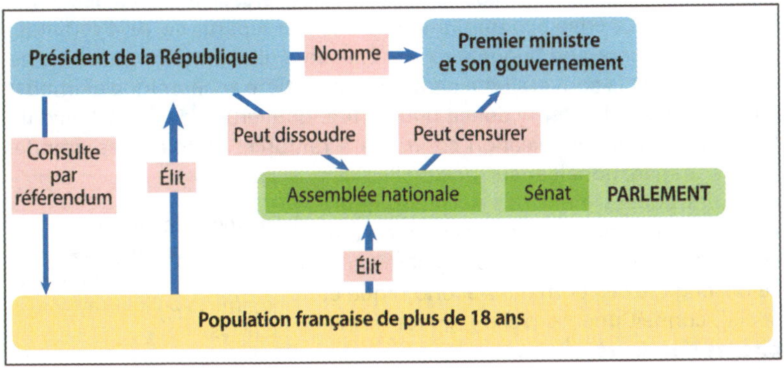

Le président, qui se méfie des partis politiques, s'entoure de technocrates et d'experts qui deviennent majoritaires dans les cabinets ministériels et conseillent les décideurs politiques. Ils sont nommés à la tête des entreprises publiques où ils relaient l'action de l'État. Ils sont incités à se lancer en politique. De nombreux énarques deviennent députés, ministres et même présidents avec l'arrivée au pouvoir de Valéry Giscard d'Estaing en 1974.

Le général de Gaulle, qui veut restaurer la puissance de la France, accentue encore le rôle de l'État centralisé. L'historien Pierre Rosanvallon parle d'un

« État keynésien modernisateur ». De grands programmes industriels sont lancés comme le plan Calcul en 1968-1971 visant à développer l'informatique. Avec la DATAR (Délégation à l'Aménagement du Territoire et à l'Action Régionale), créée en 1963, l'État mène une politique d'aménagement du territoire dans les domaines touristique, des transports (développement des autoroutes par exemple) ou du logement.

L'État intervient également dans le domaine culturel avec la création du ministère des Affaires culturelles en 1959, confié à l'écrivain André Malraux. Le développement des radios et de la télévision se fait également sous l'égide de l'État qui en a le monopole, à travers un organisme public, l'ORTF. Pendant les événements de mai 1968 notamment, la jeune génération critique la trop grande emprise de l'État et demande plus de libertés.

Valoriser sa copie

En mai 1968, l'emprise de l'État sur la télévision et la radio est fortement critiquée par les étudiants et les ouvriers qui manifestent.

Le volontarisme étatique, dans les années 1960, est soutenu par la croissance économique. À partir des années 1970, le rôle de l'État se voit redéfini sous les effets de la crise économique et de l'insertion croissante de la France dans l'économie mondiale.

III – Une redéfinition de la place de l'État dans le gouvernement de la France à partir de la seconde moitié des années 1970

Plusieurs facteurs contribuent à ce que l'État abandonne une partie des prérogatives économiques et sociales qu'il avait exercées dans les décennies précédentes. La crise économique qui s'installe à partir de 1974 réduit les marges de manœuvre budgétaire de l'État. La réglementation européenne, ensuite, réduit la souveraineté nationale en matière économique et impose par exemple de limiter le déficit budgétaire. L'ouverture des marchés dans le cadre de la mondialisation contribue à renforcer le poids des grandes firmes transnationales sur lesquelles les pouvoirs publics n'ont pas de prise. Enfin, la pensée libérale, qui préconise que l'État se recentre sur ses fonctions régaliennes et se désengage des domaines économique et social, connaît une nouvelle vigueur et inspire les décideurs.

Vocabulaire

Fonctions régaliennes : fonctions essentielles dévolues à l'État souverain comme la police, l'armée et la justice.

Le socialiste François Mitterrand, élu en 1981, essaie encore de relancer l'économie par une intervention volontariste de l'État et notamment une série de nationalisations. Mais dès 1983, le mouvement s'inverse et l'État se désengage progressivement de l'économie. Un vaste plan de privatisations d'entreprises publiques s'engage en 1986 sous le gouvernement de Jaques Chirac et se poursuit dans les années 1990.

Avec les lois de 1982-1983 puis avec la loi de 2003, l'État délègue par ailleurs une part croissante de ses compétences aux régions (gestion des lycées, des routes, des trains régionaux). C'est la décentralisation. L'État français s'insère aussi dans l'espace européen. À partir de 2001, c'est la BCE (Banque centrale européenne) qui conduit la politique monétaire de l'euro, monnaie de la France et de 17 pays de l'UE.

Cette érosion du pouvoir de l'État, en matière sociale notamment, est cependant à relativiser car elle rencontre des résistances chez les citoyens qui sont attachés à la tradition étatique française et notamment à l'État-providence. L'ampleur de la crise économique conduit l'État à mettre en place le RMI (Revenu Minimum d'Insertion) en 1988, devenu le RSA (Revenu de Solidarité Active) en 2009.

Les réformes de la Sécurité sociale et des retraites, envisagées par le Premier ministre Alain Juppé en 1995, suscitent ainsi un vaste mouvement de grèves qui fait échouer ses projets. Le pouvoir politique est soumis à la défiance d'une partie de l'opinion publique qui lui reproche d'être inefficace dans la lutte contre le chômage et les difficultés économiques. Cette défiance se manifeste dès les années 1980 par une forte abstention aux élections et la montée des partis contestataires comme le Front national.

Les médias, notamment les télévisions et les radios qui ont été libéralisées dans les années 1980, jouent un rôle de plus en plus important et sont intégrés dans le mode de gouvernement. Les conseillers en communication et le recours aux sondages permettent au pouvoir d'affiner sa stratégie politique tandis que les médias rendent compte aux citoyens de l'action publique.

Conclusion

En France, dans un pays où l'État a construit la nation, la question de l'État est centrale. Au sortir de la Seconde Guerre mondiale et jusque dans les années 1960, l'État mène une politique volontariste et accroît ses domaines d'action et son efficacité. Une partie de l'opinion critique cependant sa trop forte emprise dans certains domaines comme la culture ou les médias. On assiste, depuis la fin des années 1970, à une réorientation des politiques publiques. L'État se désengage de certains domaines comme l'économie tandis qu'il confie une partie de ses compétences aux collectivités territoriales. Cette remise en question provoque des résistances et prend la dimension d'une crise d'identité, en France davantage que dans d'autres pays qui ont connu une évolution similaire.

Sujet 13 La gouvernance européenne depuis le traité de Maastricht

8 pts — 1 h 30

Sujet inédit

Analyse d'un document

› La gouvernance européenne depuis le traité de Maastricht.

Après l'avoir présenté et situé dans son contexte, montrez que ce traité traduit les avancées de la construction européenne dans les domaines politique, économique et diplomatique. Mettez en évidence les limites de ce traité, en montrant qu'il est resté en partie inappliqué.

Document Le renforcement d'une gouvernance européenne ?

L'Union [européenne] se donne pour objectifs :
– de promouvoir un progrès économique et social équilibré et durable, notamment par la création d'un espace sans frontières intérieures, par le renforcement de la cohésion économique et sociale et par l'établissement d'une union économique et monétaire comportant à terme une monnaie unique, conformément aux dispositions du présent traité ;
– d'affirmer son identité sur la scène internationale, notamment par la mise en œuvre d'une politique de défense commune, qui pourrait conduire, le moment venu, à une défense commune ;
– de renforcer la protection des droits et des intérêts des ressortissants de ses membres par l'instauration d'une citoyenneté de l'Union ;
– de développer une coopération étroite dans le domaine de la justice et des affaires intérieures.

Traité de Maastricht, titre premier, dispositions communes adoptées par les États membres de l'UE le 7 février 1992.

Les clés pour réussir

› L'essentiel à connaître

Thème principal : le thème traitant des échelles de gouvernement comporte trois chapitres, dont l'un s'intéresse à la gouvernance européenne depuis 1992. Le sujet proposé porte donc sur ce dernier chapitre et son point de départ fondateur, le traité de Maastricht adopté en 1992.

Notions : gouvernance, échelle de gouvernement, construction européenne, supranationalité, approfondissement.

À noter : l'analyse d'un document est une articulation entre vos connaissances personnelles qui doivent expliquer, nuancer les informations apportées par le document, grâce à une étude approfondie.

Analyser le sujet

La consigne

- La consigne ne contient aucun piège. Vous devez expliquer en quoi le traité de Maastricht est une **date importante pour la construction européenne**, processus d'unification économique et politique initié à partir de 1948.
- Montrez également que Maastricht lance un **processus de gouvernance européenne**, c'est-à-dire la volonté de mieux gouverner en intégrant davantage les citoyens afin d'être au service du bien commun et de l'efficacité. L'examen des limites du traité est guidé, et vous permet d'insister sur les **difficultés de l'UE en matière de défense et de cohésion diplomatique.**
- Inutile de rappeler l'histoire de la construction européenne, le sujet ne porte que sur un point précis.

Le document

- Le document proposé est un court extrait de traité de Maastricht. Adopté le 7 février 1992 par les États membres, il s'inscrit dans un **contexte de relance de la construction européenne** après l'effondrement des démocraties populaires et la fin de la confrontation Est-Ouest. Ce traité d'union économique, monétaire et politique prépare les futurs élargissements et pose les bases d'une gouvernance européenne.

Déterminer l'enjeu du sujet

- Il est important de faire figurer dans la problématique l'enjeu principal du sujet, à savoir la **volonté de promouvoir** – grâce au traité de Maastricht – **une Europe politique** à partir d'un approfondissement de la construction européenne.
- **En quoi le traité de Maastricht constitue-t-il une étape importante vers la gouvernance politique du continent européen ?**

Organiser ses idées

Structurer son devoir

- Adoptez une **démarche thématique** qui vous permet de montrer que la construction européenne a été heurtée, le traité de Maastricht correspondant à une période de relance.
- Trois axes découlent du plan du document, autour desquels vous pourrez organiser votre réflexion.

– Le traité de Maastricht : une étape décisive dans le processus de gouvernance européenne.

HISTOIRE

– La mise en place d'un « espace sans frontières intérieures » et l'adoption d'une « monnaie unique » (« intégration économique »).
– Une citoyenneté et une politique de défense communes.
• Terminez votre devoir en évoquant la portée du document et montrez que **les ambitions de ce traité n'ont pas toutes été accomplies.**
Mots-clés : CECA, Euratom, CEE, UE, euro, PESC, Acte unique, Union économique et monétaire, Jacques Delors.

Sujet 13 Corrigé

› La gouvernance européenne depuis le traité de Maastricht.

Introduction

L'étude porte sur un court extrait des dispositions communes du traité de Maastricht, signé le 7 février 1992 par les pays membres de la CEE (Communauté Économique Européenne). Trois ans après l'effondrement des démocraties populaires, qui a bouleversé l'organisation politique de l'Europe, ce traité prépare les futurs élargissements et pose les bases d'une réelle gouvernance européenne.
En quoi le traité de Maastricht constitue-t-il une étape importante vers la gouvernance politique du continent européen ?

I – Le traité de Maastricht : une étape décisive dans le processus de construction européenne

Au début des années 1990, l'Europe élargie doit repenser son fonctionnement. Les États membres des Communautés européennes, la Communauté européenne du charbon et de l'acier (CECA), la Communauté économique européenne (CEE) et la Communauté européenne de l'énergie atomique (Euratom) prennent conscience qu'elles peinent à s'affirmer comme réelles puissances politiques dans le monde. La chute du mur de Berlin (1989), suivie de la réunification allemande en octobre 1990, l'effondrement de l'URSS et la démocratisation des pays d'Europe centrale et orientale, libérés de la tutelle soviétique, transforment profondément la structure politique du continent. Alors que le monde entre dans une période de recomposition, la construction européenne doit être impérativement relancée en fixant de nouveaux objectifs. C'est précisément l'objet du traité de Maastricht (ville des Pays-Bas), signé par les douze États-membres le 7 février 1992. Ce traité sera ratifié ultérieurement par chaque État et soumis parfois à référendum (comme en France en septembre 1992). Il représente une étape décisive dans l'approfondissement européen. Ce traité se veut enfin proche des citoyens européens en voulant « renforcer la protection des droits et des intérêts des ressortissants de ses membres ».

Valoriser sa copie

Construisez votre argumentation en intégrant des extraits du document pour montrer votre maîtrise de la méthode.

II – Un espace de libre circulation et une monnaie unique

Le premier objectif énoncé est de « promouvoir un progrès économique et social équilibré ». Le texte évoque de manière explicite la « création d'un espace sans frontières intérieures ». Il s'agit d'une importante avancée.
Depuis la signature de l'Acte unique (1986), préparé de longue date par le président de la commission européenne Jacques Delors et qui prévoyait la libre circulation au sein de la CEE, les traités s'orientent vers une logique supranationale. Le traité de Maastricht confirme de manière éclatante cette option. L'abolition des frontières a donc un sens symbolique fort. Elle matérialise parfaitement les ambitions de l'Union européenne (dénomination adoptée en 1992 pour remplacer le terme « Communautés européennes ») en détruisant les frontières intérieures. Cependant, cette abolition des frontières ne va pas sans difficultés. Le traité envisage ainsi de « développer une coopération étroite dans le domaine de la justice » pour ainsi mieux contrôler les multiples flux. Pour éviter les trafics illégaux (mafias, drogue...), les États de l'Union vont devoir renforcer leur coopération. En cela, le traité de Maastricht se veut pragmatique, même si la mise en œuvre s'avérera complexe.
Le traité prévoit également « l'établissement d'une union économique et monétaire comportant à terme une monnaie unique ». Il s'agit là également d'une avancée importante, car la monnaie est non seulement un symbole de souveraineté des États mais également un outil de leur politique économique. Adopté dès 1999 par les marchés financiers, l'euro devient la monnaie de douze pays en 2002 (dix-neuf aujourd'hui) et prend le statut de grande monnaie de réserve à côté du dollar.

Piège à éviter

Inutile de revenir sur 30 ans de construction européenne pour analyser le traité de Maastricht. Focalisez-vous sur les dates-clés, ici l'Acte unique.

Vocabulaire

Organisation supranationale : désigne une autorité qui dépasse les limites des États concernés.

III – Une citoyenneté et une politique de sécurité communes

Dans les objectifs énoncés par le traité de Maastricht figure la volonté « d'affirmer son identité sur la scène internationale, notamment par la mise en œuvre d'une politique de défense commune ». En effet, l'effondrement des démocraties populaires marque un tournant pour l'Europe politique. En outre, les guerres réapparaissent sur le continent (en ex-Yougoslavie

à partir de 1991), et rendent nécessaire une réflexion sur la création d'une Europe politique et militaire. Le traité de Maastricht (1992) aborde ce sujet en œuvrant pour la mise en place d'une politique étrangère et de sécurité commune (PESC). Une coopération intergouvernementale est ainsi prévue dans les domaines de la diplomatie et de la défense, afin de permettre aux Européens de réagir lorsqu'un conflit éclate et de pouvoir faire entendre leur voix. En outre, une véritable politique étrangère doit s'appuyer sur une capacité de défense qui fait défaut à l'UE. C'est pour cela que le traité envisage prudemment que la PESC « pourrait conduire, le moment venu, à une défense commune ».
Dans la difficile marche vers une « Europe politique », un dernier objectif revêt une importance capitale sur le plan symbolique. Il s'agit en effet d'arriver à « l'instauration d'une citoyenneté de l'Union ». Cela signifie concrètement que les citoyens des États de l'Union auront automatiquement la double-nationalité (celle de leur État et celle de l'Union). La citoyenneté est une manière concrète de s'attacher à la vie quotidienne des citoyens européens, alors que l'on reproche à la construction européenne d'être trop « technocratique ».
Les ambitions du traité de Maastricht ont, pour certaines, été atteintes (espace économique unique, euro, citoyenneté européenne) mais à l'inverse, la défense et la sécurité européennes ne sont que balbutiantes. En 2015, l'arrivée des réfugiés fuyant notamment la guerre en Syrie a montré la désunion de l'UE, l'Allemagne ouvrant ses frontières et la Hongrie les fermant. Quant à la « politique de défense commune », elle ne dispose ni de moyens propres, ni d'armée unifiée, ce qui amenuise son efficacité.

Conclusion

Le projet d'une Europe politique est donc loin d'être achevé, la gouvernance européenne reste à définir sur le plan politique et, à voir les résultats des élections européennes et la montée des partis eurosceptiques, la défiance des citoyens européens pour leurs institutions est grandissante.

L'astuce du prof

Faites référence à l'actualité pour montrer votre culture personnelle et valoriser votre copie.

Sujet 14 La gouvernance économique mondiale depuis 1975

12 pts 2 h

Amérique du Sud, novembre 2018

Composition

› **La gouvernance économique mondiale depuis 1975.**

Les clés pour réussir

L'essentiel à connaître

Thème principal : cette composition reprend strictement l'intitulé du troisième axe de l'étude sur les échelles de gouvernement dans le monde.

Notions : gouvernance, déréglementation, mondialisation, développement/développement durable, dette/endettement, altermondialisme.

Analyser le sujet

Définir les termes du sujet

La notion de gouvernance est au cœur du sujet. Elle est entendue comme l'**ensemble des dispositifs qui permettent d'assurer le bon fonctionnement d'une institution**. Appliquée à l'économie, et portée à l'échelle mondiale, elle désigne **les mécanismes développés pour assurer la gestion et la régulation de l'économie mondiale**.

Cerner les limites du sujet

Le sommet du G6 de 1975 sert de point de départ au sujet, qui porte jusqu'à la période actuelle. L'échelle mondiale implique de ne pas se limiter aux pays du G6.

Déterminer l'enjeu essentiel du sujet

- Le sujet implique de faire référence à la **mondialisation**. Ce processus d'interdépendance croissante des hommes et des territoires repose sur des mécanismes internationaux mis en place après la Seconde Guerre mondiale par les pays du bloc de l'Ouest, et s'est accéléré dans les années 1970, hiérarchisant les territoires.
- La notion de **gouvernance** doit également être discutée, car les mécanismes en question, incomplets, entrent parfois en opposition avec les politiques nationales. De plus, le vocable de « gouvernance » au sens de « bonnes pratiques » est discuté car ses modalités sont **élaborées par un petit nombre d'acteurs**, soucieux avant tout de leurs intérêts.

HISTOIRE

- Quels mécanismes de gestion de l'économie mondiale se sont mis en place ? Dans quelle mesure ont-ils favorisé la mondialisation au profit des États les plus puissants ? En quoi les altermondialistes rendent-ils aujourd'hui cette gouvernance responsable des crises et tensions mondiales ?

Organiser ses idées

Structurer son devoir

- L'inscription du sujet dans un temps relativement long (près de 40 ans) permet d'adopter une **démarche chronologique**, qui a l'avantage de prémunir contre les répétitions et donne un cadre au devoir.

– Au milieu des années 1970, la gouvernance économique mondiale encore fragile valide les mécanismes de la mondialisation libérale au profit des pays développés du bloc de l'Ouest.

– Contestés par les altermondialistes et l'émergence des BRICS depuis la fin des années 1990, les acteurs de la gouvernance économique mondiale doivent s'adapter aux nouveaux équilibres mondiaux.

Mots-clés : Bretton Woods (1944), FMI, Banque mondiale ou BIRD, GATT, OMC, G6-G7-G8, G20, BRICS, forum social mondial.

Valoriser sa copie

En introduction, contextualisez précisément le sujet en définissant clairement le rôle des institutions internationales nées en 1944-1945 (FMI, Banque mondiale, GATT) et en n'oubliant pas l'arrière-plan géopolitique (guerre froide). Ancrez votre propos dans le temps, en donnant des dates. Vous montrerez ainsi que vous traitez bien la question d'un point de vue historique, et non géographique.

Sujet 14 Corrigé

› La gouvernance économique mondiale depuis 1975.

! Attention

Le plan est rappelé pour vous aider, mais il ne doit en aucun cas figurer sur votre copie. À vous de guider le correcteur par l'annonce du plan dans l'introduction, les phrases d'attaque des paragraphes et des transitions.

Introduction

Lorsqu'en 1975 six pays du bloc occidental, la RFA, les États-Unis, la France, le Royaume-Uni, l'Italie et le Japon, se réunissent à Rambouillet pour discuter de la situation économique mondiale, le monde est entré dans une période d'instabilité économique. Plusieurs institutions avaient pourtant été créées en 1944 par les accords de Bretton Woods pour réguler l'économie mondiale, sous l'égide des États-Unis. Le Fonds Monétaire International (FMI), organisme de coopération monétaire, devait assurer la stabilité des monnaies en établissant une convertibilité or-dollar. La Banque mondiale ou BIRD devait permettre la reconstruction des pays dévastés et le financement du développement. Quant à l'Accord Général sur les Tarifs Douaniers et le Commerce (en anglais GATT), il visait à réduire les droits de douane par des cycles de négociation entre les États signataires.

Valoriser sa copie

Présentez les institutions internationales nées en 1944 dans votre introduction pour ne pas alourdir votre devoir par la suite.

Mais en 1975, ces institutions sont impuissantes face à la crise pétrolière, à la fin de la convertibilité or-dollar (1971) et au ralentissement économique dans les pays industriels. S'y ajoutent les disparités de développement entre pays du « Tiers-monde » et pays développés, qui exacerbent les tensions et sur lesquelles prospèrent les divisions politiques de la guerre froide. Les pays développés doivent donc repenser les modalités d'une gouvernance économique mondiale pour plus d'efficacité. Quels mécanismes ont-ils mis en place, et en faveur de qui ? En quoi cette gouvernance est-elle rendue responsable des crises et tensions mondiales ?

I – La mise en place d'une mondialisation libérale

En 1975, la réunion de Rambouillet donne naissance au G6 (G7 en 1976), plateforme de discussion entre les six pays les plus industrialisés et développés. Reconnaissant leur rôle dans les soubresauts économiques du monde, ils considèrent que leur bonne santé économique profitera au monde entier. Animés d'une volonté néolibérale, ils s'emploient dès lors à dissoudre les mécanismes de régulation élaborés après la Seconde Guerre mondiale.

Vocabulaire

Néolibéral(isme) : pensée économique et politique qui considère que la fiscalité, les politiques publiques et les réglementations nuisent à l'activité économique, et plaide pour leur suppression au profit de la seule loi de l'offre et de la demande (marché).

Les États-Unis conduisent une politique monétaire unilatérale pour réduire les effets de leur déficit commercial, qui s'accentue avec la concurrence puis les crises pétrolières (1973 et 1979). En janvier 1976, à Kingston, ils obtiennent la fin de la parité fixe des monnaies décidée à Bretton Woods. Cela provoque l'instabilité des monnaies, et donc des finances publiques, mais favorise la compétitivité américaine par la baisse du dollar. Le mouvement de dérégulation est amorcé : durant les années 1980, les pays industrialisés déréglementent leur économie les uns après les autres pour restaurer leur compétitivité. Cela entraîne l'économie mondiale dans une spirale libérale : privatisations, décloisonnement des mouvements de capitaux et

des activités bancaires et fin du contrôle des changes. Seul le marché doit équilibrer et organiser le système économique international.
Les États membres du GATT (102 en 1973 au début du *Tokyo round*) ont déjà réduit les droits de douane de 40 % à 10 % entre 1944 et 1972, et poursuivent leur politique d'effacement des barrières douanières, amorçant les délocalisations des activités à fort besoin de main-d'œuvre vers des pays à bas coût salarial et à fiscalité avantageuse. Les pays européens sont confrontés à des degrés divers à la désindustrialisation. Dans ce cadre, la définition de mécanismes communs de gestion économique consiste surtout à effacer les normes antérieures, ce que promeut l'OMC, qui succède en 1995 au GATT.
La situation des pays en développement montre néanmoins que les institutions de la gouvernance économique mondiale servent les intérêts des États industriels. Alors que le sommet du G6 prévoit de relancer le dialogue Nord/Sud, les pays du Sud expriment lors des réunions de la CNUCED leur refus d'un système économique qui les rend dépendants, et qui s'accroît avec leur endettement.

Vocabulaire

CNUCED : Conférence des Nations Unies pour le Commerce et le Développement. Elle compte aujourd'hui 194 membres.

Dans un contexte de guerre froide, la Banque mondiale leur prête massivement des fonds pour les ancrer dans le bloc occidental ; les pays industriels encouragent les emprunts pour garantir leurs exportations. Or la corruption, les tensions géopolitiques annihilent les effets de ces prêts qui n'en pèsent pas moins sur les comptes publics : les pays d'Afrique et d'Amérique latine sont étranglés par leur dette. C'est alors que le FMI se recentre sur les prêts pour pays endettés du Sud, qu'il conditionne au respect de Politiques d'Ajustement Structurel (PAS) : le rééchelonnement de leur dette dépend de la réduction de leurs dépenses publiques par l'adoption de mesures néolibérales, ce qui les affaiblit davantage.
À la fin des années 1990, les institutions internationales, actrices de la gouvernance mondiale, défendent ainsi les principes du capitalisme libéral, qui a triomphé avec la disparition du bloc communiste. Crises et tensions économiques imposent toutefois de (re)penser leur action.

II – La remise en cause de la gouvernance économique mondiale

Les crises financières se multiplient dès la fin des années 1990. En 1995 au Mexique, puis en 1997 en Asie, l'arrivée massive de capitaux mondiaux, motivés par les profits à court terme, encourage d'abord l'endettement des entreprises et des particuliers, avant que le reflux des investissements ne provoque des cessations de paiement en chaîne, la récession économique de toute la zone, et une forte poussée du chômage et de la pauvreté. La Russie, le Brésil, l'Argentine sont touchées à leur tour. Le FMI doit mobiliser 120 milliards de dollars pour aider les pays en crise. Et pourtant, à l'été 2007, éclate la crise des *subprimes*. Les banques ont transformé les prêts immobiliers des particuliers américains en produits financiers dérivés vendus sur le marché. Lorsque la hausse des taux d'intérêts empêche les Américains de rembourser leurs emprunts, une partie du système financier mondial s'effondre : le monde connaît une violente récession. Les États, à leur tour, s'endettent lourdement pour aider les entreprises. Or cela provoque une nouvelle crise en 2010, car les investisseurs refusent de prêter de l'argent à des États menacés de faillite, comme la Grèce ou l'Espagne, et mettent en péril toute la zone euro.

Ainsi, les mécanismes censés assurer une gouvernance économique mondiale profitent en fait aux acteurs économiques les plus puissants. Les PAS imposés par le FMI et la Banque mondiale ne créent pas de développement dans les pays du Sud, minés par une corruption amplifiée par les mouvements de capitaux, et leur programme de réduction de la dette, lancé en 1996 pour 42 pays, toujours conditionné à la réalisation de réformes structurelles, permet surtout de rembourser les créanciers. Au même moment, l'ouverture douanière voulue par l'OMC ruine les petits producteurs des pays en développement, confrontés à une concurrence frontale. Les réunions annuelles de dirigeants du G6, devenu G8 en 1998, ne remettent jamais en cause la financiarisation de l'économie.

Dans ce contexte, le mouvement altermondialiste entend répondre à partir des années 1990 aux impasses de la mondialisation libérale, dont il rend les institutions de la gouvernance économique mondiale responsables. À chaque réunion des acteurs de la gouvernance mondiale répond une contre-réunion d'ONG ou forum social mondial, dénonçant leur hypocrisie et l'ultralibéralisme, et proposant d'autres règles économiques : annulation de la dette des pays pauvres, taxation des transactions financières, commerce équitable, développement durable.

La crise des *subprimes*, qui transforme le G8 en G20, intègre les pays émergents à la réflexion globale sur la gouvernance économique mondiale. Le processus de règlement des différends commerciaux de l'OMC semble donner une chance aux pays pauvres, mais les sanctions favorisent les grandes puissances.

La mobilisation de près de 3 000 milliards de dollars d'aides au système bancaire n'empêche cependant pas la crise de 2010. Ébranlées dans leurs certitudes libérales, les institutions de la gouvernance économique mondiale n'ont pas encore trouvé les moyens d'organiser un ordre économique équitable et durable.

Conclusion

Ainsi, de 1976 à nos jours, les mécanismes mis en place par les institutions de gouvernance économique mondiale ont ancré le monde dans une logique économique libérale, sur le modèle occidental. Les PAS et l'effacement de la réglementation ont accéléré la mondialisation et la financiarisation de l'économie, les placements de capitaux touchant tous les secteurs, et visant les rentabilités les plus massives et les plus rapides. Pour beaucoup endettés, les États peinent aujourd'hui à réguler l'activité économique mondiale. La réforme du FMI et de la Banque mondiale lancée aujourd'hui créera peut-être les conditions d'une gouvernance plus efficiente demain.

Sujet 15 — Une contestation de la gouvernance économique mondiale actuelle

8 pts — 1 h

Sujet inédit

Analyse d'un document

› Une gouvernance économique mondiale en débats.

Vous commenterez ce document en présentant la gouvernance économique actuelle. Vous présenterez d'autre part les acteurs de sa contestation.

Document — Manifeste altermondialiste de Porto Alegre

Depuis le premier Forum social mondial tenu à Porto Alegre en janvier 2001, le phénomène des forums sociaux […] a permis d'élaborer des propositions de politiques alternatives à la tyrannie de la mondialisation néolibérale impulsée par les marchés financiers et les transnationales, et dont le pouvoir impérial des États-Unis constitue le bras armé. Par sa diversité et par la solidarité entre les acteurs et les mouvements sociaux qui le composent, le mouvement altermondialiste est désormais une force qui compte au niveau mondial. […]

Un autre monde est possible qui doit respecter le droit à la vie pour tous les êtres humains grâce à de nouvelles règles de l'économie. Il faut donc :

1. Annuler la dette publique des pays du Sud […] qui constitue, pour les États créanciers, les établissements financiers et les institutions financières internationales, le moyen privilégié de mettre la majeure partie de l'humanité sous leur tutelle et d'y entretenir la misère. […]

2. Mettre en place des taxes internationales sur les transactions financières, sur les investissements directs à l'étranger, sur les bénéfices consolidés des transnationales, sur les ventes d'armes et sur les activités à fortes émissions de gaz à effet de serre. S'ajoutant à une aide publique au développement qui doit impérativement atteindre 0,7 % du produit intérieur brut des pays riches […].

5. Promouvoir toutes les formes de commerce équitable en refusant les règles libre-échangistes de l'OMC et en mettant en place des mécanismes qui permettent, dans les processus de production de biens et de services, d'aller progressivement vers un alignement par le haut des normes sociales (telles que consignées dans l'OIT[1]) et environnementales. Exclure totalement l'éducation, la santé, les services sociaux et la culture du champ d'application de […] l'OMC […].

6. Garantir le droit à la souveraineté et à la sécurité alimentaires de chaque pays ou regroupement de pays par la promotion de l'agriculture paysanne. Cela doit entraîner la suppression totale des subventions à l'exportation des produits agricoles, en premier lieu par les États-Unis et l'Union européenne […].
12. Réformer et démocratiser en profondeur les organisations internationales […] [ce qui] implique l'incorporation de la Banque mondiale, du FMI et de l'OMC dans le système et les mécanismes de décision des Nations unies. […]

Manifeste signé à Porto Alegre (Brésil) le 29 janvier 2005 par 19 intellectuels altermondialistes venant des pays riches comme des pays pauvres. Parmi eux, le Portugais José Saramango (Prix Nobel de littérature) et l'Argentin Adolfo Pérez Esquivel (Prix Nobel de la paix).

1. L'Organisation Internationale du Travail est une agence spécialisée de l'ONU rassemblant gouvernements, employeurs et travailleurs de ses États membres en vue d'une action commune pour promouvoir le travail décent dans le monde.

HISTOIRE

Les clés pour réussir

L'essentiel à connaître

Thème principal : le chapitre ici concerné est la dernière entrée sur « Les échelles de gouvernement dans le monde », plus précisément, « La gouvernance économique mondiale depuis le sommet du G6 de 1975 ». L'analyse de ce document peut aussi s'appuyer sur le chapitre de Géographie consacré aux acteurs de la mondialisation et à ses débats.

Notions : gouvernance économique, OMC, altermondialisme.

Analyser le sujet

La consigne

Elle fait réfléchir à la notion de **gouvernance économique**, c'est-à-dire aux mesures et aux mécanismes de régulation du système économique. Vous devez insister sur les **acteurs** et les **domaines de compétence** de cette gouvernance, mais aussi sur les **contestations** de celle-ci.

Le document

Il s'agit du manifeste signé par 19 intellectuels altermondialistes issus des pays riches et pauvres à l'occasion du 5e Forum social de Porto Alegre en 2005. Cet **événement altermondialiste**, lancé en 2001, se présente comme une **alternative au forum économique mondial annuel de Davos**, en Suisse. Les auteurs de ce manifeste cherchent à diffuser un socle d'idées pour un changement de société.

Déterminer l'enjeu du sujet

- Vous devez discuter des **formes et des principes actuellement à l'œuvre pour organiser la gouvernance économique mondiale**, mais aussi de la **remise en cause** portée par de nouveaux acteurs, ici les altermondialistes.

- Qui assure la gouvernance économique mondiale, et selon quels principes ? Pourquoi cette gouvernance est-elle contestée, et par qui ?

Organiser ses idées

Structurer son devoir

- La consigne vous invite à partir des **acteurs de la gouvernance économique mondiale**. Vous devez exposer leur rôle et leurs compétences.
- Consacrez un autre axe de votre devoir aux **acteurs du mouvement altermondialiste**, en insistant sur leur opposition aux acteurs précédents.

Mots-clés : forum social, néolibéralisme, FMI, Banque mondiale, dumping.

Valoriser sa copie

- Partez toujours du texte à commenter que vous citerez brièvement (pour éviter la paraphrase), puis explicitez les idées relevées à partir de connaissances personnelles assez précises.
- Appuyez-vous sur le vocabulaire précis du chapitre étudié pour rendre votre propos plus pertinent.

Sujet 15 Corrigé

› Une gouvernance économique mondiale en débats.

! Attention

Le plan est rappelé pour vous aider, mais il ne doit en aucun cas figurer sur votre copie. À vous de guider le correcteur par l'annonce du plan dans l'introduction, les phrases d'attaque des paragraphes et des transitions.

Introduction

À l'échelle internationale, la gouvernance économique caractérise les modalités de prises de décision fondées sur la concertation entre les États, les organisations internationales et les acteurs privés. Néanmoins, cette gouvernance semble « en panne » pour de nombreux observateurs qui aspirent à d'autres formes de gouvernance, comme le montre ce manifeste issu du Forum social de Porto Alegre en 2005, signé par 19 intellectuels des pays du Nord et du Sud.

Nous verrons tout d'abord quels sont les principaux acteurs de la gouvernance actuelle ainsi que les domaines concernés, puis nous présenterons les acteurs de la contestation et leurs propositions.

I – Les acteurs et les domaines de compétence de la gouvernance économique actuelle

Les acteurs de la gouvernance actuelle sont nombreux et les domaines concernés s'accroissent.

Le commerce s'est intensifié entraînant la création de puissantes FTN à l'origine, « avec les marchés financiers », de cette « tyrannie de la mondialisation néolibérale ». En effet, dans les années 1970, les IDE s'accroissent car les FTN privilégient la délocalisation des activités industrielles vers les pays du Sud. Ainsi, ces firmes voient leurs « bénéfices consolidés ». De même, dans le domaine financier, les années 1970-1980 voient le décloisonnement des marchés de capitaux. La mondialisation financière, facilitée par les nouvelles technologies, entraîne une circulation de capitaux à la recherche de profits immédiats.

> **Vocabulaire**
> **Néolibéralisme** : doctrine qui critique l'État-providence accusé de freiner la croissance par une réglementation excessive et une trop forte fiscalité.

Les États, dans une logique néolibérale, multiplient les lois pour attirer les investissements des firmes : privatisation des entreprises publiques, réduction d'impôts et dérégulation, c'est-à-dire la suppression ou la simplification des contrôles sur les acteurs financiers et les entreprises, pour encourager la concurrence et l'innovation.

> **Valoriser sa copie**
> Employez des termes-clés spécifiques au chapitre que vous n'hésiterez pas à définir, comme ici pour la dérégulation.

Les institutions internationales, acteurs-clés de la gouvernance, poussent dès les années 1960 les pays du Tiers-monde à emprunter pour valoriser leurs ressources et se développer. Les États du Sud se retrouvent alors prisonniers d'une dette « qui constitue, pour les États créanciers, les établissements financiers et les institutions financières internationales, le moyen privilégié de mettre la majeure partie de l'humanité sous leur tutelle et d'y entretenir la misère ». Entre 1970 et 1980, la dette des pays du Sud a été multipliée par 33. Incapables de rembourser leurs emprunts, ces derniers font alors appel au FMI et à la Banque mondiale qui leur imposent en échange des programmes de stabilisation et d'ajustement structurel (PAS), ce qui se traduit par l'ouverture de l'économie à la concurrence, la privatisation, la réduction des services publics.

D'autre part, l'OMC (1995), qui succède au GATT, approfondit le libre-échange et s'occupe désormais, en plus de l'industrie, de l'agriculture, des services et de la propriété intellectuelle.

> **Vocabulaire**
> **OMC** (Organisation mondiale du commerce) : issue du **GATT** (*General Agreement on Tariffs and Trade*, 1947), comprend 154 membres et sert de cadre à la libéralisation des échanges et au règlement des différends commerciaux entre ses membres.

HISTOIRE

II – Mais cette gouvernance économique entraîne la multiplication des contestations

De nombreux acteurs revendiquent de nouvelles règles de gouvernance économique. Essentiellement issus de l'altermondialisme, nébuleuse issue de la société civile (ONG, syndicats, etc.), ils se sont fait connaître lors de la réunion de l'OMC à Seattle en 1999, puis à Porto Alegre lors du « 1er Forum social mondial ». Ils sont les héritiers du tiers-mondisme, qui appelait dès 1974 le Tiers-monde à participer à la gouvernance économique pour ne plus subir les décisions prises par les pays du Nord au sein du G7, du FMI ou du GATT. Ils dénoncent les inégalités aggravées par la mondialisation et sa gouvernance néolibérale.

> **Vocabulaire**
>
> **G7** : groupe de discussion des principales puissances de la planète fondé en 1975-1976, qui devient G8 en 1998 (avec la Russie) puis G20 en 1999, en accueillant alors 19 pays (dont les pays émergents) et l'Union européenne.

Ce mouvement veut « annuler la dette publique des pays du Sud » pour qu'ils accèdent au développement. Il cherche aussi à réguler les marchés financiers en « mett[ant] en place des taxes internationales sur les transactions financières », comme la taxe Tobin, s'ajoutant « à une aide publique au développement (APD) qui doit impérativement atteindre 0,7 % du produit intérieur brut des pays riches ». Alors que les pays riches s'étaient engagés à soutenir le développement des pays du Tiers-monde par une APD de 1 % de leur PIB, les États-Unis n'y consacrent que 0,1 % de leur PIB. Les signataires du manifeste remettent en cause les « règles libre-échangistes de l'OMC » et veulent en particulier « exclure totalement l'éducation, la santé, les services sociaux et la culture du champ d'application de l'OMC ». En effet, cette extension des domaines de compétence a entraîné un désengagement des États préjudiciable aux plus fragiles.

Enfin, les signataires du manifeste demandent « la suppression totale des subventions à l'exportation des produits agricoles, en premier lieu par les États-Unis et l'Union européenne » suite aux conflits qui se sont déroulés à l'OMC entre 1995 et 2009. En effet, ces subventions sont pointées comme un exemple de *dumping*.

> **Vocabulaire**
>
> ***Dumping*** : pratique commerciale consistant à vendre un produit à un prix inférieur à son prix initial pour asphyxier la concurrence.

Conclusion

Ainsi, les États (et notamment ceux du Sud) doivent reprendre en main cette gouvernance économique, ce qui « implique l'incorporation de la Banque mondiale, du FMI et de l'OMC dans le système et les mécanismes de décision des Nations unies ». L'éclatement de la gouvernance économique mondiale et la domination qu'y exercent des acteurs privés et quelques pays puissants sont vus comme une de ses limites majeures.

Sujet 16 Une lecture géo-économique de la complexité du monde

8 pts — 1 h

Sujet inédit

Analyse de deux documents

› La limite Nord-Sud est-elle toujours pertinente ?

En confrontant les deux documents suivants, vous mettrez en évidence la limite Nord-Sud, puis vous montrerez les limites de cette notion et son évolution aujourd'hui.

Doc. 1 Répartition de la richesse et inégalités de développement en 2010-2011

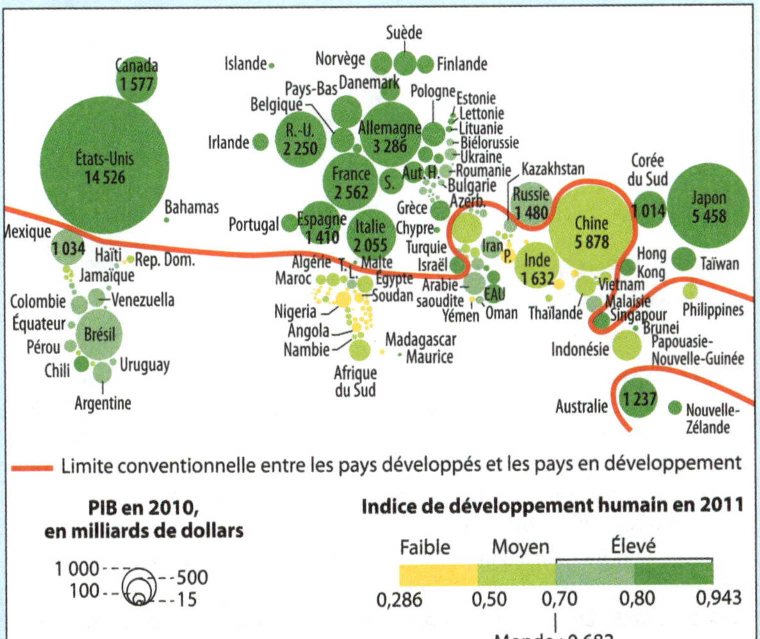

Source : V. Raisson, *2033. Atlas des futurs du monde*, 2011, FMI, 2011 et PNUD, 2011.

GÉOGRAPHIE

Doc.2 **Le trafic aérien mondial en 2006**

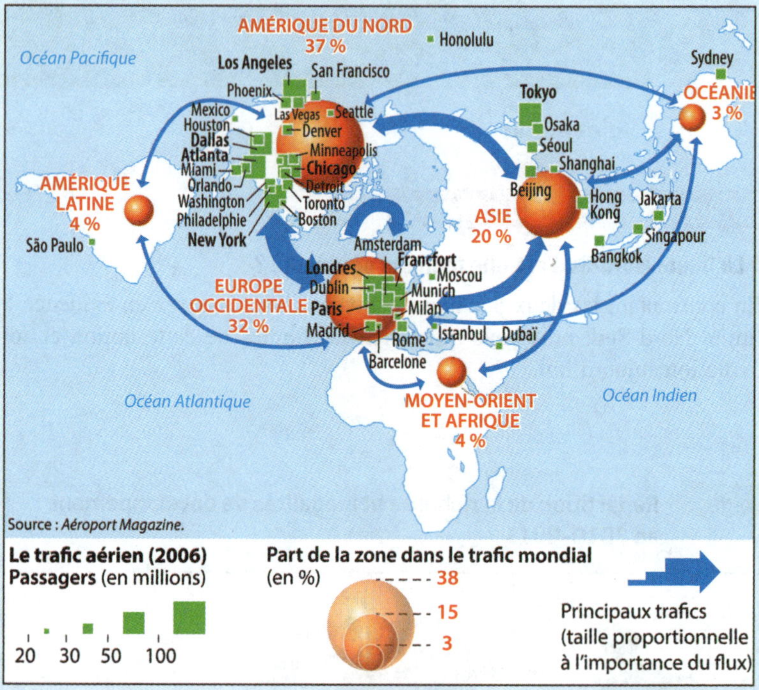

Les clés pour réussir

L'essentiel à connaître

Thème principal : le chapitre ici mobilisé est le premier chapitre de Géographie : « Des cartes pour comprendre le monde ». L'analyse des documents peut néanmoins aussi s'appuyer sur des éléments du second thème de géographie, puisque le document 2 révèle l'importance des flux aériens, ou encore dans la mesure où les documents invitent à réfléchir à la hiérarchisation du monde actuel.

Notions : limite Nord-Sud, développement, Triade, puissances émergentes.

À noter : cette étude invite en particulier à une lecture géo-économique des deux cartes proposées.

Analyser le sujet

La consigne

- Elle fait réfléchir à la **notion de limite Nord-Sud** contestée par les observateurs en raison de la diversité des Suds, remettant en cause l'homogénéité d'un Sud peu développé.
- Le sujet invite aussi à s'interroger sur les **critères utilisés pour justifier cette limite** : est-elle liée au développement, à la richesse ou encore à l'intégration aux grands courants d'échanges ?

Les documents

Document 1 : planisphère en anamorphose, extrait de V. Raisson, *2033, Atlas des futurs du monde*, 2011, présentant la richesse et les inégalités de développement à partir de sources diverses : FMI (2011) et PNUD (2011).

Document 2 : planisphère, extrait d'*Aéroport Magazine*, présentant les principaux flux aériens, la part de chaque zone dans le trafic aérien mondial et le nombre de passagers dans les principaux aéroports mondiaux, en 2006.

Déterminer l'enjeu du sujet

À partir de l'analyse de ces deux cartes, vous devez analyser les modes de représentation d'une notion conventionnelle, la limite Nord-Sud, mais aussi remettre en cause cette notion et vous interroger sur sa validité actuelle.

Organiser ses idées

Structurer son devoir

- Il convient tout d'abord de partir de la **définition de la notion** de limite Nord-Sud, en l'appuyant et la confrontant aux deux documents proposés, pour aboutir en fin de première partie sur les premières interrogations quant à sa validité.
- Puis vous pourrez insister sur les **remises en cause actuelle de cette limite** en vous appuyant sur vos connaissances – notamment l'apparition de nouveaux acteurs-clés, les BRICS – et ainsi contester cette notion conventionnelle.
- Vous établirez néanmoins son **utilité à la compréhension de l'organisation de l'espace mondialisé.**

Mots-clés : IDH, PIB, métropoles mondiales, BRICS.

Valoriser sa copie

- Ayez recours à des **exemples précis pris dans les documents** et n'hésitez pas à dépasser leur simple lecture par une utilisation des chiffres plus pertinente (notamment en additionnant les parts des 3 grands pôles de la Triade dans le trafic aérien mondial par exemple).
- Confrontez dans chaque partie de votre commentaire les deux documents pour confirmer ou nuancer les arguments que vous développez.

GÉOGRAPHIE

Sujet 16 Corrigé

› La limite Nord-Sud est-elle toujours pertinente ?

! Attention

Le plan est rappelé pour vous aider, mais il ne doit en aucun cas figurer sur votre copie. À vous de guider le correcteur par l'annonce du plan dans l'introduction, les phrases d'attaque des paragraphes et des transitions.

Introduction

L'étude repose sur deux planisphères, l'un utilisant une projection de Mercator, l'autre une projection polaire. Le premier document utilise des sources du FMI et du PNUD pour décrire les inégalités de richesse et de développement dans le monde en 2010-2011. Les données concernant le PIB sont représentées par anamorphose, celles concernant l'IDH le sont par dégradés de couleurs. Le second document décrit le trafic aérien dans le monde en 2006 selon *Aéroport magazine*. Le nombre de passagers par an et la part des zones les plus actives dans le trafic mondial sont mis en valeur en même temps que les principales routes aériennes, dont l'importance du flux est indiquée par un figuré linéaire proportionnel. Ces deux documents datant de 2011 et 2006, on peut déjà s'interroger sur la pertinence du plus ancien.

Piège à éviter

N'oubliez pas de présenter les documents, leur source et les modes de représentation utilisés.

Les documents et les modes de représentation permettent une réflexion sur la validité actuelle de la limite Nord-Sud, indiquée par un figuré linéaire de couleur rose sur le document 1.

Après avoir expliqué ce que représente cette limite, nous nous demanderons comment elle évolue dans la complexité du monde actuel.

I – Que représente la limite Nord-sud aujourd'hui ?

On appelle limite Nord-Sud une ligne imaginaire séparant le monde entre pays développés au Nord et pays en développement au Sud. Le développement est l'amélioration générale des conditions de vie permettant de satisfaire les besoins primaires d'une population. Dans le document 1, l'IDH est utilisé pour évaluer le développement des pays. On constate que globalement les pays du Nord ont un IDH supérieur à 0,8. Le

Vocabulaire

IDH (indice de développement humain) : indicateur créé par l'ONU et combinant le revenu par habitant, la scolarisation, l'alphabétisation et l'espérance de vie. Il est compris entre 0 et 1.

document 1 présente aussi le PIB par an par pays. La richesse d'un pays est une donnée insuffisante pour mesurer le développement mais, sans richesse, un pays a des difficultés pour se développer. Le PIB permet ainsi de préciser les inégalités de développement. Les États-Unis par exemple ont le PIB le plus élevé de la planète (14 526 milliards de dollars par an) et un IDH supérieur à 0,8. Ce pays correspond tout à fait à la définition d'un pays du Nord, riche et très développé.

Vocabulaire

PIB (produit intérieur brut) : mesure la valeur ajoutée des productions par les différents acteurs économiques sur une année d'un pays à l'intérieur de son territoire.

Le document 2 renforce le caractère homogène des pays du Nord en montrant un trafic aérien dominé par les grandes métropoles mondiales des pôles de la Triade : New York, Chicago, Los Angeles, Londres, Paris, Francfort, Tokyo sont les aéroports qui, en 2006, accueillent le plus de passagers. Les principaux trafics s'organisent entre ces grands aéroports, faisant de l'Amérique du Nord et de l'Europe occidentale les deux zones dominantes (en 2006, elles représentent 69 % du trafic aérien mondial). Le document 2 valide donc l'idée que les pays du Nord possèdent des caractéristiques communes et un développement bien supérieur aux pays du Sud.

Vocabulaire

Métropole mondiale : agglomération qui concentre des activités de premier plan et rayonne sur le monde.
Triade : ce sont les trois principaux pôles de la planète (Amérique du Nord, Union européenne, Japon) qui dominent l'économie mondiale.

Toutefois, sur le document 1, les cas du Portugal et des Émirats arabes unis (EAU) posent un problème. Ils ont tous deux le même PIB, le même IDH, mais l'un est considéré comme pays du Nord, l'autre comme pays du Sud.

Valoriser sa copie

Utilisez un exemple précis issu des documents pour faire la transition et donc montrer la limite de la notion.

GÉOGRAPHIE

II – La limite Nord-Sud, aujourd'hui critiquée et en évolution

Les cas du Portugal et des EAU interrogent sur la pertinence actuelle de la limite Nord-Sud. Dans le document 2, le principal aéroport du Portugal, Lisbonne, n'apparaît pas alors que celui de Dubaï apparaît comme un aéroport important. On peut se demander si le Portugal est classé au Nord pour des raisons géopolitiques (membre de l'Union européenne), mais on s'interroge surtout sur la raison pour laquelle les EAU ne sont pas classés au Nord.

Dans le document 1, d'autres cas problématiques apparaissent. La Chine a un fort PIB (le 2e mondial), mais un IDH qui reste moyen (inférieur à 0,7) : des inégalités sociospatiales trop importantes empêchent de ranger la Chine parmi les pays du Nord. De même, le thème de la carte 2 ne met pas en valeur la place de la Chine dans l'économie mondiale ; si, au lieu du trafic aérien, on avait représenté le trafic maritime, le poids de la Chine dans les échanges mondiaux aurait été beaucoup plus grand. De plus, le trafic de passagers indique surtout l'attractivité touristique d'un pays, non sa dynamique économique réelle. Enfin, le *document 2* est un peu ancien et ne tient peut-être pas compte des évolutions récentes.

Les pays émergents du Sud se caractérisent, à l'instar de la Chine et de l'Inde, par un PIB et un IDH en croissance. Le document 1 montre bien que ces puissances nouvelles (les BRICS), par l'importance de leur PIB, sont celles qui remettent le plus en question la limite Nord-Sud.

De même, certains pays, par une politique de redistribution active de revenus liée souvent à d'importantes ressources naturelles comme les hydrocarbures (EAU, Venezuela, Libye) ont un IDH élevé. Ces exemples montrent que la distinction entre pays du Nord et du Sud connaît des limites. Mais le document 2 vient rappeler que la limite Nord-Sud se justifie aussi par l'intégration à la mondialisation et la participation à un réseau d'échanges extrêmement soutenus dominés par la Triade. Ainsi, ce document montre les profondes inégalités de participation à la mondialisation : les continents des puissances émergentes ne représentent en 2006 que 28 % des échanges aériens mondiaux. En ce sens le Portugal, au sein de l'UE, est plus intégré dans la mondialisation que ne le sont les EAU, et fait donc davantage partie des Nords. Les Suds se caractérisent donc par une moins grande intégration aux flux mondiaux.

Vocabulaire

Pays émergent : pays en forte croissance économique, et qui joue un rôle croissant dans l'organisation du monde. Les plus influents sont les **BRICS** (Brésil, Russie, Inde, Chine et Afrique du Sud).

Conclusion

La limite Nord-Sud, bien que contestée, reste aujourd'hui pertinente. Les modes de représentation utilisés dans ces deux documents montrent correctement les inégalités de développement et les différences d'intégration à la mondialisation. Mais ils mettent néanmoins en valeur la limite Nord-Sud, une lecture géopolitique ancienne du monde qui ne tient pas compte des nouveaux enjeux et des nouvelles formes de puissance dans l'espace mondial.

Sujet 17 — Une lecture géo-environnementale du monde

8 pts — 1 h

Sujet inédit

Analyse d'un document

› L'inégal accès à l'eau courante dans le monde.

Après l'avoir présentée, montrez que cette carte permet d'approcher la complexité des enjeux environnementaux à l'échelle de la planète. Pourquoi les modes de représentation cartographique choisis ne permettent-ils pas de rendre compte de l'inégal accès à l'eau à toutes les échelles ?

Document **L'inégal accès à l'eau courante dans le monde**

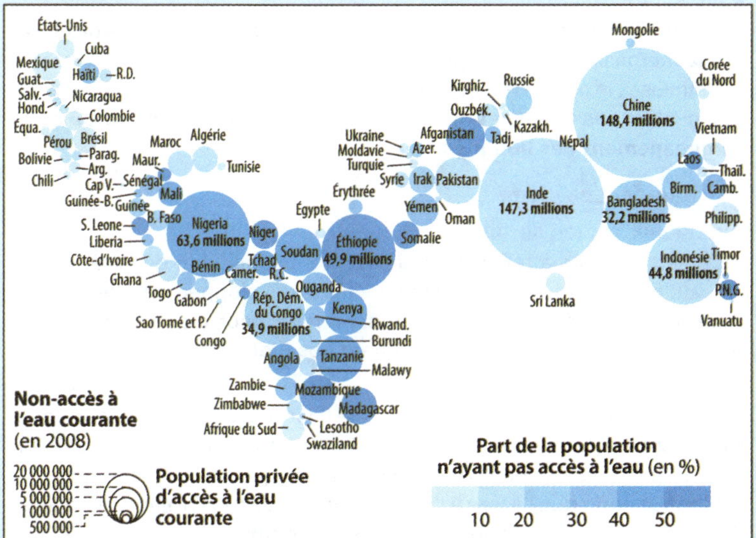

Source : V. Raisson, carte extraite de *2033. Atlas des futurs du monde*, (Robert Laffont) 2010. Données : FAO 2008 - Unicef 2008

Les clés pour réussir

› L'essentiel à connaître

Thème principal : cette analyse s'inscrit au cœur du premier thème de Géographie, « Des cartes pour comprendre le monde ».

GÉOGRAPHIE

- Elle nécessite aussi de connaître les différents procédés cartographiques utilisés par les géographes et leurs limites.

Notions : anamorphose, aménagement, développement, développement durable, ressource, Sud-Nord.

Analyser le sujet

La consigne

- Le sujet invite ici à réfléchir au lien entre ressources naturelles (l'eau) et croissance démographique. La question de l'**accès à la ressource** relève du pilier social du développement durable. Elle est nécessaire au développement économique et social.
- La deuxième partie de la consigne appelle clairement à une **critique de la carte**, autrement dit des indicateurs et des modes de représentation choisis.

Le document

- Le document est un cartogramme : il n'y a pas de fond de carte, mais les déformations engendrées par le **procédé de l'anamorphose** rendent les phénomènes étudiés bien visibles.

Pièges à éviter

- Distinguez l'étude des deux figurés (ponctuel et surfacique). Ils ne disent pas la même chose, se complètent et permettent de nuancer l'analyse.
- Définissez le critère retenu, l'« accès à l'eau courante » : **l'eau** considérée ici n'est pas une eau potable naturelle, mais **le fruit du travail et de l'aménagement des hommes**.

Organiser ses idées

Déterminer l'enjeu du sujet

- L'enjeu consiste à réfléchir au lien entre disponibilité de la ressource en eau, poids démographique et niveau de développement des États.
- En quoi l'accès à l'eau courante est-il révélateur du poids démographique et du niveau de développement des États dans le monde ?

Structurer son devoir

- Vous devez montrer l'inégal accès à l'eau courante dans le monde. Nuancez toutefois votre propos en analysant la part de la population n'ayant pas accès à l'eau courante par rapport à la population totale.
- Montrez enfin que l'accès à l'eau courante révèle les grandes inégalités de richesse et de développement dans le monde.

Mots-clés : eau courante, pénurie d'eau, ressource, besoin primaire, développement.

Valoriser sa copie

- La carte est publiée par l'ONU et l'UNICEF (organisme onusien s'occupant des enfants), qui poussent les pays riches à agir contre les disparités de développement.

Sujet 17 Corrigé

› L'inégal accès à l'eau courante dans le monde.

Introduction

La complexité des enjeux contemporains peut être analysée à travers différentes clés de lecture, comme la question de l'accès aux ressources primaires. Nous disposons ici d'un cartogramme présentant l'inégal accès à l'eau courante dans le monde à la fois en valeur absolue (le nombre d'habitants concernés par pays) et en valeur relative (la part de la population d'un État n'ayant pas accès à l'eau potable par rapport à la population totale). L'eau, ressource la plus vitale pour l'homme, est la plus représentative de ses « besoins primaires ». Ce document est publié par l'ONU et l'UNICEF, organisme fiables, mais poussant les pays riches à agir contre les disparités de développement. Le critère retenu est l'« accès à l'eau courante », c'est-à-dire une eau potable résultant du travail et de l'aménagement des hommes, qui l'acheminent jusqu'à des fontaines publiques ou à domicile.

I – L'inégal accès à l'eau courante dans le monde

La carte montre que les pénuries d'eau touchent très inégalement la planète et révèlent la fracture Nord-Sud. La représentation par anamorphose fait nettement ressortir les continents africains et asiatiques, les plus touchés, alors que les pays du Nord n'apparaissent pas sur la carte. Les problèmes d'accès à l'eau courante se concentrent donc clairement dans les pays les plus pauvres de la planète, les Suds. Sans doute y a-t-il un rapport entre richesse, développement et accès à l'eau potable.
Le continent asiatique concentre le plus de personnes n'ayant pas l'eau courante, notamment en raison du poids des géants démographiques asiatiques que sont la Chine et l'Inde, suivis par l'Indonésie et le Bangladesh. L'Afrique est aussi très touchée : on peut presque reconstituer visuellement les contours du continent à partir des seuls figurés ponctuels. Certes, trois pays sont davantage concernés (Éthiopie, Nigeria et République démocratique du Congo), mais on voit bien que le phénomène est beaucoup plus diffus qu'en Asie, la plupart des pays d'Afrique subsaharienne étant affectés par l'absence d'eau potable.

II – La prise en compte du critère démographique

Si l'on s'intéresse à présent à l'autre figuré, la part de la population n'ayant pas accès à l'eau, d'autres éléments d'analyse s'imposent. L'Asie est en fait, proportionnellement à sa population, relativement peu touchée. Les trois pays les plus importants (Chine, Inde, Indonésie) réussissent à assurer l'accès à l'eau courante à plus de 80 % de leur population. Plus généralement, la couleur claire est très présente sur le continent asiatique. À titre

GÉOGRAPHIE

de comparaison, la Chine compte, proportionnellement à sa population, autant de personnes privées d'eau potable que les États-Unis, archétype du pays dit développé.
Au contraire, le figuré de surface confirme qu'une large part de la population de l'Afrique souffre d'un manque d'eau potable accessible. En dehors du Maghreb et de l'Afrique de l'Ouest, les couleurs foncées dominent largement. Ainsi, l'Éthiopie a une population touchée à plus de 50 % par le manque d'eau potable, soit 50 millions d'habitants.

L'astuce du prof

Appuyez-vous sur des exemples précis et pertinents pour justifier votre analyse.

III – De grandes inégalités de richesse et de développement

La carte traduit aussi l'inégale répartition de la ressource en eau à l'échelle de la planète. Ainsi, les pays qui connaissent un stress hydrique important apparaissent nettement (les pays du Sahel). Mais d'autres exemples montrent que le manque d'eau tient aussi à la capacité des sociétés à mobiliser l'eau en aménageant leur territoire. Ces inégalités révèlent donc l'inégal niveau de richesse et de développement des États. Ainsi, 30 à 40 % de la population de la République démocratique du Congo est privée d'accès à l'eau potable courante, alors que ce pays, situé dans un climat équatorial très humide et traversé par l'un des fleuves les plus importants du monde, bénéficie d'importantes ressources hydriques potentielles. C'est l'instabilité politique et économique du pays qui prive les habitants d'eau potable. De même, alors que la péninsule arabique est marquée par un climat très sec, la représentation par anamorphose a fait disparaître cette région du planisphère : il n'y a donc pas de déterminisme géographique. L'accès à l'eau courante dépend du niveau de richesse et de développement des États.

Valoriser sa copie

Montrez que vous êtes capable de faire le lien avec les autres grilles de lecture du monde.

Conclusion

Ainsi, l'accès à l'eau potable est très inégal dans le monde. Toutefois, le choix de l'analyse à l'échelle mondiale ne permet pas de mesurer les contrastes internes aux États, alors que dans certains États, au Sud notamment, l'accès à l'eau diffère entre ville et campagne, voire entre les différents quartiers d'une même ville. D'autre part, l'étude de la carte a permis de souligner que l'accès à l'eau potable dépend des ressources « naturellement » disponibles, mais aussi de la capacité d'une société à mobiliser ses ressources.

Sujet 18 — Un produit mondialisé (étude de cas)

8 pts — 1 h

Nouvelle-Calédonie, novembre 2018

Composition

› Un produit mondalisé (étude de cas).

En vous appuyant sur l'étude de cas du produit mondialisé étudié en classe, présentez les acteurs et les flux de la mondialisation.

Les clés pour réussir

L'essentiel à connaître

Thème principal : ce sujet correspond à la première entrée du second thème du programme de Géographie : « La mondialisation, fonctionnement et territoires ».

- Ce sujet repose sur l'étude de cas d'un « produit mondialisé », mais les autres entrées du thème peuvent être mobilisées, notamment « Acteurs, flux, débats » ou « Des territoires inégalement intégrés à la mondialisation ».
- L'exemple d'un produit mondialisé permet de mettre en valeur l'ensemble d'une **chaîne d'acteurs intégrés aux réseaux d'échanges mondiaux**, et de voir comment ce produit est alors **massivement distribué** sur les marchés mondiaux.

Notions : mondialisation, produit mondialisé, flux, acteurs spatiaux.

Analyser le sujet

Définir les termes du sujet

- La formulation du sujet invite à analyser les dynamiques de la mondialisation à travers l'exemple de l'étude de cas traitée en cours.
- Reposant sur un système d'interdépendances autour d'acteurs moteurs de la mondialisation que sont les FTN, les produits mondialisés permettent de mettre en lumière les **stratégies de ces firmes à travers notamment la DIT** (division internationale du travail) et donc les flux visibles et invisibles liés à cette stratégie. Mais il est aussi possible d'identifier d'autres types d'acteurs (privés, publics, étatiques, issus de la société civile…).
- Vous pouvez donc aborder deux axes propres aux dynamiques de la mondialisation à savoir les **flux liés à la production et à la diffusion** de

GÉOGRAPHIE

ce produit, mais aussi les **acteurs intervenant aux différents stades de l'élaboration à la distribution** de ce produit.

Cerner les limites du sujet

- Le sujet fixe comme seule limite l'**étude du produit mondialisé vue en cours**. S'il est possible d'évoquer d'autres exemples, le suivi sur l'ensemble du développement de ce seul produit donne une cohérence d'ensemble au devoir.
- Le produit évoqué doit permettre d'aborder l'**échelle mondiale**, mais vous pouvez envisager l'impact de la production ou de la diffusion de ce produit à l'**échelle d'un territoire plus restreint**.

Déterminer l'enjeu du sujet

- Les notions de **mondialisation** et de **produit mondialisé** doivent servir de fils directeurs au sujet, il faut donc les définir en introduction.
- Comment un produit mondialisé, comme l'iPhone, est-il élaboré par une chaîne d'acteurs intégrés aux réseaux d'échanges et comment est-il diffusé massivement sur les marchés mondiaux ? Quels sont les acteurs et les flux de la mondialisation que nous pouvons appréhender à travers cet exemple de produit mondialisé ?

Pièges à éviter

- Ne choisissez pas un produit dont les chaînes de production et de distribution sont trop courtes, ce qui ne vous permettrait pas d'aborder l'ensemble des problématiques de flux et d'acteurs.
- Ne limitez pas votre analyse au produit mondialisé développé pour lui-même sans le relier aux problématiques générales du thème, à savoir les **dynamiques de la mondialisation**.

Organiser ses idées

Structurer son devoir

- Les notions de flux et d'acteurs sont énoncées sans hiérarchisation, il n'y a donc pas d'ordre imposé.
- Vous pouvez néanmoins traiter tout d'abord les différents flux liés à la production et la diffusion de votre produit mondialisé, l'intégrant ainsi aux réseaux d'échanges mondiaux. Puis, vous aborderez les différents acteurs à l'origine et à destination de ces flux.

Mots-clés : DIT, IDE, ZES, FTN, capitalisation boursière.

Valoriser sa copie

- Même si cela n'est pas obligatoire, l'annonce du plan dans l'introduction permet d'assurer une plus grande cohérence à votre argumentation.
- Illustrer votre devoir par des productions graphiques à différentes échelles permet de montrer votre capacité à synthétiser et votre maîtrise du langage cartographique. Vous accompagnerez ces schémas d'un titre et d'une légende organisée.

Sujet 18 Corrigé

› Un produit mondialisé (étude de cas).

Attention

Le plan est rappelé pour vous aider, mais il ne doit en aucun cas figurer sur votre copie. À vous de guider le correcteur par l'annonce du plan dans l'introduction, les phrases d'attaque des paragraphes et des transitions.

Introduction

Aujourd'hui, 6 milliards de téléphones portables circulent dans le monde. Ce produit apparu dans les années 1990 est devenu emblématique de la mondialisation, processus de mise en relation et d'interdépendances entre les acteurs et les espaces par l'intermédiaire d'échanges de différentes natures. Dans ce secteur de la téléphonie, fin 2013, Apple est deuxième sur le marché derrière Samsung, grâce à son iPhone.

L'astuce du prof

Mêlez vos définitions des mots-clés du sujet à la rédaction de votre analyse de ce dernier et à la formulation de votre problématique.

Comment un produit mondialisé comme l'iPhone est-il élaboré par une chaîne d'acteurs intégrés aux réseaux d'échanges et comment est-il diffusé massivement sur les marchés mondiaux ? Quels sont les acteurs et les flux de la mondialisation que nous pouvons appréhender à travers cet exemple de produit mondialisé ?

Nous verrons dans une première partie les différents flux liés à la fabrication et à la diffusion de l'iPhone. Puis, nous caractériserons les différents acteurs intervenant dans les réseaux d'échanges de ce produit.

I – Un produit au cœur de flux multiples

L'iPhone est le symbole d'une explosion de la chaîne de fabrication et d'une production mondialisée grâce à la division internationale du travail (DIT).

La conception reste aux États-Unis (« *Designed by Apple in California* »). Du siège de la compagnie partent ainsi des flux d'informations et de capitaux (ordres d'ingénierie et IDE) à destination du monde entier. Ainsi, Apple s'approvisionne pour les terres rares essentielles aux produits électroniques en Afrique, créant ainsi des flux de matières premières et, pour la fabrication des pièces détachées, en Asie et en Europe notamment. Plus de 90 % des composants de l'iPhone sont produits à l'étranger. Enfin, la firme fait assembler ses iPhones dans des pays émergents : les pièces détachées engendrent donc de nouveaux flux.

Vocabulaire

IDE (investissements directs à l'étranger) : sommes d'argent investies par des entreprises étrangères sur un territoire.

Les flux dans la zone économique spéciale (ZES) de Shenzhen en Chine

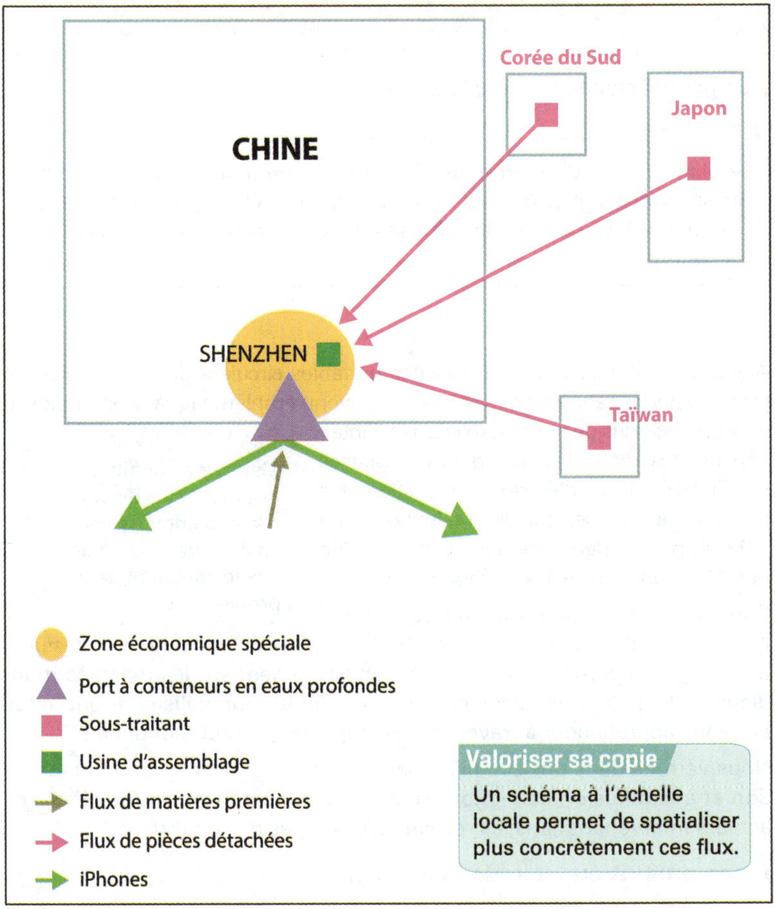

Valoriser sa copie

Un schéma à l'échelle locale permet de spatialiser plus concrètement ces flux.

Foxconn et Pegatron, les deux sous-traitants taïwanais pour l'assemblage, ont installé leurs usines dans la ZES de Shenzhen (« *Assembled in China* ») et Foxconn a ouvert en 2012 au Brésil, sur la bien nommée Avenida Steve Jobs, une nouvelle usine d'assemblage.

La géographie des *Apple Stores*, réseau commercial propre de la FTN, est elle aussi révélatrice d'un monde multipolaire et hiérarchisé. Entre 2007 et 2012, environ 220 millions d'iPhones ont été vendus dans le monde. Cette diffusion massive est facilitée par la révolution des transports.

Vocabulaire

ZES (Zone Économique Spéciale) : lieu bénéficiant d'avantages fiscaux notamment qui les rendent attractifs pour les entreprises étrangères.

L'iPhone est distribué dans les pôles de la Triade (surtout aux États-Unis) et les périphéries intégrées. Mais si les *Apple Stores* se développent dans certains BRICS (Chine et Brésil), d'autres territoires ne sont pas ou peu desservis. Plusieurs raisons peuvent expliquer la non-distribution de l'iPhone (pauvreté et absence de marché dans les PMA, ou choix politiques des États comme l'Iran ou Cuba).

Vocabulaire

BRICS (Brésil, Russie, Inde, Chine et Afrique du Sud) : puissances émergentes à la croissance économique rapide par leur intégration à la mondialisation et ayant des aspirations géopolitiques.

Ainsi, les flux d'iPhones empruntent les principales routes maritimes mondiales d'Asie vers les pôles de la Triade ou les BRICS : la géographie de distribution de ces produits est calquée sur la géographie de la mondialisation.

La stratégie employée par la firme est rodée. La publicité est devenue la marque de fabrique d'Apple. Il en est ainsi dans les pays émergents (Chine et Inde en tête offrant 2,6 milliards de consommateurs potentiels) dont les jeunes sont les cibles et qui à ce titre apparaissent explicitement dans les publicités pour le nouveau modèle *low-cost* de la marque lancé fin 2013.

Les espaces d'un produit mondialisé, l'iPhone

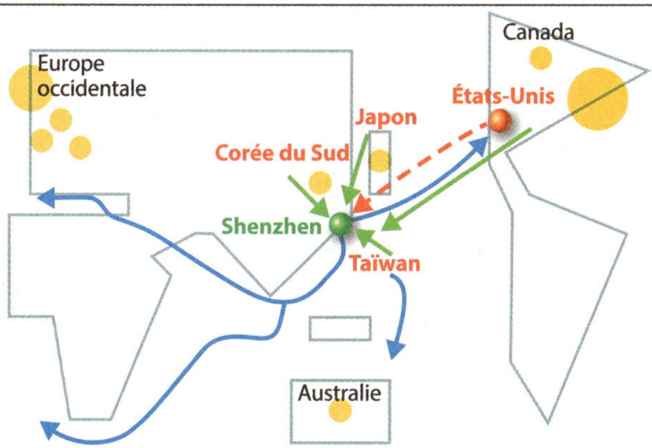

1. La conception
- Siège social d'Apple (Cupertino, Silicon Valley en Californie)
- Flux d'ingénierie et de capitaux

2. La production
- Flux de pièces détachées
- Usine d'assemblage
- Japon : États d'origine des sous-traitants d'Apple

3. La distribution
- Diffusion des iPhones
- Présence d'applestores

Valoriser sa copie

Un schéma global centré sur l'océan Pacifique indiquant les espaces de production et de consommation permet de montrer comment les flux de l'iPhone participent à la hiérarchisation des territoires.

II – Les acteurs concernés par les flux de ce produit mondialisé

L'astuce du prof

Reprenez autour de cet exemple particulier les différents types d'acteurs abordés dans le chapitre général (privés, publics et issus de la société civile) pour valider votre argumentation.

Vocabulaire

Capitalisation boursière : somme des valeurs de toutes les actions cotées en Bourse.

L'iPhone révèle la place fondamentale des FTN dans la mondialisation. Apple est née en 1976 dans la Silicon Valley en Californie. S'ouvrant à la téléphonie mobile en 2007, cette FTN a fait de ce produit le fer de lance de sa production industrielle. Elle est aujourd'hui la première entreprise pour sa capitalisation boursière (avec 472 milliards de dollars en février 2014) et l'iPhone représente près de 60 % des revenus de la firme. Elle a pu se hisser à la tête des plus importantes entreprises états-uniennes. Jouant sur toutes les stratégies propres aux FTN les mieux insérées dans la mondialisation, dans le cadre de la DIT, la fabrication des pièces détachées et l'assemblage sont confiés à de nombreux sous-traitants. Ainsi, Apple utilise la stratégie du *branding*, en se débarrassant de toute la responsabilité sociale et environnementale coûteuse et juridiquement risquée pour mieux se concentrer sur la diffusion de la marque.

D'autre part, les individus se trouvent au cœur de la stratégie de la firme en tant que main-d'œuvre, des salariés qualifiés du siège californien aux sous-traitants de pièces détachées en passant par les ouvriers moins qualifiés des zones d'extraction des terres rares ou des usines d'assemblage. La main-d'œuvre de ces usines est bon marché, réactive et peu syndiquée, ce qui permet à Apple de réduire le coût de production de ses produits.

Les individus sont aussi concernés en tant que clientèle du produit. Apple cherche à convaincre ses clients qu'ils sont exceptionnels, au même titre que les produits de la marque qu'ils achètent. Ainsi, l'intérieur des *Apple Stores* est presque identique quel que soit le pays d'implantation. Ce n'est pas la marque qui s'adapte aux clients, mais la clientèle qui se reconnaît comme appartenant à la communauté des consommateurs de la marque.

Les États tentent de jouer un rôle plus important en contrôlant les choix de localisation de la firme. Ainsi, en Europe, Apple a profité des écarts dans les politiques fiscales des pays membres (faiblesse de l'impôt sur les sociétés en Irlande, de la TVA au Luxembourg) pour « optimiser » sa fiscalité. Cette stratégie a pris fin en 2010 à la suite d'une reprise en main du dossier par le pouvoir politique. Contrairement à l'idée couramment admise, les FTN ne sont pas toutes-puissantes face à des États trop faibles cherchant à attirer sur leur sol des entreprises contre des promesses de créations d'emplois. Dans le cas de la Chine néanmoins, Apple utilise, par l'intermédiaire de ses sous-traitants, les faiblesses de la politique sociale et salariale de l'État. Le scandale des 17 suicides sur les chaînes d'assemblage de l'usine Foxconn entre 2007 et 2010 a tout de même montré les faiblesses de l'État chinois dans la protection de sa population face aux stratégies d'entreprises.

Valoriser sa copie

Utilisez votre exemple pour nuancer des idées plus générales sur le thème abordé.

Enfin, de nouveaux acteurs se préoccupent du marché de ce produit pour en pointer les limites et en critiquer les impacts sociaux et environnementaux. Ainsi, des organismes indépendants comme *China Labour Watch* multiplient les enquêtes indépendantes sur les conditions de travail dans les usines chinoises et ont dénoncé à maintes reprises le fonctionnement des usines de Foxconn ou de Pegatron. De même, de nombreuses ONG critiquent l'impact du transport des iPhones (obligeant Apple à communiquer sur la réduction des emballages) et le recyclage des téléphones usagés.

Conclusion

Un produit mondialisé comme l'iPhone révèle donc les réseaux d'échanges entre des acteurs intégrés dans le cadre de la mondialisation. Grâce à cet exemple, nous avons appréhendé une diversité de flux visibles et invisibles hiérarchisant les territoires de production et de diffusion. Nous avons aussi caractérisé de nombreux acteurs ainsi que leurs stratégies. Néanmoins, la mondialisation n'est pas seulement économique et, si l'iPhone montre bien une uniformisation des comportements, les mobilités humaines jouent un rôle essentiel dans la mondialisation actuelle.

Sujet 19 — La mondialisation : acteurs, flux et débats

12 pts — 2 h

Liban, mai 2018

Composition

› **La mondialisation : acteurs, flux et débats.**

Les clés pour réussir

L'essentiel à connaître

Thème principal : le sujet correspond à l'une des entrées du second thème du programme de Géographie : « La mondialisation, fonctionnement et territoires ».

Notions : mondialisation, acteurs spatiaux, flux, réseaux, altermondialisme, durabilité.

Analyser le sujet

Définir les termes du sujet

Le sujet relie le terme de **mondialisation** (interdépendance croissante des hommes et des territoires), **à trois autres notions** :

– « acteurs » fait référence aux acteurs spatiaux, individus ou groupes d'individus (États, FTN, ONG) ayant la capacité d'agir sur l'espace et d'utiliser des services pour répondre à leurs besoins.

– « flux » renvoie à la circulation d'hommes, de marchandises, de capitaux ou d'informations dans le monde. Ces flux s'inscrivent dans des réseaux, structurés par des nœuds.

– « débats » rappelle l'existence de discussions sur les formes et les conséquences de la mondialisation.

Cerner les limites du sujet

- Dans la mesure où le sujet n'impose pas de limites spatiales explicites, il convient de **réfléchir à l'échelle mondiale**. Cela n'empêche pas d'envisager la **situation particulière d'un territoire**.
- Limitez bien votre analyse aux approches induites par les notions d'acteurs, de flux et de débats. N'évoquez pas l'histoire du processus ou la hiérarchisation des territoires, au risque d'être hors sujet.

Déterminer l'enjeu du sujet

- Expliquez l'intérêt de cette approche en **trois thèmes différents** pour comprendre le fonctionnement et les limites du processus de mondialisation.

- En quoi le processus de mondialisation repose-t-il sur la **mise en relation d'acteurs et le développement de flux ?** Pourquoi ce processus est-il controversé ?

Organiser ses idées

Structurer son devoir

- Les trois axes étant énumérés sans hiérarchisation, il n'y a pas d'ordre imposé. Attaquez chaque partie par une phrase qui en résume l'idée.
- Vous pouvez construire votre argumentation selon les axes suivants :

– La mondialisation se traduit par la multiplication de flux divers.
– Le développement des flux repose à la fois sur la qualité des réseaux et sur la volonté d'acteurs spatiaux.
– La mondialisation fait naître débats et contestations.

Mots-clés : DIT, conteneurs, mobilités, migrations, Internet, *brain drain*, OMC, zone franche, hub, sous-traitance, ONG, altermondialistes, libéralisme, G20, développement durable.

Valoriser sa copie

- Annoncez et suivez un plan qui justifie de façon pertinente l'ordre des paragraphes. Développez des exemples prélevés dans les thèmes 2 et 3 du programme pour décrire l'organisation des flux et les transformations de l'espace opérées par les acteurs spatiaux.
- Illustrez votre devoir par des productions graphiques à différentes échelles.

GÉOGRAPHIE

Sujet 19 Corrigé

› La mondialisation : acteurs, flux et débats.

! Attention

Le plan est rappelé pour vous aider, mais il ne doit en aucun cas figurer sur votre copie. À vous de guider le correcteur par l'annonce du plan dans l'introduction, les phrases d'attaque des paragraphes et des transitions.

Introduction

« *Designed by Apple in California, assembled in China* ». Avec cette phrase gravée au dos de son *smartphone*, la firme Apple inscrit son appareil-vedette dans l'espace mondial et rappelle que la mondialisation est au cœur de son dispositif de production. Processus d'interdépendance croissante des hommes et des territoires, la mondialisation implique ainsi le développement de flux de toutes natures. À l'image d'Apple, FTN américaine, elle repose également sur l'implication de nombreux acteurs spatiaux capables d'exercer des responsabilités et des influences variées. De fait, orchestrée par les acteurs les plus puissants, la mondialisation suscite des résistances et des débats, c'est-à-dire des discussions contradictoires et collectives auxquelles tous les acteurs de la mondialisation prennent part, avec des positions divergentes. En quoi le processus de mondialisation repose-t-il sur la mise en relation d'acteurs et le développement de flux ? Pourquoi ce processus est-il controversé ?

Pour le comprendre, il convient de se pencher sur les flux qui parcourent le monde, puis de s'interroger sur les différents acteurs qui les organisent, avant de s'attacher aux controverses provoquées par la mondialisation.

I – La mondialisation se traduit par la multiplication et la diversification des flux

À la faveur de la Division Internationale du Travail (DIT), les échanges de marchandises et de services se sont considérablement développés. Dépassant les 18 000 milliards de dollars annuels selon l'OMC, ils ont été multipliés par 30 depuis 1970 !

Piège à éviter

Pour ne pas alourdir vos propos, ne citez que quelques chiffres mais de façon précise (valeur, date, évolution).

Si l'ensemble de la planète participe aux échanges, quinze États développés, formant trois grands pôles, réalisent 75 % du commerce mondial. Les échanges de services, comme le transport, se développent avec la DIT : performances logistiques et usage du conteneur permettent aux FTN d'éclater leur production pour une rentabilité maximale. Cette croissance concerne également les flux illégaux (drogue, contrefaçon, etc.).

Les flux humains ont triplé en trente ans et se sont diversifiés. Les migrations de travail demeurent les plus importantes, motivées par des différences de développement et l'instabilité politique et économique d'une partie du monde. Ainsi, un million de Mexicains, fuyant l'insécurité chronique et le chômage, tentent chaque année de gagner les États-Unis.

Certains travailleurs très qualifiés (médecins, ingénieurs, informaticiens) migrent afin d'obtenir les meilleures conditions de travail possibles : c'est le *brain drain* ou fuite des cerveaux. Ces mobilités, encore largement entravées, profitent aux pays développés même si les pays pétroliers constituent des pôles attractifs croissants. Le tourisme se développe, même s'il ne concerne que 10 % de la population mondiale ; certains pays en ont d'ailleurs fait un axe majeur de développement, comme le Kenya ou la Thaïlande.

Les flux de capitaux et d'informations connaissent enfin un développement marqué. L'interconnexion informatique des places boursières permet une circulation ininterrompue des capitaux, tandis que le réseau internet a contribué à l'apparition de médias d'information continue.

Valoriser sa copie

Un schéma indiquant les pôles et les flux qu'ils organisent permet de montrer la globalité du processus de mondialisation, et les formes qu'il prend.

Les principaux flux mondiaux

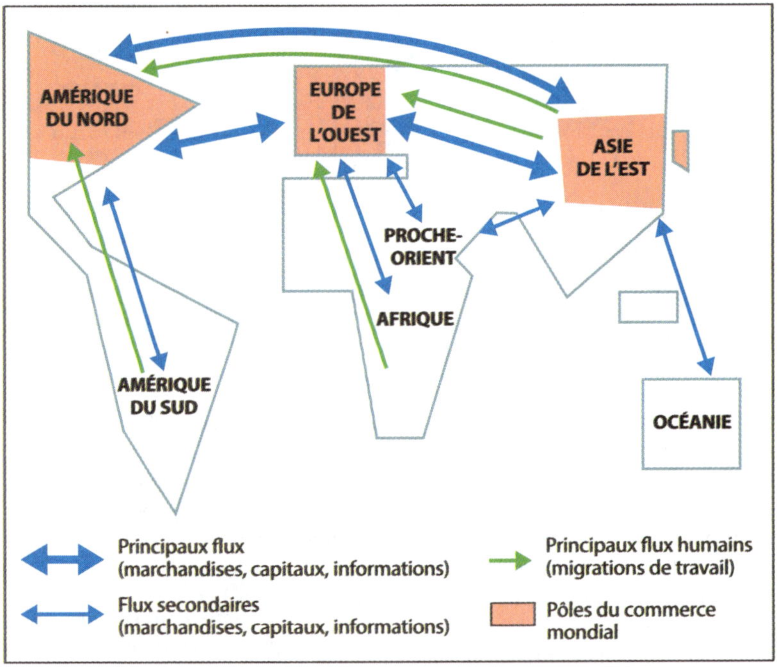

II – Le développement des flux repose à la fois sur la qualité des réseaux et sur la volonté d'acteurs spatiaux

Les États favorisent les flux en réduisant les barrières douanières. L'OMC encourage la signature de traités de commerce entre ses 200 États membres. À l'échelle nationale, chaque État peut aussi décider de l'implantation d'une zone franche pour attirer les entreprises. Dans l'État de Panama, à proximité immédiate du canal et d'un hub en croissance, la ville de Colón accueille la deuxième zone franche du monde ; on y trouve plus de 3 000 entreprises représentant 30 000 emplois.

Vocabulaire

Zone franche : espace où la fiscalité est presque inexistante.
Hub : plateforme de correspondance et de redistribution dans un réseau de transport.

GÉOGRAPHIE

La zone franche de Colón

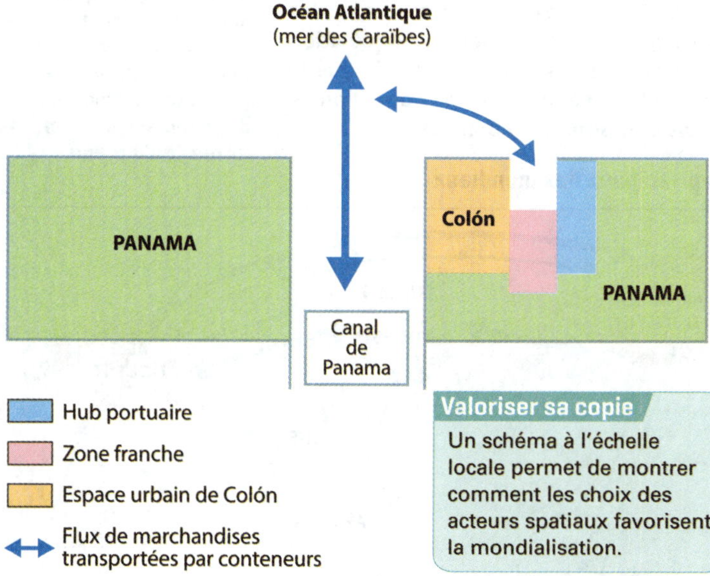

Valoriser sa copie

Un schéma à l'échelle locale permet de montrer comment les choix des acteurs spatiaux favorisent la mondialisation.

Mais les États voient leur pouvoir concurrencé par les FTN, dont l'influence grandit. Elles mettent en relation différents territoires pour réaliser leurs produits. Pour créer l'iPhone, Apple sollicite par exemple de nombreux acteurs spatiaux : producteurs de minerais rares, entreprises spécialisées dans les composants électroniques ou l'assemblage, transporteurs maritimes et distributeurs. Le principe de la sous-traitance enclenche à son tour une spirale de réduction des coûts par la concurrence. Ainsi, par leurs choix, les FTN favorisent certains territoires et en délaissent d'autres. Le continent africain peine à attirer les investissements malgré une population jeune et des coûts salariaux très faibles, car l'insuffisance des infrastructures ne garantit pas une activité régulière.

Valoriser sa copie

L'exemple de l'Afrique permet de montrer le positionnement inégal des territoires par rapport aux grands flux mondiaux.

D'autres acteurs publics participent à la mondialisation. Les individus tout d'abord, en tant que travailleurs, consommateurs, touristes ou migrants, contribuent à faire naître et à entretenir des flux de toutes sortes. Les ONG, ensuite, interviennent partout dans le monde et sur des thèmes variés, concrétisant le principe d'une opinion publique mondiale. Ainsi, les acteurs de la mondialisation opèrent des choix différents, voire opposés.

Vocabulaire

ONG (organisation non gouvernementale) : association d'intérêt public, à but non lucratif, regroupant des citoyens sur un thème d'action.

III – La mondialisation fait naître débats et contestations

Certains citoyens et ONG, appelés altermondialistes, refusent le principe de compétitivité à l'œuvre entre les individus et les territoires, qui se traduit par des inégalités renforcées à toutes les échelles. Ainsi, dans les villes du Brésil, l'exacerbation des disparités socio-spatiales, entre favelas et immeubles de luxe ultra-sécurisés, contribue à entretenir une violence urbaine meurtrière.

Valoriser sa copie

L'exemple du Brésil permet de montrer les contrastes sociaux des sociétés mondialisées.

Les altermondialistes dénoncent la concurrence déloyale induite par les subventions des États les plus riches à leurs entreprises en difficulté (agriculture, sidérurgie) et réclament une meilleure répartition des fruits de la mondialisation.

Les États sont quant à eux conscients de la nécessité de mettre en place une meilleure gouvernance mondiale. Le G20, qui regroupe dix-neuf États et l'Union européenne, s'efforce lors de sommets annuels de trouver des solutions aux crises de l'économie mondialisée, mais sans pour autant remettre en cause les principes du libéralisme économique. C'est donc par les réseaux sociaux que les citoyens cherchent à défendre les valeurs de démocratie et de multilatéralisme.

Individus et ONG s'opposent également aux FTN à propos de l'environnement, la production industrielle entraînant la dégradation générale des écosystèmes, avec de graves conséquences sociales (violence, migrations). Mais les États refusent encore de mettre en danger leurs FTN, et la durabilité du développement (rentabilité économique, mieux-être social, protection de l'environnement) n'est pas prioritaire.

Conclusion

Nous nous étions demandés en quoi le processus de mondialisation reposait sur la mise en relation d'acteurs et le développement de flux, et pourquoi ce processus était controversé.

Piège à éviter

Rappelez explicitement votre problématique au début de votre conclusion, pour lui apporter une réponse claire et concise.

Nous avons vu que la mondialisation se traduit par le développement de flux de toutes natures reliant les territoires de façon dissymétrique, certains acteurs puissants cherchant avant tout à préserver leur efficacité économique. Cette logique égoïste a favorisé la naissance de l'altermondialisme et valorisé le principe de durabilité. Mais si la contestation est vigoureuse, il reste encore à structurer les outils d'une véritable gouvernance mondiale.

Sujet 20 Pôles et flux de la mondialisation

1 h
8 pts

Amérique du Nord, juin 2015

Croquis

› **Pôles et flux de la mondialisation.**

Les clés pour réussir

L'essentiel à connaître

Thème principal : le sujet porte sur le chapitre concernant la mondialisation. Il s'agit d'un des croquis principaux qui en reprend les notions essentielles et montre la façon dont s'organise l'espace mondial.

Notions : mondialisation, pôles, centres d'impulsion, pays émergents, flux, hiérarchie.

Analyser le sujet et organiser ses idées

Définir les termes du sujet

- Les pôles renvoient aux **espaces qui contrôlent les échanges**. Ceux-ci sont d'importance diverse : si la **Triade** domine, de nouveaux **pôles secondaires** émergent au Sud.
- Les flux sont très variés, depuis les flux marchands (matières premières, produits manufacturés) jusqu'aux flux humains (migrations, tourisme) en passant par les flux immatériels (capitaux).

Déterminer l'enjeu du sujet

- Vous devez bien faire attention à lier les deux termes du sujet : quelle relation y a-t-il entre les pôles et les flux ?
- L'intérêt du croquis est de montrer que la hiérarchie des pôles correspond à une **hiérarchie des flux**, mais que les flux amènent aussi à une **modification des pôles** (pays émergents).
- Il ne s'agira donc pas d'être exhaustif sur la hiérarchie spatiale (il ne s'agit pas de traiter les inégalités territoriales) ni sur les flux (ils sont très nombreux, il faudra essayer de les regrouper). Il ne s'agit pas non plus de les décrire séparément.

Réaliser sa légende et sa production graphique

Préparer sa légende

- Multiplier les flux risquerait de rendre la carte peu lisible d'autant que d'autres informations doivent apparaître.
- On peut faire une **typologie des flux** (flux Nord-Nord, Sud-Nord, Sud-Sud) qui a l'avantage, outre de simplifier, de montrer la hiérarchie en lien avec les pôles.
- Pour les pôles, rappelez qu'on parle aussi bien de **pays** (Triade, BRICS, etc.) que de **métropoles**, celles-ci étant les **nœuds de la mondialisation** (production de richesses, échanges).
- Pôles et flux peuvent faire l'objet d'une partie chacun.

Préparer son croquis

- Les figurés à utiliser sont simples et doivent jouer sur les **dégradés de couleurs** (hiérarchie des espaces) et/ou sur les **tailles** (de flèches par exemple, en fonction de la nature et de l'importance des flux).
- Le **figuré ponctuel** des métropoles permet de rassembler plusieurs informations à la fois : les métropoles sont à la fois espaces de production, quartiers d'affaires, infrastructures d'échanges (ZIP, etc.).

Valoriser son croquis

- Si l'organisation de la légende peut être simple (une partie sur les pôles, une sur les flux), les titres que vous utiliserez doivent montrer la réflexion sur les liens entre pôles et flux et les hiérarchies qui en découlent.

Sujet 20 Corrigé

› **Pôles et flux de la mondialisation.**

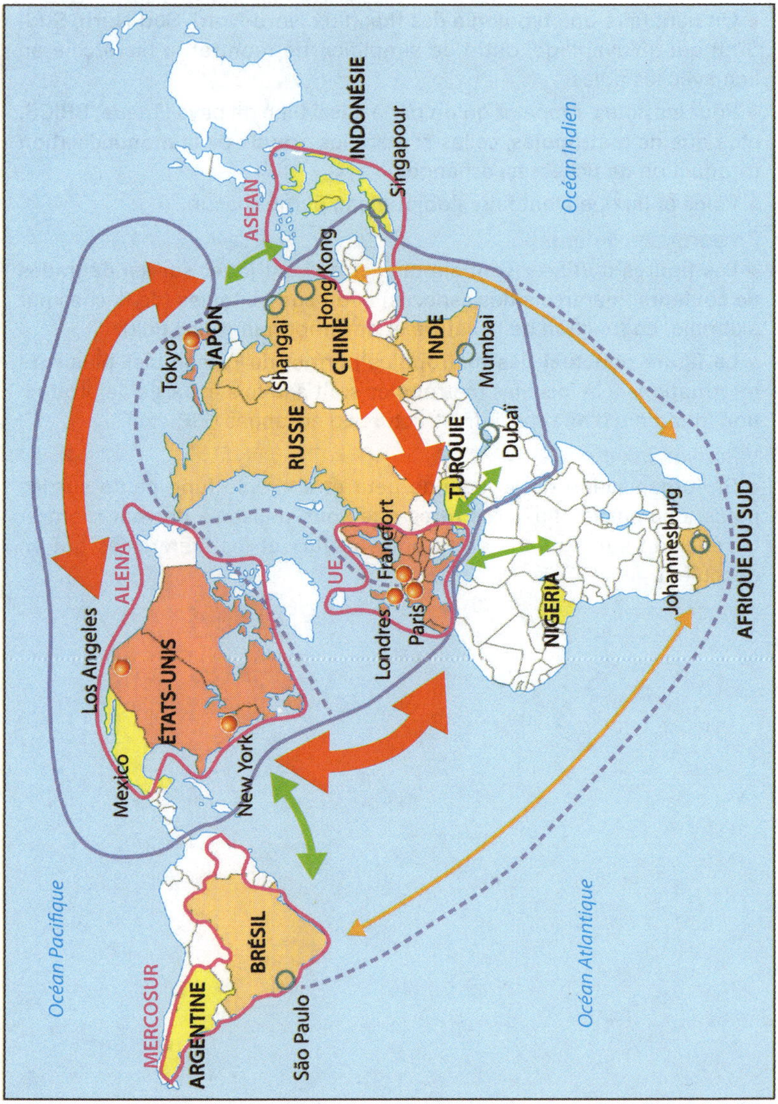

1. Les principaux pôles de la mondialisation, hiérarchisés...

A) Des pôles hiérarchisés

- Les pays de la Triade, centres d'impulsion de la mondialisation
- Les BRICS, nouveaux pôles au Sud
- D'autres pays émergents
- Principales organisation régionales impliquées dans le libre-échange (UE élargie à ses partenaires, ASEAN ouverte à un établissement vers le Nord)

B) L'archipel métropolitain mondial

- Métropoles mondiales concentrant quartiers d'affaires, technopôles, hubs et ZIP...
- Autres métropoles mondiales émergentes au Sud

2. ... contrôlent des flux déséquilibrés

A) Des flux dissymétriques

- Des flux Nord-Nord dominants (capitaux, services, produits manufacturés souvent de hautes technologies, tourisme)
- Des flux Sud-Nord inégaux (matières premières, capitaux, produits manufacturés et capitaux depuis le Nord)
- De nouveaux flux Sud-Sud émergents et variés (matières premières, capitaux, produits manufacturés)

B) Une circulation maritime permanente

- Principale route maritime mondiale
- Nouvelles routes maritimes en devenir

Sujet 21

12 pts

2 h

Des territoires inégalement intégrés à la mondialisation (espaces maritimes compris)

France métropolitaine, juin 2018

Composition

› **Une inégale intégration des territoires dans la mondialisation.**

Les clés pour réussir

L'essentiel à connaître

Thème principal : ce sujet porte sur la **mondialisation vue par les territoires**, des pôles et espaces majeurs (tels que les villes mondiales) aux territoires en marge, en passant par les espaces maritimes. Référez-vous également aux chapitres sur les aires continentales : vous y trouverez de nombreux exemples.

Notions : aire de puissance, métropolisation, littoralisation, interface.

Analyser le sujet

Définir les termes du sujet

Mondtallsation : processus d'intégration des différents espaces du monde dans un seul espace mondial par expansion du système capitaliste à tous les territoires.

Terrltolre : terme central de la géographie, désigne un espace aménagé et approprié par ses habitants, qui en constituent donc des acteurs essentiels. Un territoire intégré dans la mondialisation participe au processus de mondialisation par tous types de flux.

Cerner les limites du sujet

Ce sujet englobe la **totalité de l'espace mondial**. Il est donc pertinent de faire le tri dans les connaissances et de **privilégier certains territoires** :

– Une ville-monde : New York, Londres ou Paris.

– Un pays émergent, et notamment ses espaces les mieux intégrés : Mumbai, une ZES chinoise...

– Un espace à la marge : un pays étudié dans la leçon sur le Sahara tel que le Niger ou le Mali, etc.

Déterminer l'enjeu du sujet

- Réfléchissez de manière problématisée en soulignant le rôle des acteurs qui peuplent ces territoires pour les intégrer ou non à la mondialisation. Ne vous contentez pas d'un travail descriptif qui présenterait uniquement une typologie des différents territoires.
- Insérez les espaces maritimes à votre raisonnement et notamment les interfaces littorales.
- La mondialisation est un processus global à double tranchant : elle tend à la fois à homogénéiser le monde, mais crée également dans le même temps une **différenciation entre les territoires**, soumis à une rude compétition pour attirer les investisseurs et les flux. **Quelles différenciations territoriales la mondialisation crée et renforce-t-elle à toutes les échelles ?**

Organiser ses idées

Structurer son devoir

Optez pour un plan **thématique à logique multiscalaire**, car vous devez réfléchir à différentes échelles :
– La mondialisation répond à de multiples dynamiques.
– Des pôles majeurs et émergents à toutes les échelles.
– Des territoires en marge à toutes les échelles.

Mots-clés : flux, DIT, aires de puissance, métropoles, ville-monde, pays émergent, zones franches, paradis fiscaux, PMA, bidonvilles.

Valoriser sa copie

- Insistez sur les territoires en marge en vous appuyant sur des exemples précis que vous aurez développés au brouillon.
- Insérez des schémas, le sujet s'y prête particulièrement.

GÉOGRAPHIE

Sujet 21 Corrigé

› Une inégale intégration des territoires dans la mondialisation.

Attention

Le plan est rappelé pour vous aider, mais il ne doit en aucun cas figurer sur votre copie. À vous de guider le correcteur par l'annonce du plan dans l'introduction, les phrases d'attaque des paragraphes et des transitions.

Introduction

La mondialisation, processus qui met en relation des sociétés et des territoires du monde entier dans tous les domaines, touche de manière très inégale des territoires parfois très proches. Ce processus, tout en homogénéisant, tend à créer, voire à approfondir les inégalités entre les territoires : tous sont en compétition pour attirer investisseurs, marchandises et flux. Au sein de cette concurrence internationale, certains territoires sont gagnants et constituent des pôles majeurs attractifs et dynamiques, alors que d'autres sont déclassés, en marge : l'intégration à la mondialisation est donc inégale. Quelles différenciations territoriales la mondialisation crée et renforce-t-elle ?
Après avoir présenté les dynamiques de la mondialisation, les facteurs qui expliquent la différenciation entre les territoires, il convient d'aborder à plusieurs échelles les pôles et espaces majeurs de la mondialisation, des métropoles aux aires de puissance. La mondialisation laisse enfin des territoires en marge, tant à l'échelle des continents qu'à celle des métropoles.

I – La mondialisation engendre la hiérarchisation des territoires à l'échelle mondiale

La mondialisation a connu une accélération sans précédent au cours de la fin du xxe siècle. Depuis le début des années 1980, des politiques successives de libéralisation économique et d'ouverture des frontières, accompagnées d'importants progrès technologiques dans les communications, transforment en profondeur l'économie mondiale. La libre circulation des marchandises et les stratégies de globalisation des grandes entreprises entraînent une augmentation exponentielle des flux de toutes natures. Dès lors, chaque territoire, s'il souhaite s'intégrer à la mondialisation, doit valoriser ses potentialités : cette mise en relation est une mise en concurrence.

La hiérarchie des territoires repose sur leurs avantages comparatifs, c'est-à-dire les atouts dont ils disposent (économiques, humains…). Les plus compétitifs combinent ouverture au monde (infrastructures de transport performantes, littoral aménagé…), main-d'œuvre qualifiée et fonctions de commandement d'influence internationale. La Chine a ainsi profité de sa main-d'œuvre abondante, qualifiée et bon marché pour attirer les investissements des firmes transnationales (FTN) dans le cadre de leur stratégie de globalisation et de DIT. Pour les attirer, l'État chinois a créé des ZES (zones économiques spéciales) depuis les années 1980, comme à Shenzhen :

> **Vocabulaire**
> **DIT :** division internationale du travail, répartition de la production de biens entre différents territoires selon les avantages de chacun (coût et qualité de la main-d'œuvre, infrastructures, fiscalité).

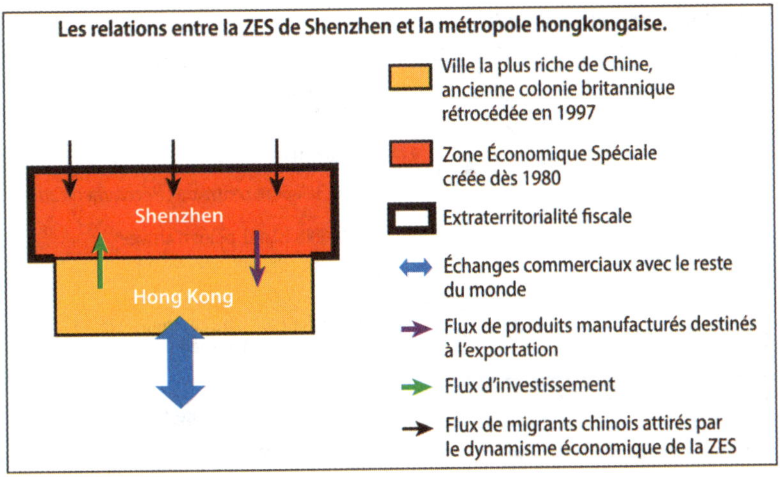

Ainsi les territoires s'adaptent inégalement à la mondialisation. Certains dominent l'espace mondial.

II – L'espace mondial est dominé par des pôles que l'on trouve à toutes les échelles

À l'échelle mondiale, les aires de puissance sont au Nord. Au sein de ce groupe, on distingue la nouvelle Triade, constituée de l'Amérique du Nord. (États-Unis et Canada), de l'UE et de l'Asie orientale (Japon et Chine). Elle dispose des capacités de commandement, organise les échanges et réalise encore environ 45 % du PIB mondial en 2016. Les pays émergents, comme le Brésil ou l'Inde, s'insèrent également dans la mondialisation ; leurs territoires sont reliés par des flux de plus en plus nombreux au reste du monde.

La métropolisation renforce le rôle de certaines villes, dans les aires de puissance comme dans les pays émergents. Leur influence s'étend bien au-delà de leurs frontières nationales. Au sommet de la hiérarchie, les villes globales ou villes-monde comme New York, Londres, Tokyo et Paris, concentrent des activités stratégiques et polarisent des flux de toutes sortes grâce à des hubs portuaires ou aéroportuaires, comme le montre l'exemple ci-dessous de New York.

> **Vocabulaire**
> **Métropolisation :** processus de renforcement de la puissance et de la population des grandes métropoles.

GÉOGRAPHIE

New York : une ville-monde

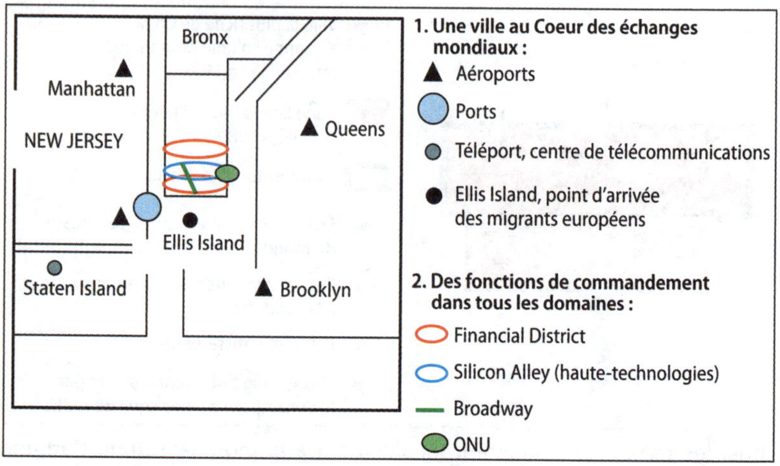

Aujourd'hui, les métropoles des pays du Nord dominent, mais celles des pays émergents, comme Shanghai, Mumbai, Mexico, Moscou ou São Paulo, s'affirment.

La mondialisation se traduisant par l'accélération et la multiplication des flux au sein d'une économie de plus en plus ouverte, les interfaces constituent des lieux majeurs de l'espace mondialisé. Elles sont soit terrestres et frontalières, comme entre le Canada, les États-Unis et le Mexique dans le cadre de l'ALENA, soit maritimes, comme les façades de l'Europe ou du Japon.

> **Vocabulaire**
> **Interface** : zone de contact entre deux espaces différents favorisant les échanges de toutes natures.

On assiste ainsi à la littoralisation du peuplement et des activités humaines. Cela se traduit par le développement d'infrastructures portuaires adaptées au traitement massif des conteneurs, comme en Chine, au Maroc (port de Tanger-Med) ou à Djibouti (port de Doraleh). Le plus souvent, des zones franches jouxtent les espaces portuaires, accueillant des unités de productions destinées au marché mondial. L'augmentation des échanges maritimes accroît également la pression sur les points de passage stratégiques, comme le détroit de Malacca ou le canal de Panama, récemment élargi pour permettre le passage de plus gros navires.

Enfin, certains territoires sont intégrés à la mondialisation dans des domaines très spécialisés, comme la production d'énergie ou de minerais (Golfe persique, Afrique du Sud...), l'agriculture productiviste (centre du Brésil) ou encore le tourisme, qu'il soit culturel ou balnéaire (Asie du Sud-est, Caraïbes, bassin méditerranéen). Certaines spécialisations sont très controversées tels que les « paradis fiscaux ». Ce sont souvent des îles qui ont adopté un modèle de développement reposant sur l'optimisation – voire la fraude fiscale – et la discrétion, comme dans le bassin Caraïbe ou au large de la Grande-Bretagne.

On le voit, la mondialisation n'homogénéise pas l'espace mondial ; nombre de territoires restent en marge de ce processus.

III – Des territoires restent en marge à toutes les échelles

Certains pays, volontairement ou non, participent peu à la mondialisation. Parfois enclavés ou en crise politique grave, victimes de tous les stigmates de la pauvreté, ils restent en marge. Le continent africain, par exemple, ne compte officiellement que pour 2 % des échanges mondiaux, faute d'une main-d'œuvre qualifiée, d'infrastructures et d'investisseurs, inquiets de l'absence de sécurité. Il accueille 34 des 49 pays les moins avancés (PMA) répertoriés par l'ONU. La plupart d'entre eux sont privés d'accès à la mer, comme le Niger, le Mali ou le Népal.

Pour autant, aucun de ces pays n'est « hors-mondialisation ». Que ce soit par des flux illégaux, de l'aide humanitaire, des ressources minières rares ou même des interventions militaires internationales, ces territoires connaissent le processus de mondialisation. En revanche, d'autres pays, tels la Corée du Nord et Cuba, sont politiquement hostiles à la mondialisation capitaliste, et donc très peu intégrés.

À l'échelle nationale, tous les territoires ne profitent pas équitablement des bienfaits de la mondialisation. Si, au sein d'un même pays, certaines régions sont parfaitement intégrées, ouvertes aux échanges, d'autres sont en marge, voire en déclin. Les causes de cette marginalité sont multiples : éloignement des métropoles et des grandes routes commerciales, enclavement, crise économique des industries traditionnelles... Ces marges existent autant dans les vieilles puissances occidentales (le Sud des États-Unis, en Louisiane ou en Alabama) que dans les pays émergents (intérieur de la Chine ou Nordeste au Brésil).

Valoriser sa copie

Pour cette partie multiscalaire sur les espaces en marge, utilisez les exemples vus en cours sur les États-Unis, le Brésil ou l'Asie du Sud-est.

Cette quasi-exclusion de la mondialisation se retrouve à l'échelle locale : de nombreux quartiers des grandes métropoles, du Nord comme du Sud, souffrent de relégation. Ils cumulent les difficultés économiques, urbaines et sociales : chômage important, conditions de vie difficiles, trafics et secteur informel florissants. Dans une mégapole comme Mumbai, les inégalités socio-spatiales sont saisissantes : plus de la moitié de la population vit dans un bidonville.

Conclusion

La mondialisation contraint les territoires à une dure concurrence et chacun cherche à valoriser ses atouts afin de tirer parti de ce processus. Mais tous les territoires ne disposent pas des mêmes chances et les inégalités se creusent entre ceux qui, intégrés, sont dynamiques et les autres, en marge et en déclin. Ce constat est récent et l'idée d'une gouvernance mondiale se développe chaque jour davantage, afin que chaque territoire puisse accéder à un développement durable, et que la mondialisation soit plus équitable.

Sujet 22 Les espaces maritimes : approche géostratégique

8 pts 1 h

Liban, mai 2019

Analyse de deux documents

› La mondialisation, fonctionnement et territoires.

Analysez les documents pour montrer l'importance des espaces maritimes dans la mondialisation. Vous mettrez en évidence les tensions qui en découlent et les acteurs impliqués.

Doc.1 Une affiche diffusée par le gouvernement vietnamien

Source : Indomemories.hypothese.org

Traduction du bandeau inférieur :
En vietnamien : Les archipels Truong Sa (Spratleys) et Hoang Sa (Paracels) appartiennent à la République Socialiste du Vietnam.
En anglais : Les îles Paracels et les îles Spratleys du Vietnam.
Les chiffres indiqués correspondent aux coordonnées géographiques (latitude et longitude) des archipels.

Affiche publiée à de multiples reprises depuis 2008.
Site de François Guillemot, ingénieur de recherche CNRS, ENS-Lyon, http://indomemoires.hypotheses.org/13020, consulté le 12 septembre 2016.

Doc.2 Les espaces maritimes de l'Asie orientale

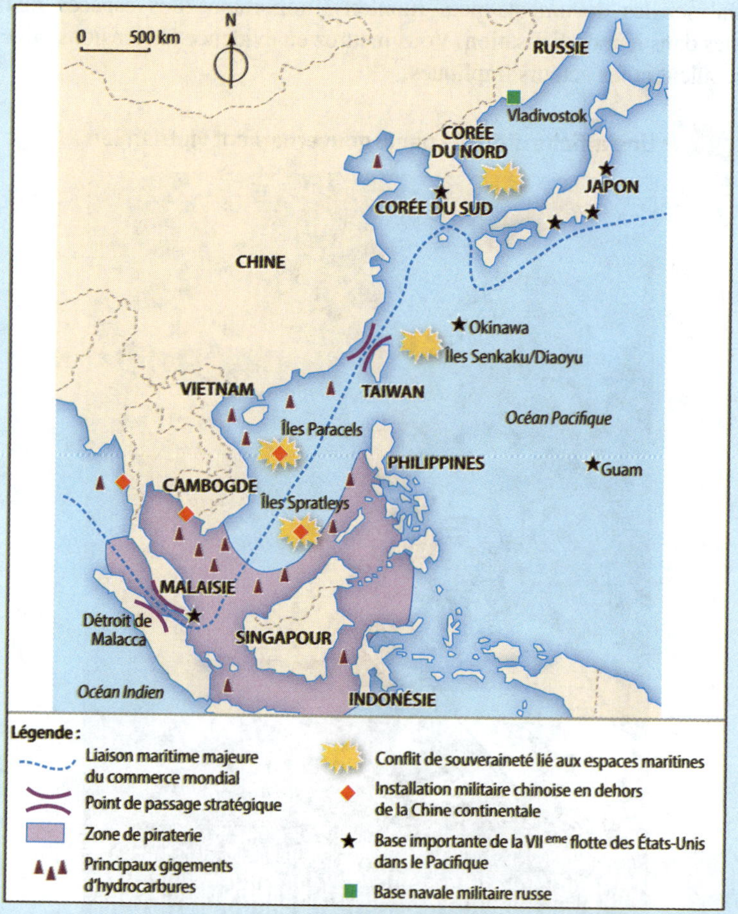

D'après la revue *Diplomatie*, « Grands dossiers », n° 10, Géopolitique des mers et océans, août-septembre 2014.

Les clés pour réussir

L'essentiel à connaître

Thème principal : le sujet s'inscrit dans l'étude des territoires de la mondialisation, prenant appui sur le chapitre consacré aux enjeux géostratégiques des espaces maritimes.
Notions : mondialisation, acteurs spatiaux, puissance, ZEE.

Analyser le sujet

La consigne

Vous devez montrer en quoi les espaces maritimes sont au cœur des enjeux de la mondialisation, puis expliquer de quelles manières les acteurs de l'espace mondialisé mobilisent leur puissance pour en assurer le contrôle, au risque du conflit.

Les documents

Document 1 : affiche de propagande vietnamienne non datée, elle combine une carte des archipels Paracels et Spratleys et la représentation d'un marin en arme, et affirme la souveraineté du Vietnam sur ces îles.
Document 2 : carte réalisée en 2014 et publiée dans la revue *Diplomatie*, elle entend montrer la variété et l'imbrication des enjeux maritimes en Asie orientale.

Déterminer l'enjeu du sujet

Le sujet vous invite à expliquer en quoi le développement des échanges, l'exploitation des ressources sous-marines et la recomposition de la hiérarchie des puissances accentuent l'importance et la pression sur les espaces maritimes. Vous devrez focaliser vos propos sur l'exemple de l'Asie orientale, et développer autant que possible le conflit des îles Paracels et Spratleys.

Organiser ses idées

Structurer son devoir

- À l'échelle de l'Asie orientale, présentez d'abord les enjeux des espaces maritimes dans la mondialisation : qu'ils soient territoriaux, diplomatiques ou économiques, ils renvoient à la notion de puissance.
- Puis montrez que ces enjeux impliquent des acteurs variés, puissants ou émergents, et peuvent faire éclater des conflits dans cette région du monde.

Mots-clés : ZEE, Montego Bay, Chine, Japon, États-Unis, hydrocarbures, piraterie, détroit de Malacca, porte-conteneurs, archipels Paracels et Spratleys.

Valoriser sa copie

- Variez les échelles pour contextualiser le sujet ou éclairer un point précis d'un document.
- Exploitez les connaissances d'autres chapitres, comme « Chine, Japon, concurrences régionales, ambitions mondiales », pour mobiliser des chiffres et des exemples précis, comme le conflit Senkaku-Diaoyu.
- Discutez des limites des deux documents, qu'il s'agisse des choix du cartographe de ne pas indiquer les principaux ports, ou de la propagande menée par l'État vietnamien.

Sujet 22 Corrigé

› La mondialisation, fonctionnement et territoires.

! Attention

Le plan est rappelé pour vous aider, mais il ne doit en aucun cas figurer sur votre copie. À vous de guider le correcteur par l'annonce du plan dans l'introduction, les phrases d'attaque des paragraphes et des transitions.

Introduction

Les espaces maritimes conjuguent tous les enjeux majeurs de la mondialisation, qu'il s'agisse des transports, réalisés à plus de 80 % par bateau, du contrôle des points de passage stratégiques, ou encore de la délimitation des souverainetés territoriales, dont dépendent l'exploitation des ressources sous-marines et l'implantation de bases navales. Ces enjeux sont repris dans le document 2, qui date de 2014, sous forme d'une carte de synthèse à l'échelle de l'Asie de l'Est. Ils expliquent également l'implication d'acteurs spatiaux et le développement de conflits, ce que traduit le document 1, affiche de propagande vietnamienne revendiquant la souveraineté sur les archipels Paracels et Spratleys.

I – Les espaces maritimes sont au cœur des enjeux de la mondialisation

L'Asie orientale est l'un des trois pôles majeurs de l'espace mondialisé, grâce à la proximité de territoires complémentaires dans la Division Internationale du Travail. Atelier du monde, elle produit des biens de consommation distribués ensuite sur tous les continents. Le document 2 indique par des pointillés l'une des principales liaisons du commerce mondial, qui relie la côte ouest de l'Amérique (hors carte), l'Asie orientale (Japon, Corée, Chine, Taïwan et Singapour), et enfin le Moyen-Orient et l'Europe (hors carte également). D'immenses navires porte-conteneurs assurent ainsi le transport de biens essentiels au fonctionnement de nombreuses FTN comme aux consommateurs du monde entier. C'est également par voie maritime que les pays d'Asie reçoivent les matières premières dont ils ont besoin (pétrole, gaz, céréales, métaux…). Le Japon et la Chine sont en effet très dépendants des approvisionnements extérieurs. Cela favorise le développement de grands espaces portuaires, comme Singapour, dont les documents ne parlent pas.

L'astuce du prof

Faites des références nombreuses et précises aux documents dans votre développement.

Ces liaisons maritimes empruntent des couloirs de circulation parfois très étroits, des passages « stratégiques » selon le document 2. Véritables portes océanes, ils connaissent des situations d'engorgement grandissant. Le détroit de Malacca symbolise parfaitement ces enjeux. Situé entre Singapour et l'Indonésie, il voit passer environ 80 000 navires chaque année, soit 1/3 du commerce mondial par conteneur et un navire toutes les huit minutes !

Les espaces maritimes recèlent enfin des ressources d'importance croissante dans l'économie mondialisée. L'exploitation des hydrocarbures, indiqués par un triangle sur le document 2, réduit les dépendances extérieures. Les ressources halieutiques, tues par la carte 1, jouent également un rôle essentiel, tant par leur apport alimentaire que par l'activité économique qu'elles permettent.

La multiplicité des enjeux explique que le contrôle des espaces maritimes revête une importance essentielle, pour laquelle les acteurs régionaux sont prêts à déclencher des conflits à toutes les échelles.

II – Le contrôle des espaces maritimes, essentiel, est source de multiples tensions

L'Asie du Sud-Est est touchée par un phénomène de piraterie endémique, indiqué par un figuré de surface sur le document 2, et qui augmente avec le trafic. Les pirates utilisent de petites embarcations très rapides, et profitent de l'engorgement chronique de la circulation maritime pour accoster sur les porte-conteneurs et rançonner les équipages ; le détroit de Malacca est particulièrement vulnérable. La lutte contre la piraterie a fait l'objet de vifs débats internationaux, puisque son coût repose sur les États riverains, alors que les utilisateurs de l'espace maritime peuvent être lointains, avec des détroits « ouverts » au transit selon les termes de la convention de Montego Bay en 1982.

Valoriser sa copie

Prenez le temps d'expliquer les règles de circulation et de découpage des espaces maritimes fixées par la convention de Montego Bay.

GÉOGRAPHIE

Les grandes puissances assurent elles-mêmes la sécurité dans les espaces maritimes, en installant des bases navales à proximité des points de passage. Les États-Unis, première puissance mondiale, sont militairement très présents en Asie orientale. Le document 2 montre qu'ils disposent de bases au Japon, en Corée du Sud et à Singapour, ce qui leur permet de surveiller et de sécuriser le trafic. La Russie, éloignée des lieux de transit, exerce une influence moindre. Mais la Chine, rivale des États-Unis, tente de déployer ses forces dans la région : elle n'a que deux bases, mais elle a engagé un bras de fer avec ses voisins pour en augmenter le nombre.

Les objectifs de la Chine conjuguent surveillance et exploitation des ressources. Elle s'oppose ainsi au Vietnam et aux Philippines pour le contrôle des archipels Paracels et Spratleys, ce que montre le document 1. Œuvre de l'État vietnamien, cette affiche traduit la militarisation croissance de ce conflit, qui repose sur les imprécisions de découpage des Zones Économiques Exclusives et la présence de nombreuses ressources sous-marines.

Ainsi, invocant chacun des « droits historiques », Vietnam et Chine investissent et transforment des îlots des Spratleys. La Chine y a même construit une piste d'aéroport, prélude possible à l'installation d'une base navale. En réponse, le Vietnam a considérablement augmenté sa capacité militaire et développé une communication nationaliste et agressive que résume le document 1. Pour les mêmes raisons, la Chine est en conflit avec le Japon autour de l'archipel des Senkaku-Diaoyu : elle conteste la souveraineté japonaise sur ces îles, et opère régulièrement des intrusions. Ces tensions croissantes ont incité les États-Unis à intensifier leur présence navale dans la région, au risque d'un accrochage.

Vocabulaire

Zone Économique Exclusive : bande maritime située entre les eaux territoriales et les eaux internationales, sur laquelle l'État riverain le plus proche dispose de l'exclusivité d'exploitation des ressources.

Conclusion

L'Asie orientale offre ainsi un condensé des enjeux géostratégiques des espaces maritimes, qu'il s'agisse de la surveillance d'une route maritime vitale de la mondialisation, ou des tensions territoriales autour du contrôle d'espaces riches en ressources de toutes natures. La recomposition à l'œuvre dans la hiérarchie des puissances avantagera-t-elle la Chine dans le contrôle des océans ?

Sujet 23 — Le continent américain : entre tensions et intégrations régionales

12 pts — 2 h

Polynésie, juin 2018

Composition

› **Le continent américain : entre tensions et intégrations régionales.**

Les clés pour réussir

L'essentiel à connaître

Thème principal : le sujet correspond à l'une des entrées du troisième et dernier thème du programme de Géographie : « L'Amérique puissance du Nord, affirmation du Sud ».

Avant une étude à l'échelle des États avec les exemples comparés des États-Unis et du Brésil, le continent américain est étudié à l'échelle continentale.

Notions : intégration régionale, fracture Sud-Nord, développement, impérialisme, hégémonie.

Analyser le sujet

Définir les termes du sujet

- La formulation du sujet indique clairement qu'il faut **étudier le continent dans une dynamique de recherche d'équilibre entre deux mouvements contradictoires** : des tensions qui n'empêchent pas une volonté d'uniformisation des territoires.
- Le continent américain désigne l'**espace américain dans son ensemble**, c'est-à-dire les trois Amériques : Amérique du Nord, Amérique centrale et Amérique du Sud.
- Le terme « tensions » doit être entendu au sens d'opposition, de **rivalités liées aux clivages entre les États et à la domination américaine** sur le continent. Le terme au pluriel fait référence aux différentes formes de clivages : économique, culturel, politique...
- La notion d'« intégration régionale » renvoie à la **volonté d'uniformisation des territoires à différentes échelles**. Au pluriel, cette notion implique des intégrations de différentes natures et à plusieurs échelles.

Cerner les limites du sujet

Le sujet s'articule entre les échelles du continent américain et des États. Les dynamiques de tensions et d'intégration à la mondialisation peuvent être évoquées.

GÉOGRAPHIE

Pièges à éviter

- N'essayez pas de recenser toutes les tensions ni toutes les formes d'intégration du continent. Il faut mettre en valeur les plus importantes pour bien souligner les dynamiques principales à l'œuvre.
- Ne centrez pas l'étude sur les États-Unis (même si leur place est dominante sur le continent), ni uniquement sur les relations entre la puissance du continent et les autres États.

Déterminer l'enjeu essentiel du sujet

- Vous devez souligner les contrastes majeurs du continent pour **faire apparaître la division du continent entre espaces du Nord et espaces du Sud**. Ces divisions doivent être mises en lien avec les tensions qui touchent le continent.
- Mais ces tensions n'empêchent pas la volonté des États de faire naître des **associations régionales qui participent à l'intégration du continent**. Les notions de « tensions » et d'« intégrations » ne doivent donc pas être étudiées uniquement dans un mouvement d'opposition.
- Il faut aussi souligner que ces dynamiques d'intégrations sont plus achevées au Nord qu'au Sud.

Organiser ses idées

Structurer son devoir

- La démonstration doit faire émerger les **principaux contrastes et les principales tensions qui fracturent le continent** tout en montrant qu'ils **n'empêchent pas l'intégration régionale.**
- Vous pouvez suivre les axes suivants :

– Le continent américain est marqué par de forts contrastes.
– Ces contrastes génèrent des tensions.
– Mais ils alimentent aussi une volonté d'intégration régionale.

Mots-clés : tensions, régions transfrontalières, intégration, fracture spatiale, organisation régionale, Alena, Mercosur, doctrine Monroe (1823).

Valoriser sa copie

- Pour donner de la pertinence et du poids à votre démonstration, développez des exemples choisis aux différentes échelles et dans les différents États du continent.
- Réalisez au moins un schéma simplifié à l'échelle continentale, accompagné d'une légende simplifiée. N'oubliez pas de rédiger quelques lignes pour créer le lien entre votre démonstration rédigée et la production graphique.

Sujet 23 Corrigé

› Le continent américain : entre tensions et intégrations régionales.

Attention

Le plan est rappelé pour vous aider, mais il ne doit en aucun cas figurer sur votre copie. À vous de guider le correcteur par l'annonce du plan dans l'introduction, les phrases d'attaque des paragraphes et des transitions.

Introduction

L'Amérique, immense continent qui s'étire du Nord au Sud du globe sur 15 000 km, regroupe trois ensembles géographiques : l'Amérique du Nord (Canada, États-Unis et Mexique), l'Amérique centrale et l'Amérique du Sud, de la Colombie à la Terre de Feu. Cet espace compte plus de 972 millions d'habitants sur 42 millions de km^2.

Ce continent est avant tout marqué par une très grande diversité sur tous les plans : économique, géographique, politique ou encore socioculturelle. Les écarts entre les pays les plus riches et les plus pauvres y sont extrêmes. Une fracture Nord-Sud traverse le continent au niveau de la frontière entre les États-Unis et le Mexique. À l'échelle des États, les inégalités sont tout aussi exacerbées, créant de multiples tensions, c'est-à-dire des contrastes qui font naître des rivalités de différentes natures. Toutefois, depuis plusieurs décennies, ces États tentent de se regrouper dans le contexte de la mondialisation, donnant ainsi naissance à des organisations régionales nombreuses. L'Amérique est ainsi balancée entre des mouvements contradictoires, entre recherche d'un équilibre et tensions à toutes les échelles.

Comment les différentes tensions se manifestent-elles sur le continent américain ? Les tentatives d'intégration permettent-elles de les atténuer ?

Valoriser sa copie

N'hésitez pas à proposer des axes problématiques en deux questions si vous ne parvenez pas à n'en faire qu'une.

Pour répondre à ces interrogations, nous étudierons en premier lieu les différents contrastes du continent américain avant de nous pencher sur les tensions qu'ils provoquent. Enfin, nous étudierons les dynamiques d'intégration, qu'elles soient en cours ou abouties.

I – Le continent américain se caractérise par ses multiples contrastes

L'Amérique est un continent profondément inégalitaire. Les IDH sont très contrastés : entre 0,9 pour les États-Unis, première puissance mondiale,

GÉOGRAPHIE

et 0,4 pour Haïti, qui appartient aux PMA (70 fois moins !). Toutefois, de nombreux pays sud-américain atteignent dorénavant des niveaux de développement corrects, voire élevés, à l'exemple du Chili dont l'IDH atteint dorénavant 0,8. D'autres indicateurs démographiques et socio-économiques montrent que les inégalités perdurent. La sous-alimentation touche essentiellement la partie Sud du continent. La Bolivie compte jusqu'à 20 % de sous-alimentés.

> **L'astuce du prof**
> Choisissez des exemples dans différents États du continent pour montrer vos connaissances.

À l'échelle des États, les écarts entre les territoires sont aussi très nombreux et accentués par les dynamiques de la mondialisation. Les fractures spatiales entre espaces intégrés (CBD, littoraux, métropoles) et espaces en marge (espaces ruraux, périphéries urbaines dégradées, intérieur du continent) sont très fortes.

Il existe enfin de nombreuses fractures culturelles. Si ce nouveau monde est fortement marqué par la colonisation européenne, celle-ci a divisé le continent entre deux grands blocs socio-économiques : une Amérique anglo-saxonne et une Amérique latine au Sud du Rio Grande. Cette division est renforcée par une division religieuse : l'Amérique anglo-saxonne au Nord est protestante, alors que l'Amérique latine est catholique. Enfin, des ressentiments existent entre populations descendantes de l'immigration européenne et indigènes andins, inuits ou amazoniens. Ces populations revendiquent la reconnaissance de leurs droits ancestraux sur ces terres et une gestion durable des ressources.

> **L'astuce du prof**
> Il est important de nuancer les propos en jouant sur les échelles. Il existe une fracture culturelle à l'échelle continentale mais qui n'empêche pas une forme de syncrétisme culturel à l'échelle des États.

Toutefois, au-delà des clivages, des influences culturelles réciproques sont à l'œuvre. Si on peut évoquer une américanisation des modes de vie au Sud, l'influence latino américaine progresse fortement aux États-Unis. La population d'Amérique latine constitue aujourd'hui la première minorité du pays.

Le continent américain est ainsi traversé de fractures, de contrastes dans différents domaines. Il en résulte de nombreuses tensions.

II – Le continent américain doit faire face à de multiples tensions

L'hégémonie des États-Unis est le premier facteur de tensions. C'est leur présence multiforme dans le but de défendre leurs intérêts qui les provoque. Leur domination sur le continent est à la fois économique, diplomatique mais aussi militaire.

Les États-Unis restent une puissance économique continentale : ils représentent 77 % du PNB du continent. Ils sont aussi omniprésents par l'implantation de leurs FTN dans de nombreux pays. Ainsi, l'entreprise Chiquita, l'un des plus gros producteurs de bananes au monde, emploie plus de 14 000 personnes en Amérique centrale. Des pays comme le Brésil, le Venezuela ou encore Cuba dénoncent cet impérialisme et sont hostiles au modèle économique américain. Ils refusent que « l'Amérique soit l'arrière-cour des États-Unis ».

La domination géopolitique des États-Unis sur le continent s'est mise en place au début du XIXe siècle avec la doctrine Monroe (1823). Les États-Unis se posent à la fois comme puissance protectrice et envahissante de l'Amérique latine.

Les interventions directes pour soutenir des régimes politiques favorables aux États-Unis sont fréquentes. Ils financent ainsi des mouvements contre-révolutionnaires ou participent à des coups d'État conduisant à l'installation de dictatures. Ils interviennent aussi dès que leurs intérêts sont menacés, comme au Nicaragua contre les Sandinistes.

Cette hyper-présence a fait naître un profond sentiment d'anti-américanisme et d'anti-impérialisme dans toute l'Amérique latine.

L'hégémonie militaire se manifeste par des bases en Amérique centrale (comme à Guantanamo), une puissance navale et un redéploiement des troupes dans toute la Caraïbe.

Cette dépendance à l'égard des États-Unis est particulièrement forte dans les pays qui sont voisins directs. Plus au Sud du continent, les pays du cône Sud affirment une plus grande indépendance.

Les tensions internes aux États sont nombreuses. Elles sont liées aux profondes inégalités sociales, à l'enclavement et à la multiplication des activités criminelles comme sources de revenus. Des guérillas qui expriment les frustrations des populations paysannes privées de terres se sont développées, à l'exemple des FARC (Forces Armées Révolutionnaires de Colombie). La violence généralisée liée aux inégalités sociales est très forte au Brésil par exemple, et particulièrement dans les bidonvilles. Dans ces États, le taux d'homicide est parfois très élevé. Ainsi, selon l'Organisation des Nations unies contre la drogue et le crime, il est de 92 pour 100 000 habitants au Honduras en 2012, contre

Vocabulaire

Doctrine Monroe : doctrine du président américain James Monroe proclamée en 1823 selon laquelle toute intervention sur le continent américain relève de la politique des États-Unis, ce qui exclut toute intervention européenne.

Vocabulaire

Sandinistes : mouvement révolutionnaire des années 1960-1970 qui aboutit à la chute de la dictature de Somoza au Nicaragua en 1979.

Vocabulaire

Cône Sud : extrême Sud de l'Amérique du Sud composé de quatre États : l'Argentine, le Chili, l'Uruguay et le Paraguay. Cet ensemble géographique a la forme d'un cône.

4,2 aux États-Unis et 3,2 au Chili. La fracture est forte aussi entre espaces urbains et espaces ruraux, et crée d'autres sources de tension. Enfin, la production de drogue et ses nombreux trafics provoquent des conflits avec les États voisins mais aussi avec les États-Unis qui tentent de les contrôler.
Les tensions sont nombreuses et se manifestent à toutes les échelles. Pour autant, les États tentent depuis quelques décennies de s'unir et favorisent ainsi l'intégration régionale.

III – Le contient américain est en cours d'intégration

Au Nord, l'intégration régionale est dominée par les États-Unis dans le cadre de l'Alena (Association de libre-échange nord-américain).
Créée en 1992 mais entrant en vigueur en 1994, c'est l'association régionale la plus puissante du continent. Elle unit le Canada, les États-Unis et le Mexique et a favorisé la croissance dans chaque État et une augmentation très forte des échanges entre eux. Mais la dépendance à l'égard des États-Unis est très forte : 75 % des exportations du Canada et 78 % de celles du Mexique se font vers les États-Unis. Cette organisation régionale a aussi fait naître de puissantes régions transfrontalières : la *Main Street America* (« Grande Rue Américaine ») entre les États-Unis et le Canada le long du Saint-Laurent, et la « Mexamérique ».
Mais si la circulation des capitaux et des marchandises y est facilitée, celle des personnes demeure très restreinte, particulièrement entre les États-Unis et le Mexique.
Comme le montre le schéma simplifié suivant, des associations régionales se constituent en grand nombre au Sud du continent en grande partie en opposition aux États-Unis. L'Amérique latine cherche à se soustraire à son influence. Le Mercosur (Marché commun du Sud) créé sur l'impulsion du Brésil en 1991 (mais actif depuis 1995) est le principal et a pour vocation de contrebalancer l'influence américaine au Sud du continent. Son PIB est toutefois huit fois moins élevé que celui de l'Alena. L'objectif à sa création était l'union douanière et la libre circulation des biens et des capitaux. Les échanges y ont été multipliés par quatre entre 1991 et 1999.

> **Vocabulaire**
> **Intégration régionale :** processus qui associe des États appartenant à la même région du monde dans le but de former des associations politico-économiques. Les territoires sont alors connectés entre eux par des réseaux.

On observe qu'il existe un grand nombre d'autres associations qui ont toutefois une efficacité limitée. En effet, leur superposition freine la coopération. Par ailleurs, même si depuis 1960 les Latino-américains n'ont cessé de poursuivre le rêve d'une unification, l'Amérique latine et les Caraïbes restent divisées et ont des intérêts contradictoires.

Des formes multiples d'intégration régionales

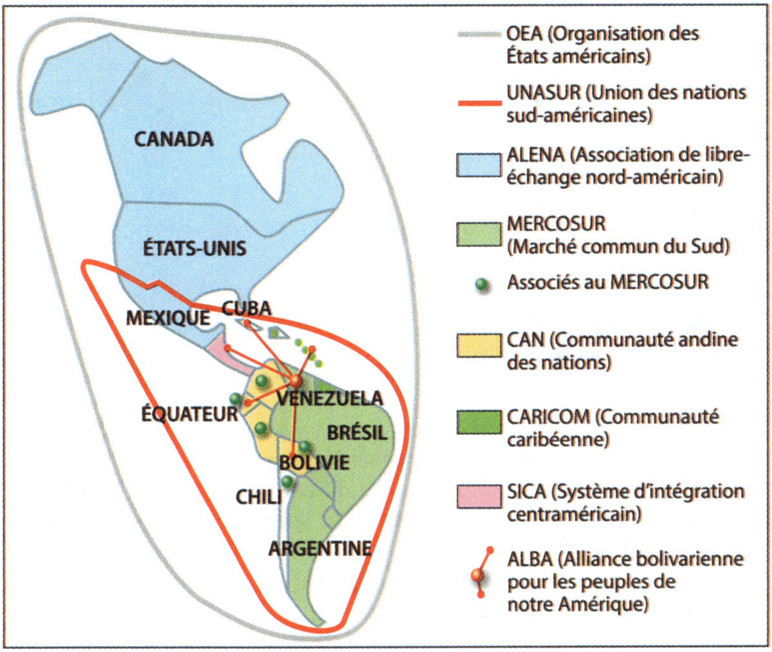

Conclusion

Le continent américain est parcouru à toutes les échelles par de multiples clivages qui donnent naissance à des tensions. L'hégémonie américaine sur le continent provoque des dynamiques de contestation mais aussi d'intégration régionale. Au Sud, cette dernière connaît encore des freins alors qu'au Nord, l'Alena est dynamique et a permis l'expansion économique de tous les pays, même si les États-Unis en sont les premiers bénéficiaires.

GÉOGRAPHIE

Sujet 24 — États-Unis/Brésil : rôle mondial

12 pts — 2 h

Nouvelle-Calédonie, novembre 2018

Composition

› **États-Unis/Brésil : rôle mondial.**

Les clés pour réussir

L'essentiel à connaître

Thème principal : ce sujet porte sur les « dynamiques géographiques de grandes aires continentales », ici celles de l'Amérique, mais il mobilise aussi des éléments du thème sur les **différentes grilles de lecture du monde** ou même sur la **mondialisation**. Le sujet aborde spécifiquement la comparaison entre les États-Unis et le Brésil.

Notions : puissance, *soft power*, *hard power*, culture *mainstream*, pays émergent, multilatéralisme.

À noter : le sujet ne reprend pas tout l'intitulé du chapitre qui évoque aussi la comparaison des « dynamiques territoriales » des deux pays.

Analyser le sujet

Définir les termes du sujet

L'étude du rôle mondial des États-Unis et du Brésil invite à se pencher sur leur **capacité d'influencer les décisions prises au niveau international**, c'est-à-dire à comparer leur **puissance** et leur **rayonnement**, sur le plan géopolitique, géo-économique ou géoculturel.

Cerner les limites du sujet

Le sujet porte sur l'influence des deux États hors de leurs frontières. L'influence régionale, c'est-à-dire en Amérique, fait partie du sujet mais vous devez **privilégier l'échelle mondiale.**

Déterminer l'enjeu essentiel du sujet

- La comparaison du rôle mondial des États-Unis et du Brésil invite à mesurer les **logiques communes qui les animent** mais aussi les **différences qui les opposent**. Quel est le rôle des deux puissances américaines, les États-Unis et le Brésil, dans le monde ?
- Il s'agit de deux puissances concurrentes, à l'échelle régionale, en Amérique, et à l'échelle mondiale. Mais il vous faut aussi montrer que ce sont deux **puissances inégales**, les États-Unis étant une puissance complète, la première du monde, et le Brésil, un pays émergent du Sud qui affirme sa puissance sans encore pouvoir rivaliser avec les États-

Unis dans tous les domaines. En somme, **comment la comparaison de l'influence mondiale des deux États témoigne-t-elle de la puissance du Nord et de l'affirmation croissante du Sud ?**

Pièges à éviter

Il faut comparer les deux États et ne pas les traiter l'un après l'autre, chacun dans une grande partie. Les dynamiques territoriales n'apparaissent pas dans les termes du sujet. Elles n'en font donc pas partie. Des schémas à l'échelle des États ne sont donc pas adaptés à ce sujet.

Organiser ses idées

Structurer son devoir

- Le sujet portant sur la **notion de puissance**, il est possible de faire un plan reprenant les différents champs de la puissance, ce qui permet aussi de croiser les grilles de lecture géographiques.
- La **notion de pays émergent** invite à se pencher sur l'affirmation économique du Brésil dans la mondialisation face à la puissance des États-Unis. Sur le **plan géopolitique**, les États-Unis restent dominants tandis que le Brésil, puissance du Sud, défend le **multilatéralisme**. Sur le **plan géoculturel** enfin, la domination des États-Unis reste écrasante même si le Brésil dispose d'atouts pour affirmer son *soft power*.

Mots-clés : Otan, projection militaire, BRICS, Mercosur, IBAS, lusophonie.

Valoriser sa copie

- Chaque partie de votre devoir doit être comparative et mesurer ce qui oppose les deux États.
- Les chiffres ou exemples cités pour appuyer la comparaison doivent être précis mais aussi circonstanciés, mis au service d'une idée forte.

GÉOGRAPHIE

Sujet 24 Corrigé

› États-Unis/Brésil : rôle mondial.

! Attention

Le plan est rappelé pour vous aider, mais il ne doit en aucun cas figurer sur votre copie. À vous de guider le correcteur par l'annonce du plan dans l'introduction, les phrases d'attaque des paragraphes et des transitions.

Introduction

Le Brésil et les États-Unis sont les deux premières puissances d'Amérique, l'une au Nord l'autre au Sud. La puissance des États-Unis reste inégalée.

Mais celle du Brésil s'affirme de plus en plus, en Amérique notamment, mais aussi à l'échelle mondiale, comme en témoigne l'obtention par ce pays de l'organisation de deux événements sportifs majeurs, la coupe du monde de football en 2014 et les Jeux Olympiques de 2016, organisés à Rio de Janeiro. Quel est le rôle des deux puissances à l'échelle mondiale ? Comment la comparaison de l'influence mondiale des deux États témoigne-t-elle de la puissance du Nord et de l'affirmation croissante du Sud ?

Les États-Unis et le Brésil sont tout d'abord deux puissances économiques motrices dans les échanges mondiaux. Face à la domination des États-Unis sur le plan géopolitique, le Brésil défend le multilatéralisme de même qu'il essaie de faire rayonner sa culture et de renforcer son attractivité pour faire contrepoids à l'américanisation du monde.

I – Deux puissances économiques inégales

Plusieurs points communs permettent de comparer les économies des deux pays et leur insertion dans l'économie mondiale. Ils sont tous les deux dotés de vastes territoires (5e rang mondial pour le Brésil et 4e pour les États-Unis) dont l'exploitation est source de richesse. Ils sont tous deux de grands producteurs et exportateurs de matières premières et de produits agricoles. Les États-Unis sont par exemple le premier producteur de maïs tandis que le Brésil est le premier producteur de biocarburants.

Les deux États sont également des puissances industrielles qui ont investi dans des secteurs divers comme l'industrie automobile, l'industrie pharmaceutique ou l'aéronautique.

> **L'astuce du prof**
>
> Il faut essayer d'équilibrer les références et la place accordée à chacun des deux pays.

Malgré le dynamisme du Brésil, la puissance économique des deux pays reste très inégale. Les États-Unis sont la première puissance économique du monde en terme de PIB, le Brésil se classe 7e et sa croissance économique tend à se ralentir.

La domination des entreprises étasunienne reste écrasante. Parmi les 30 premières FTN mondiales, 11 sont étasuniennes. Mais le Brésil compte également de puissantes FTN comme le géant pétrolier Petrobras ou Embraer, troisième constructeur mondial d'avions civils, derrière Boeing et Airbus. Les États-Unis restent également le premier émetteur et la première destination des IDE au niveau mondial. Le Brésil est davantage une puissance régionale, en Amérique du Sud. Il domine le Mercosur qui profite largement à son économie et à ses entreprises. Au-delà, c'est avec la Chine et l'Union européenne que le Brésil réalise l'essentiel de ses échanges commerciaux.

> **Vocabulaire**
>
> **Mercosur** : marché commun du Sud qui regroupe le Brésil, l'Uruguay, le Paraguay, l'Argentine et le Venezuela.

Le développement économique du Brésil en a fait une puissance de premier plan, une voix à écouter. Le pays, actif sur la scène politique internationale, défend les intérêts des pays émergents face à la puissance américaine.

II – Des puissances politico-militaires déséquilibrées

Les États-Unis demeurent la première puissance politique et militaire mondiale. Avec le premier budget de Défense du monde, un réseau de bases sur tous les continents et des flottes qui sillonnent toutes les mers du globe, les États-Unis ont une capacité de projection militaire planétaire. Le réseau de ses alliés est très étendu dans le cadre de l'Otan, qui regroupe 28 pays, ou par la mise en place de multiples traités bilatéraux. Le développement de ses technologies permet au pays d'avoir des services de renseignement très efficaces. Après les attentats du 11 septembre 2001, les États-Unis ont mené plusieurs interventions militaires, suscitant de nombreuses critiques notamment celles du Brésil. Les États-Unis ont une diplomatie très active au service de leurs intérêts géostratégiques et géo-économiques. Le pays est un des principaux contributeurs au budget de l'ONU et le premier pays du monde pour l'aide au développement.

La capacité d'intervention militaire des États-Unis

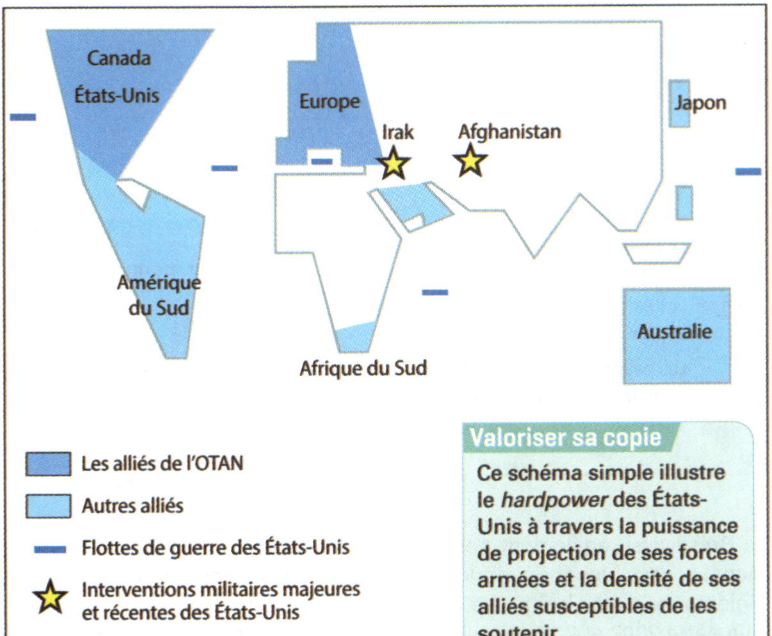

Valoriser sa copie

Ce schéma simple illustre le *hardpower* des États-Unis à travers la puissance de projection de ses forces armées et la densité de ses alliés susceptibles de les soutenir.

Face à cette puissance des États-Unis, le Brésil défend les intérêts des pays émergents du Sud et promeut le multilatéralisme. Avec ses partenaires des BRICS, il essaie de peser dans les grandes instances internationales comme à l'OMC, où il dénonce le

Vocabulaire

BRICS : acronyme utilisé pour désigner un groupe de puissances émergentes (Brésil, Russie, Inde, Chine et Afrique du Sud).

protectionnisme des pays du Nord. À l'ONU, le Brésil réclame un siège de membre permanent du Conseil de sécurité. La coopération est particulièrement forte avec l'Inde et l'Afrique du Sud dans le cadre du forum IBAS, qui a pour but de renforcer la coopération Sud-Sud.

Vocabulaire

Forum IBAS (IBSA) : plate-forme de dialogue entre l'Inde, l'Afrique du Sud et le Brésil initiée en 2003.

Le Brésil : une stratégie de renforcement des liens Sud-Sud

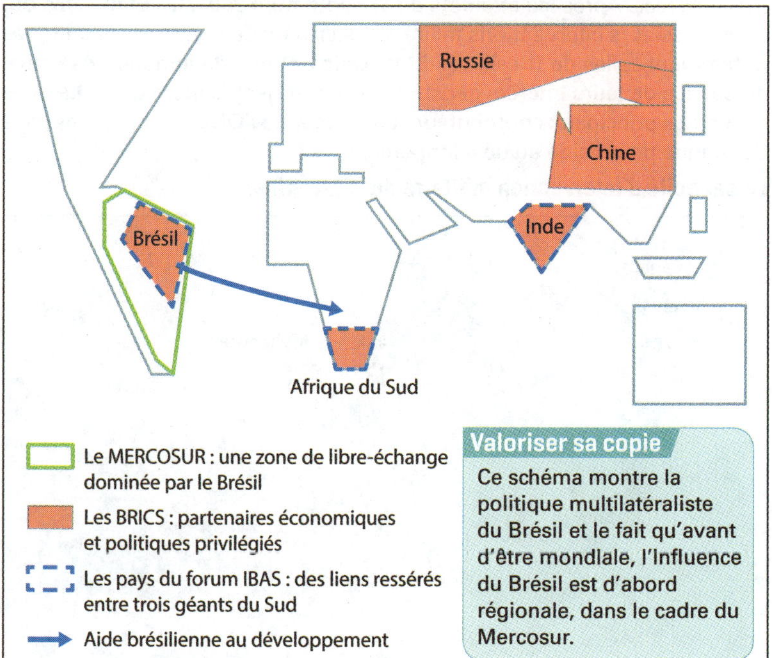

Valoriser sa copie

Ce schéma montre la politique multilatéraliste du Brésil et le fait qu'avant d'être mondiale, l'influence du Brésil est d'abord régionale, dans le cadre du Mercosur.

Le Brésil tisse également des liens avec certains pays africains, notamment les pays lusophones comme l'Angola ou le Mozambique. Son réseau diplomatique est ainsi passé de 13 à 32 ambassades sur le continent africain entre 2002 et 2012. La puissance militaire du Brésil est modeste mais le pays participe de plus en plus aux missions de maintien de la paix de l'ONU comme à Haïti, depuis 2004.

Le Brésil affirme sa volonté de promouvoir un ordre international plus juste et plus démocratique, de présenter un modèle autonome de développement, propre aux pays du Sud. Le succès du programme « faim zéro », lancé par le président Lula en 2003, fait du Brésil un modèle en matière de lutte contre la malnutrition et la pauvreté dans les pays du Sud.

Le Brésil jouit donc d'une bonne image, ce qui est un atout dans sa stratégie d'influence. Son attractivité et le rayonnement de sa culture restent cependant en deçà de ceux des États-Unis.

III – La domination du modèle culturel des États-Unis

Le rayonnement culturel des États-Unis est une composante essentielle de sa puissance (*softpower*). Son prestige intellectuel s'appuie sur la performance et l'attractivité de ses universités qui sont de renommée mondiale, comme Harvard. La domination des grands médias étasuniens permet la diffusion d'une culture *mainstream* (séries, films, musique) mondialisée. L'essor de ses géants de l'internet comme Google conforte davantage cette domination culturelle des États-Unis.

Vocabulaire

Culture *mainstream* : culture grand public qui suit le courant dominant.

Des FTN comme McDonalds, Coca-Cola, Starbucks, Apple ou H&M sont présentes et diffusent les modes de consommation des États-Unis dans le monde entier. L'anglais s'impose comme la langue de communication internationale et soutien cette diffusion de la culture des États-Unis. L'espace lusophone, très étroit, n'apporte pas le même support au rayonnement culturel du Brésil. Mais le pays a des atouts et la visibilité de sa culture se renforce. Sur le modèle américain, le Brésil a ainsi développé de grands groupes de médias comme Globo. Certains programmes comme les telenovelas s'exportent bien dans le monde lusophone et hispanophone mais aussi en Afrique, au Moyen-Orient ou en Europe orientale. Les musiques brésiliennes comme la samba ou la bossa nova ont une renommée internationale mais il ne s'agit pas là d'une diffusion massive. La production cinématographique brésilienne connaît un certain essor avec environ une centaine de films par an, dont seuls quelques-uns connaissent une carrière mondiale. Comme dans d'autres domaines, l'influence culturelle du Brésil est d'abord régionale, en Amérique du Sud. Le pays attire aussi entre 5 et 6 millions de touristes par an, ce qui le place loin derrière les États-Unis. En accueillant la coupe du monde de football de 2014 et les Jeux olympiques de 2016, le pays espère renforcer sa visibilité et montrer qu'il a la capacité d'organiser des événements de dimension internationale.

Conclusion

Le Brésil est un pays émergent tandis que les États-Unis sont la première puissance du monde. Leur rôle mondial n'est donc pas le même. Les pays sont à la fois partenaires et concurrents, notamment en Amérique. Sur le plan géopolitique, l'affirmation du Brésil se fait dans un cadre multilatéral, par le développement de partenariats susceptibles de contrebalancer l'influence occidentale et étasunienne en particulier. Sur le plan géoculturel, l'influence des États-Unis reste écrasante et les efforts entrepris par le Brésil illustrent bien la volonté des puissances émergentes de se présenter comme un contrepoint à « l'américanisation du monde ».

Sujet 25 Les dynamiques territoriales des États-Unis

8 pts — 1 h

Nouvelle-Calédonie, décembre 2017

Croquis

› **Les dynamiques territoriales des États-Unis.**

Les clés pour réussir

L'essentiel à connaître

Thème principal : ce croquis s'intègre au sein du thème 3 du programme de Géographie « L'Amérique : puissance du Nord, affirmation du Sud ». Ce sujet, très classique, constitue la production graphique qui accompagne le chapitre portant sur « États-Unis/Brésil : rôle mondial ».

Notions : mondialisation, métropole/métropolisation, ville-monde, interface, flux, Ceinture périphérique/*Sun Belt*, Centre.

Analyser le sujet et organiser ses idées

Définir les termes du sujet

- Le terme « dynamiques territoriales » renvoie **aux changements, aux mutations, à l'évolution de ces territoires.** Cette évolution peut être aussi bien **positive** (attraction des activités) que **négative** (appauvrissement).
- Le sujet porte sur les **dynamiques du territoire**, et non sur son organisation. Vous devez donc insister sur les changements, les évolutions en cours en lien avec la mondialisation, étudiée dans le précédent thème.

Déterminer l'enjeu du sujet

- L'enjeu du croquis est de montrer les **changements territoriaux que connaissent les États-Unis.** Face aux nouvelles logiques économiques et démographiques liées à la mondialisation, le territoire états-unien se hiérarchise : certains espaces renforcent leur attractivité, tandis que d'autres décrochent.
- Comment les dynamiques territoriales renforcent-elles les **contrastes entre les différents espaces des États-Unis** ? Comment s'exprime cette **hiérarchisation à l'échelle du territoire états-unien** ?

Réaliser la légende et la production graphique

Préparer sa légende

- Classez vos idées et donc vos items : faites apparaître les axes de votre réflexion en constituant différentes parties.
- La légende doit reprendre l'ensemble des figurés que vous avez représentés sur votre croquis. Vous pouvez suivre les axes suivants :

– De nouvelles logiques liées aux mutations économiques, sociales et à la mondialisation.
– De nouvelles dynamiques territoriales.
– Un territoire contrasté et hiérarchisé.

Préparer son croquis

- Respectez les conventions dans le choix des couleurs. Les espaces les plus importants doivent être représentés avec des couleurs chaudes et vives (rouge, par exemple).
- Votre croquis doit avant tout être **lisible**. Ne le surchargez donc pas de figurés.
- Réalisez votre croquis en suivant un ordre logique :

– commencez par les surfaces de couleur ;
– poursuivez par les figurés linéaires et ponctuels (flux, métropoles, Bourses...) ;
– finissez par la toponymie en respectant les règles cartographiques (villes en minuscules noires, pays en majuscules noires...).

Valoriser son croquis

- Écrivez toujours horizontalement.
- Munissez-vous d'une règle avec des formes prédécoupées (un normographe) afin de gagner en soin et en temps.
- Combinez les figurés pour gagner en lisibilité.

Sujet 25 Corrigé

› Les dynamiques territoriales des États-Unis.

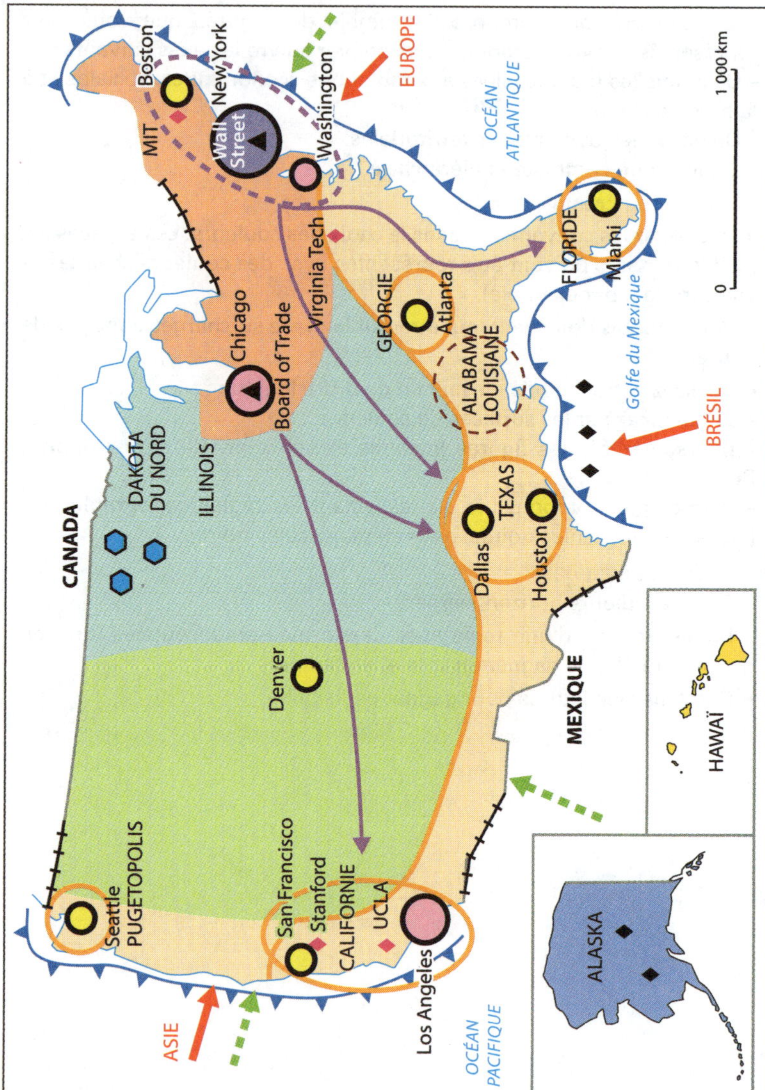

1. De nouvelles logiques liées aux mutations économiques, sociales et à la mondialisation

CANADA Pays membre de l'ALENA (Accord de libre-échange nord américain)

- Concurrence internationale notamment des pays émergents
- Marché boursier d'envergure mondiale
- Université et centre de recherche de renommée mondiale
- Gisement d'hydrocarbures
- Principale zone d'exploitation du gaz de schiste

2. De nouvelles dynamiques territoriales

- Ville-monde
- Métropole d'importance mondiale
- Métropole en croissance
- Attraction et concentration des hommes et des fonctions de commandement dans les principales métropoles (métropolisation)
- Interface continentale
- Interface maritime attestant de l'intégration mondiale des États-Unis
- Flux de migrations intérieures
- Flux d'immigration

L'astuce du prof

La légende ne doit pas apparaître au dos de votre croquis.

3. Un territoire contrasté et hiérarchisé

- Le Nord-Est, un centre mondial toujours dominant malgré une crise aigüe dans certains espaces
- La mégalopolis
- Ceinture périphérique ou *Sun Belt*
- Pôle dynamique de la ceinture périphérique
- Poche de pauvreté au sein de la ceinture périphérique
- Terres agricoles, très peu denses mais très productives, « le grenier du monde »
- Espaces en marge, peu peuplés
- Espaces dont le dynamisme repose sur l'exploitation des ressources énergétiques
- Hawaï, un espace en marge dédié au tourisme

Sujet 26 Les dynamiques territoriales du Brésil

8 pts 1 h

Amérique du Nord, mai 2017

Croquis

Les dynamiques territoriales du Brésil.

Les clés pour réussir

L'essentiel à connaître

Thème principal : le sujet s'inscrit dans le dernier thème de Géographie (« Dynamiques géographiques de grandes aires continentales ») et porte sur les dynamiques territoriales du Brésil.

Notions : Mercosur, inégalités de développement, espace polarisé, espace dynamique, périphérie, interface maritime, front pionnier.

Analyser le sujet et organiser ses idées

Définir les termes du sujet

- Les termes « dynamiques territoriales » renvoient aux évolutions, aux changements qui peuvent avoir des **conséquences positives ou négatives sur le territoire brésilien** et son organisation spatiale.
- Le Brésil, puissance émergente du Sud, se caractérise par de **profondes mutations** économiques, sociales et spatiales en rapport avec les **dynamiques de la mondialisation**.

Déterminer l'enjeu du sujet

Montrez quelles sont les **dynamiques spatiales** du Brésil (dynamiques internes et celles aux frontières) qui participent non seulement à la **réorganisation de l'espace** mais aussi à l'**intégration régionale**.

Pièges à éviter

- Insistez sur les dynamiques, c'est-à-dire les mutations qui affectent l'espace.
- Limitez votre analyse au Brésil mais montrez que ce pays est en cours d'intégration au reste du monde.

Réaliser la légende et la production graphique

Préparer sa légende

- Reliez l'organisation du territoire du Brésil aux bouleversements provoqués par l'intégration du pays dans la mondialisation, mais aussi au **caractère émergent du pays**.

- Dégagez les principaux espaces du Brésil en les classant selon leur **niveau de développement et d'intégration à la mondialisation.**
- Soulignez la **structuration du territoire** par la ville de São Paulo, seule ville mondiale du pays, ainsi que les **dynamiques d'intégration** des territoires aux **différentes échelles**, notamment le rôle des interfaces maritimes et terrestres.
- La problématique du croquis se confond avec le titre que vous lui donnez : insistez sur les phénomènes essentiels. L'énoncé du croquis peut être reformulé de la manière suivante : **le Brésil, territoire en voie d'intégration d'une puissance émergente.**
- La légende doit être organisée sous la forme d'un plan logique et répondre à la problématique. Elle doit être la plus parlante possible et valoriser vos connaissances.
- Pour ce croquis vous pouvez adopter les axes suivants :

– Des espaces très inégalement développés et maîtrisés.
– Un territoire polarisé par une région centrale.
– Des dynamiques d'intégration des territoires à toutes les échelles.

Préparer son croquis

- Pour les **figurés de surface**, s'il y a une hiérarchie à créer, utilisez les dégradés de couleurs.
- Respectez les conventions dans le **choix des couleurs** (vert pour les espaces naturels...).
- Pour la réalisation, commencez toujours par les figurés de surface, au crayon de couleur. Vous pouvez ensuite réaliser les figurés linéaires et ponctuels (éventuellement au feutre pour qu'ils soient visibles).
- Terminez la réalisation du croquis par la **nomenclature**.
- Ne faites jamais votre légende au dos du croquis, toujours sur une feuille à part ou, si le fond de carte le permet, en dessous.

Valoriser son croquis

- Insistez sur les dynamiques à l'œuvre à la fois dans les représentations cartographiques mais aussi dans le **texte de la légende**.
- Soignez votre réalisation en faisant les figurés les plus simples possibles. La nomenclature doit être bien lisible.

Sujet 26 Corrigé

› **Les dynamiques territoriales du Brésil.**

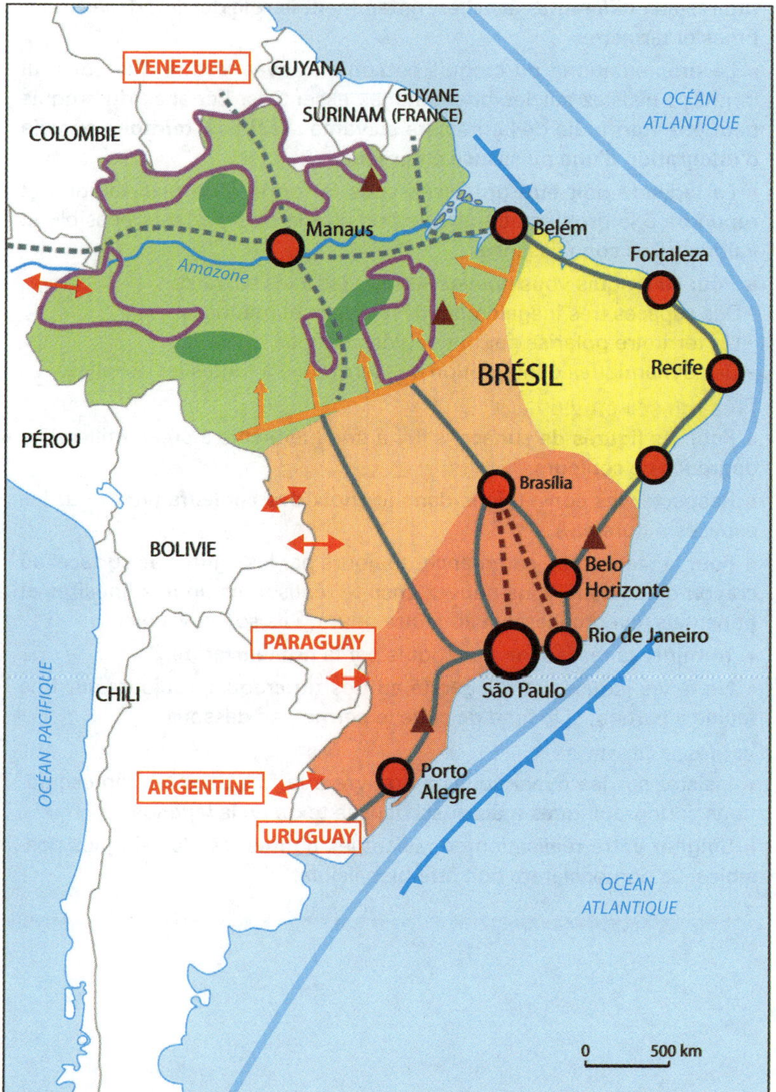

1. Des espaces très inégalement développés et maîtrisés

- Le Sudeste, cœur économique et politique du pays
- Le Centre-Ouest, périphérie intégrée et dynamique (agriculture très productiviste et exportatrice)
- Le Nordeste, ancien centre historique, périphérie en retard de développement (pauvreté)
- Espace en réserve, aux nombreuses ressources (bois, minerais, eau), mais encore mal maîtrisé
- Présence forte de peuples amérindiens, souvent pauvres et exposés aux pionniers
- Le fleuve Amazone, seul moyen de transport efficace au Nord du Brésil, navigable sur 3 700 km

2. Un territoire polarisé par une région centrale et certaines activités stratégiques

- São Paulo, une ville mondiale en cours de constitution
- Métropole importante : la forte concentration de la population sur les littoraux
- « Triangle utile » (São Paulo, Rio de Janeiro, Brasília)
- Axe terrestre majeur
- Gisement minier important

3. Des dynamismes d'intégration des territoires à toutes les échelles

- Front pionnier : intégrer l'Amazonie pour l'exploiter
- Grand parc naturel protégé par l'État, mais menacé par la déforestation sauvage
- Axe terrestre majeur en projet/en réalisation : développement de l'influence régionale du Brésil
- Région transfrontalière active (flux de marchandises et de migrants)
- Interface maritime très dynamique, lien avec les réseaux mondialisés
- Route maritime majeure
- URUGUAY Partenaire du Mercosur

Sujet 27 Le continent africain face au développement et à la mondialisation

8 pts — 1 h 30

France métropolitaine, juin 2018

Composition

› **Le continent africain face au développement et à la mondialisation.**

Les clés pour réussir

L'essentiel à connaître

Thème principal : le sujet reprend exactement l'intitulé de la seconde mise en œuvre du chapitre consacré au continent africain.

Notions : croissance, ressources, développement, durabilité, mondialisation.

Analyser le sujet

Définir les termes du sujet

- Le sujet porte sur le **continent africain dans son ensemble**, y compris les îles et les pays riverains de la Méditerranée au Nord.
- Le **développement**, entendu comme la capacité d'un État à assurer les besoins essentiels de sa population, est mesurable avec **des indicateurs** (IDH, scolarité, alimentation). Ces modes d'évaluation sont toutefois critiqués car ils laissent de côté les questions politiques (pluralisme) ou les discriminations.
- La notion de **mondialisation**, fil conducteur du programme, implique de réfléchir aux **interdépendances entre les territoires et les hommes**, à l'échelle mondiale.
- Relier les mots d'un sujet par le terme « face » revient à expliquer en quoi cette mise en relation révèle un **défi**, et à en cerner les **enjeux**.

Cerner les limites du sujet

- Le sujet s'inscrit dans un **espace délimité**. Vous pouvez proposer des exemples dans l'ensemble des 54 pays africains, mais n'en sortez pas. Appuyez-vous sur des points plus précis issus du cours sur le Sahara.
- Le processus de **mondialisation** est au cœur du sujet : vous devez montrer les **liens entre l'Afrique et le monde**, mais vous n'avez pas à présenter le fonctionnement de la mondialisation dans son ensemble.

Déterminer l'enjeu essentiel du sujet

- L'association des notions de développement et de mondialisation d'une part, et du continent africain d'autre part, invite à évaluer les **difficultés de développement en Afrique**, et l'**effet de la mondialisation sur ces difficultés** : les résout-elle ou les accroît-elle ?
- Vous interrogerez donc l'impact de la mondialisation sur le développement de l'Afrique, à toutes les échelles.

Organiser ses idées

Structurer son devoir

- Dressez tout d'abord un **état des lieux du développement** en Afrique et montrez qu'il est globalement insuffisant, ce qui permet de comprendre l'importance de cet enjeu.
- Présentez ensuite **l'effet de la mondialisation sur le développement de l'Afrique**, en nuançant selon les indicateurs (croissance, IDH, pauvreté) et selon les territoires (métropoles, espaces ruraux, États enclavés ou en guerre).
- Montrez enfin que l'insertion à la mondialisation a des **effets contrastés**, et qu'**elle accroît les écarts** sans que l'Afrique entre véritablement dans un processus de développement généralisé.

Mots-clés : PMA, pauvreté, immigration, bidonvilles, IDE, croissance, pays émergent, classes moyennes, tensions sociales.

Valoriser sa copie

- Développez des exemples et produisez des schémas qui spatialisent l'insertion de l'Afrique dans la mondialisation à toutes les échelles (ville, pays, continent).
- Appuyez-vous sur l'étude de la gouvernance économique mondiale pour exposer les difficultés financières de l'Afrique.
- Construisez une typologie des territoires africains en reprenant les notions d'intégration/marginalisation des territoires dans l'espace mondial.

GÉOGRAPHIE

Sujet 27 Corrigé

› Le continent africain face au développement et à la mondialisation.

! Attention

Le plan est rappelé pour vous aider, mais il ne doit en aucun cas figurer sur votre copie. À vous de guider le correcteur par l'annonce du plan dans l'introduction, les phrases d'attaque des paragraphes et des transitions.

Introduction

Un seul indicateur de développement de l'Afrique révèle les difficultés que rencontre ce continent : sur un milliard d'habitants, 700 millions sont des ruraux très pauvres, disposant de moins de deux dollars par jour. Et pourtant, la croissance économique de l'Afrique dépasse 4 % par an depuis 2012, et les apports financiers extérieurs augmentent : l'Afrique s'insère dans la mondialisation. Elle anime et reçoit de plus en plus de flux de personnes, de capitaux, de marchandises provenant du monde entier.
Cette insertion peut-elle répondre à l'urgence du développement pour la majorité des Africains ? Doit-on encore regarder l'Afrique comme un continent pauvre et marginalisé dans l'espace mondial, ou bien en souligner le dynamisme et l'insertion progressive aux interdépendances du monde ?

I – Le développement médiocre de l'Afrique traduit son insertion insuffisante dans la mondialisation

Tous les indicateurs qui permettent de mesurer le développement des pays africains convergent : la situation est encore difficile pour la majorité des Africains. L'espérance de vie n'est que de 55 ans en moyenne, contre 68 ans dans le monde, conséquence d'une couverture sanitaire insuffisante et de la présence du VIH, puisque plus de 30 millions d'Africains sont séropositifs. De même, dans la moitié des États africains, le PIB par habitant est inférieur à 1 000 $ par personne et par an ; les moyens manquent pour améliorer le sort du plus grand nombre. D'une façon générale, l'IDH des pays d'Afrique se situe le plus souvent en dessous de 0,5, ce qui est faible ; l'IDH du Tchad n'est par exemple que de 0,32, tandis que les plus élevés (Algérie, Afrique du Sud) dépassent à peine la moyenne mondiale. Fort logiquement, le continent compte 33 des 48 PMA comptabilisés par l'ONU.

> **Vocabulaire**
> **PMA** : pays les moins avancés, au développement faible car ils cumulent les difficultés économiques et sociales.

Ces difficultés de développement expliquent pourquoi l'Afrique est globalement marginalisée dans la mondialisation. Le continent, si l'on se fie aux statistiques officielles – qui ne prennent pas en compte l'économie informelle – ne fournit que 2 % du PIB mondial. Même les échanges entre les pays d'Afrique sont peu importants, puisqu'ils ne représentent que 10 % du total.
Plusieurs facteurs combinés expliquent cette situation. Tout d'abord, l'économie des pays africains, en partie héritée du système colonial, repose encore aujourd'hui largement sur la vente de ressources naturelles extrêmement abondantes (café, thé, cacao, pétrole, gaz, cuivre, fer, or, diamants...). 66 % des exportations totales de marchandises africaines sont en fait des combustibles et des produits miniers. Or les prix en sont fixés hors d'Afrique, et leur exploitation repose sur des FTN extérieures au continent : Total au Gabon ou Shell au Nigeria sont des acteurs essentiels de l'extraction pétrolière. Cela ne permet pas à l'Afrique de maîtriser son

économie, ce qui la rend dépendante des cours de ces matières premières. Lorsque celles-ci s'effondrent, ce qui arrive de manière cyclique, les États africains sombrent dans la crise. Beaucoup demandent alors l'aide du FMI, qui conditionne ses prêts à des « politiques d'ajustement structurel » qui impliquent privatisations et réductions des dépenses publiques (éducation ou santé).

En outre, les profits de ces activités d'extraction sont mal redistribués. En 20 ans, le pétrole a rapporté 300 milliards de dollars au Nigeria mais 60 % de la population reste pauvre, et le delta du Niger est pollué. Au Gabon, la famille Bongo, qui contrôle l'État depuis l'indépendance, dispose d'appartements à Paris et de comptes bancaires dans des paradis fiscaux, tandis que l'IDH du pays n'est que le 112e mondial. Ces mannes financières confisquées par une frange de la population financent aussi la violence d'État et les conflits, qui ont culminé dans les années 1990, la « décennie noire » de l'Afrique.

Enfin, les FTN jouent sur les disparités fiscales mondiales et paient très peu d'impôts aux États qui abritent les ressources, ce qui représente un manque à gagner colossal. Chaque année, l'équivalent du double du budget annuel de l'éducation échappe au fisc de la République démocratique du Congo.

Vocabulaire

FTN (Firme transnationale) : entreprise disposant de filiales dans au moins six pays et développant une stratégie de développement à l'échelle mondiale.

Toutefois, l'accélération de la mondialisation au début des années 2000 et notamment la montée en puissance de la Chine ont enclenché des transformations de l'Afrique.

II – L'Afrique connaît des formes de décollage et d'insertion dans la mondialisation

L'économie africaine s'ouvre sur le monde et connaît une croissance marquée. Selon les pays, le taux de croissance annuel du PIB varie, mais il a connu une forte hausse entre 2005 et 2013, dépassant les 5 % annuels. L'Éthiopie dépasse les 10 % depuis six ans. Cette performance est liée à l'insertion de l'Afrique dans la mondialisation, ce dont témoigne par exemple la forte hausse des investissements directs étrangers (IDE), qui atteignent 80 milliards de dollars en 2014. D'une façon générale, les financements extérieurs à l'Afrique (remise des migrants, aide au développement, IDE) ont quadruplé depuis l'an 2000, pour atteindre 200 milliards de dollars. La Chine est devenue le premier partenaire commercial de l'Afrique, puisque les échanges entre ces deux pôles ont doublé entre 2009 et 2013.

Cette croissance s'inscrit pleinement dans la mondialisation. La demande accrue en matières premières, tirée par le dynamisme économique chinois, a directement profité à l'Afrique. Le continent est ainsi devenu une nouvelle terre des délocalisations industrielles, l'Éthiopie accueillant par exemple des usines de fabrication de chaussures ou de chaussettes avec des capitaux chinois, et dont la production est destinée au marché mondial. Le faible coût de la main-d'œuvre et l'amélioration des conditions de production ont été déterminants.

Ce mouvement d'insertion à la mondialisation a permis la naissance d'une classe moyenne qui accède à la consommation et alimente le développement d'un secteur industriel et de services destiné au marché africain. 85 millions de foyers disposent de plus de 5000 $ par an, et ils devraient être 130 millions en 2020.

Toutefois, cette amélioration globale ne doit pas masquer une grande disparité de situations sur le continent africain.

III – Les territoires africains s'insèrent très inégalement dans la mondialisation, ce qui freine le développement du continent

Une partie de l'Afrique, connectée au monde, connaît incontestablement une phase de développement. Cela concerne d'abord les villes, et notamment les grandes métropoles économiques comme Abidjan en Côte d'Ivoire, Casablanca au Maroc, ou encore Lagos au Nigeria. Le développement d'un CBD et l'installation de FTN étrangères traduisent cette insertion à l'œuvre.

À une autre échelle, les États qui se sont industrialisés, comme le Maroc, l'île Maurice, la Côte d'Ivoire, l'Afrique du Sud, le Botswana ou l'Éthiopie, améliorent les conditions de vie de leur population, à tel point qu'on parle de pays émergents pour l'Afrique du Sud ou le Maroc, qualifié de « lion » dans les médias. Ces États attirent l'essentiel des IDE.

Mais cela ne doit pas masquer les difficultés persistantes de nombreux Africains. Les habitants des espaces ruraux, qui sont encore très majoritaires – 700 millions de personnes représentant 65 % de la population totale –, vivent en marge de la mondialisation. Beaucoup ne reçoivent aucune aide au quotidien et ne disposent pas des ressources leur permettant d'améliorer leurs techniques de production, et donc leurs revenus. S'y ajoutent tous ceux qui, ayant quitté leurs villages, viennent grossir les énormes bidonvilles qui entourent et densifient toutes les villes du continent, de Nairobi à Lagos, du Caire à Luanda. Les habitants y vivent dans des conditions précaires, ne disposent que rarement de l'accès aux réseaux, et se livrent le plus souvent à des activités informelles (commerce de rue, réparations…) pour vivre.

Valoriser sa copie

Sélectionnez quelques chiffres précis à l'appui de vos propos, sans les multiplier. À défaut, donnez des ordres de grandeur.

Ces difficultés sont exacerbées dans les 28 PMA du continent, qui ne disposent pas des moyens pour construire une insertion choisie à la mondialisation.

Lagos, une métropole minée par les inégalités et l'explosion urbaine

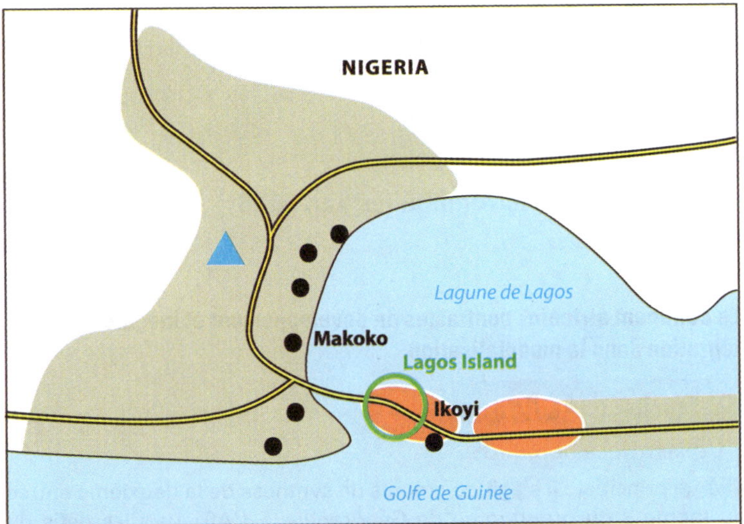

- Quartier d'affaires ou CBD, qui concentre les fonctions de commandement et assure l'insertion de la métropole dans la mondialisation
- Aéroport international
- Réseau routier saturé et insuffisant
- Quartiers aisés, volontairement isolés du reste de l'espace urbain
- Quartiers pauvres ou moyennement pauvres
- Principaux bidonvilles de la métropole

Conclusion

Nous nous étions demandé s'il fallait considérer l'Afrique comme un continent au développement insuffisant, marginalisé dans l'espace mondialisé, ou bien s'il fallait plutôt insister sur les performances économiques de l'Afrique et sur le processus d'insertion à l'œuvre.

Nous avons vu que l'Afrique cumule les difficultés, ce dont témoignent tous les indicateurs. Mais nous avons aussi montré le dynamisme des échanges et des investissements en Afrique, la présence active de la Chine en étant la traduction la plus forte. Ainsi, certains territoires africains (métropoles, littoraux actifs) s'insèrent à la mondialisation et se transforment. Mais cette intégration ne profite pas à tous les Africains ; une très large majorité d'entre-eux, pauvres et peu qualifiés, demeurent à l'écart de la croissance économique qui a pu laisser croire à une embellie généralisée de l'Afrique. Comment le reste du monde peut-il agir pour qu'enfin les Africains profitent des richesses de leur continent ?

Sujet 28

8 pts — 1 h

Le continent africain : contrastes de développement et inégale intégration dans la mondialisation

France métropolitaine, juin 2016

Croquis

Le continent africain : contrastes de développement et inégale intégration dans la mondialisation.

Les clés pour réussir

L'essentiel à connaître

Thème principal : il s'agit du croquis de synthèse de la deuxième entrée du thème 3 du programme de Géographie, « L'Afrique : les défis du développement ». Ce croquis mobilise aussi les acquis du thème introductif, « Clés de lecture d'un monde complexe ».

Notions : mondialisation, développement durable, puissance, pays émergent, interface.

Analyser le sujet et organiser ses idées

Définir les termes du sujet

Mondialisation : processus de mise en réseau et d'interdépendance croissante des hommes et des territoires.

Développement : processus économiques et sociaux qui permettent aux sociétés d'accroître leurs richesses et de mieux satisfaire leurs besoins.

Déterminer l'enjeu du sujet

- Le croquis doit faire apparaître les grands **contrastes du continent en matière de développement et d'intégration à la mondialisation.** Certains pays d'Afrique profitent de la dynamique de la mondialisation tandis que d'autres restent confrontés à de graves problèmes de développement et sont en marge de l'économie mondiale.
- Le croquis doit aussi montrer que **le lien entre mondialisation et développement est complexe.** Un certain développement est nécessaire pour s'intégrer dans la mondialisation et cette intégration peut permettre au développement de progresser. Cette interaction n'est cependant pas mécanique.
- Certains pays exportateurs de ressources minières ou énergétiques peinent à se développer. L'**instabilité politique** du continent doit apparaître parce qu'elle rend fragiles les dynamiques à l'œuvre.

- Le croquis doit enfin mettre en valeur les **logiques spatiales de la mondialisation** qui favorisent les pays les plus proches des **pôles dynamiques** de l'économie mondiale et les grandes **métropoles littorales**.

Réaliser la légende et la production graphique

Préparer sa légende

- La légende doit d'abord, dans un premier axe, rendre compte des contrastes de développement du continent.
- Un second mettra en avant ses atouts et les facteurs de son intégration dans les échanges mondiaux.
- Enfin, un troisième axe insistera sur les problèmes et l'instabilité du continent afin de mettre en avant la fragilité du développement et la marginalisation de certaines régions d'Afrique.

Préparer son croquis

- Pour figurer les contrastes de développement, les États peuvent être classés selon leur IDH.
- Les principaux flux qui relient le continent au reste du monde doivent apparaître sous la forme de flèches.
- Les ports et les métropoles doivent être représentés par des figurés ponctuels, de même que les tensions qui handicapent le continent.

À noter : Utilisez une couleur chaude, par exemple le rouge foncé, pour signifier l'intensité d'un phénomène, ici le développement, puis un dégradé de couleurs, de moins en moins chaudes (orange, jaune...), pour signifier l'atténuation de cette intensité.

Valoriser son croquis

Il s'agit d'un croquis de synthèse qui impose de faire des choix dans les informations à représenter afin d'éviter la surcharge.

Sujet 28 Corrigé

1. Un continent dynamique marqué par de grands contrastes de développement

- Pays à l'IDH élevé (0,7 à 0,73)
- Pays à l'IDH moyen (0,65 à 0,69)
- Pays à l'IDH faible (0,34 à 0,54)
- Absence de données
- 40 % de la population a moins de 15 ans

2. Un continent qui participe de plus en plus à la mondialisation

- Hydrocarbures (gaz, pétrole...)
- Minerais (fer, or, diamants, uranium...)
- ÉGYPTE Pays qui exploitent leur potentiel touristique
- Grands ports de marchandises
- Principales interfaces maritimes
- Métropoles internationales
- Métropoles secondaires au rayonnement régional
- Partenaires commerciaux et investisseurs

3. Les défis à relever pour consolider le développement et l'intégration de l'Afrique à la mondialisation

- Conflits récents ou actuels (guerres civiles le plus souvent)
- Pays touchés par les Printemps arabes à partir de fin 2010 (revendications démocratiques)
- Marées noires liées à l'exploitation du pétrole
- Progrès de la désertification

Sujet 29 Le Sahara : ressources et conflits (étude de cas)

8 pts 1 h

France métropolitaine, juin 2015

Composition

› **Le Sahara : ressources et conflits (étude de cas).**

Les clés pour réussir

L'essentiel à connaître

Thème principal : le sujet est une reprise du chapitre. Il porte sur **une étude de cas d'échelle régionale.**

Pour bien se préparer à ce type de sujet, révisez soigneusement le **croquis de synthèse** de l'étude de cas et **mobilisez les notions vues dans d'autres chapitres** telles que le développement, l'économie de rente, les ressources.

Notions : ressources, mondialisation, conflits.

Analyser le sujet

Définir les termes du sujet

- Le Sahara dispose de **nombreuses ressources**, c'est-à-dire d'éléments du sous-sol utilisables par une société humaine, ici les **hydrocarbures**, les **eaux fossiles**, les **minerais** tels que l'uranium, les phosphates.
- Dans cet **espace politiquement instable**, ces ressources suscitent des **conflits**, des affrontements plus ou moins violents entre des acteurs de nature différente (États, groupes humains, groupes terroristes, FTN...) et ce, à toutes les échelles.

Cerner les limites du sujet

La définition géographique du Sahara est complexe. Le mot signifie « désert » en arabe. Il s'agit donc des **espaces désertiques du Nord de l'Afrique**. Ils s'étendent de l'Ouest à l'Est, accueillent **10 millions d'habitants** répartis sur **dix États** (du Maroc jusqu'au Soudan). Les exemples les plus souvent mobilisés sont l'Algérie, la Libye, le Mali.

Déterminer l'enjeu essentiel du sujet

Le Sahara fut, jusqu'au milieu du XXe siècle, un espace délaissé et hostile. L'intérêt du chapitre est donc de montrer comment cet espace prend une place **stratégique à l'échelle mondiale.** En effet, on observe que les

GÉOGRAPHIE

puissances occidentales et émergentes y entrent en concurrence alors que des organisations terroristes s'y installent. **Pourquoi le Sahara devient-il un espace au cœur des enjeux géopolitiques contemporains ?**

Piège à éviter

- Délimitez bien le cadre géographique car il ne faut pas aborder les pays d'Afrique non-sahariens.
- Préférez un **plan en trois parties** qui aborde les **ressources**, les conflits sans négliger les autres termes du sujet, le **désert** et les **convoitises.**

Organiser ses idées

Structurer son devoir

- Optez ici pour un devoir thématique qui reprenne **les notions centrales mobilisées dans l'intitulé du sujet** : désert, ressources, convoit[ises], conflits.
- La **demande d'équilibrer les différentes parties** nécessite de **regrouper la question des ressources avec celle des contraintes du milieu.** Il faudra ensuite aborder la question de la convoitise que suscitent ces ressources, et enfin celle des conflits pluriels et à toutes les échelles qui traversent cet espace.

– Le Sahara : rareté des hommes, abondance des ressources.
– Une richesse qui suscite les convoitises.
– De nombreuses tensions géopolitiques (exemple malien).

Mots-clés : contraintes, densité, puissances occidentales et émergentes, AQMI, terrorisme, Mali, Algérie, Libye.

Valoriser sa copie

- Insérez des **schémas** dans votre copie.
- **Préférez détailler un exemple** plus particulièrement maîtrisé plutôt que de les multiplier sans connaissances précises.

Sujet 29 Corrigé

› Le Sahara : ressources et conflits (étude de cas).

! Attention

Le plan est rappelé pour vous aider, mais il ne doit en aucun cas figurer sur votre copie. À vous de guider le correcteur par l'annonce du plan dans l'introduction, les phrases d'attaque des paragraphes et des transitions.

Introduction

La crise malienne, dans laquelle la France est partie prenante avec le soutien explicite des Américains, montre à quel point un pays très pauvre, sans ressources et isolé du Sahara, constitue un enjeu pour les grandes puissances. L'ensemble du Sahara (désert en arabe) couvre environ 10 millions de km² et s'étend sur une dizaine de pays, de la Mauritanie à l'Ouest jusqu'au Soudan à l'Est. Espace très inhospitalier, longtemps délaissé et peu mis en valeur par l'homme, le Sahara aurait donc changé de statut. Pourquoi le Sahara devient-il un espace au cœur des enjeux géopolitiques contemporains ? Si le Sahara est un désert humain, il n'en est pas moins un des espaces les mieux dotés en ressources de la planète. Loin de favoriser le développement, cet avantage suscite de nombreuses convoitises dans des régions où le pouvoir politique est faible. Les tensions et conflits sont donc nombreux comme l'illustre entre autres l'exemple malien.

I – Le Sahara : rareté des hommes, abondance des ressources

Le Sahara fut longtemps un espace délaissé par l'homme du fait de conditions de vie très difficiles, jusqu'à la découverte des richesses du sous-sol qui a entraîné une plus grande occupation humaine.

Des contraintes climatiques fortes rendent cet espace inhospitalier. C'est d'abord l'absence de précipitations, avec une isohyète inférieure à 100 mm par an rendant toute activité humaine difficile, particulièrement l'agriculture. Surtout qu'on ne trouve aucun fleuve d'importance hormis le Nil dans toute la région. S'y conjuguent des températures très élevées, avec plus de 40 °C à l'ombre l'été.

> **Vocabulaire**
> **Isohyète :** ligne imaginaire rejoignant les points d'une région aux mêmes précipitations.

Le Sahara recèle un sous-sol très riche qui lui procure de nombreuses ressources comme l'indique le schéma ci-dessous.

Les ressources du sous-sol saharien

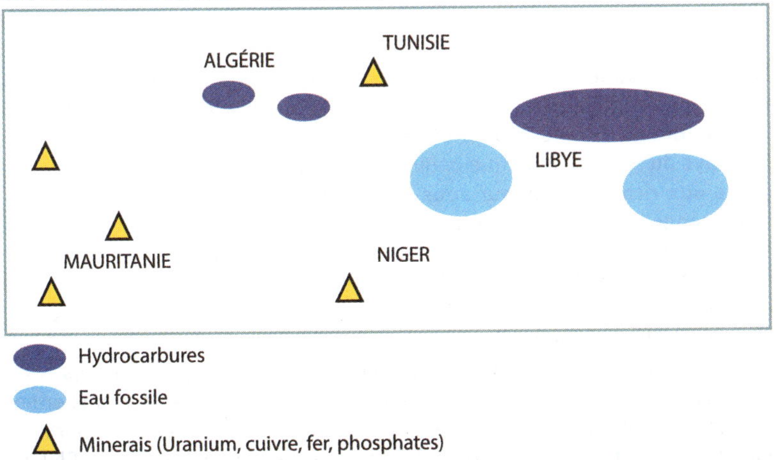

On observe que de multiples ressources sont exploitées, et ce par la plupart des pays sahariens, grâce à une répartition « équitable ». Pourtant, malgré ces ressources, la pauvreté persiste. Les économies nationales se basent uniquement sur la rente, entraînant des dysfonctionnements collatéraux : accaparement de l'argent tiré de l'exploitation des ressources par le pouvoir et les régions centrales, environnement très dégradé dans les régions d'extraction... Au final, l'exploitation des ressources ne permet ni développement économique, ni développement durable.

Valoriser sa copie

Réutilisez le vocabulaire vu dans la leçon sur l'Afrique (développement durable, rente...), même si elle fut étudiée à la suite de celle sur le Sahara.

Les contraintes s'imposent à l'homme et, malgré l'exploitation des ressources du sous-sol, ces régions sont peu peuplées. Les densités sont très faibles, inférieures en moyenne à 1 hab./km², hormis le long de la vallée du Nil. La population est concentrée dans les villes littorales (Alger, Tunis, Casablanca, Tripoli...) ou sur des points de fixation tels que des oasis ou la vallée du Nil. Mais la population urbaine augmente, en lien avec le développement lié à l'exploitation des ressources du sous-sol : Tamanrasset en Algérie comptait 3 000 habitants à l'indépendance et plus de 100 000 aujourd'hui. Dans ces régions sahariennes cohabitent traditionnellement des peuples nomades, tels que les Touaregs, et des peuples sédentaires, mais les flux migratoires internes causés par l'exploitation des ressources du sous-sol complexifient les sociétés ; de multiples peuples se côtoient plus ou moins fraternellement.

Le Sahara, bien que tardivement mis en valeur et investi par la présence humaine, constitue un espace stratégique compte tenu des ressources énergétiques importantes qu'il recèle.

L'astuce du prof

N'oubliez pas d'insérer des phrases de transition pour faire le lien entre les différentes parties.

II – Une richesse qui suscite les convoitises

Les atouts économiques tout autant que les contraintes géographiques rendent cet espace attractif pour des acteurs aux objectifs très différents.

De nombreux acteurs économiques concurrents investissent cet espace. Les pays du Sahara, bien que pauvres, s'intègrent aux échanges mondiaux grâce aux richesses de leur sous-sol. La mondialisation et le développement économique des pays émergents alimentent une forte demande pour les ressources dont ils regorgent, tels que les hydrocarbures, le cuivre, l'uranium... Dans les États du Maghreb, l'exploitation des ressources est opérée par des entreprises publiques, telles que la Sonatrach en Algérie, pour conserver la souveraineté sur la ressource.

Les pays plus pauvres sont dans la nécessité de faire intervenir les compagnies étrangères (Exxon, BP, Total...), souvent issues des anciennes puissances coloniales. La France a des intérêts stratégiques au Niger avec l'uranium extrait par Areva, de même pour la compagnie romaine ENI qui exploite le pétrole de Libye, ancienne colonie italienne. Ces liens sont apparus comme une forme de néocolonialisme. Aujourd'hui, les compagnies pétrolières des puissances émergentes, Chine (China National Petroleum

Corporation) et Inde, pratiquent la « diplomatie du cadeau » pour emporter des contrats d'exploitation : don d'infrastructures, de raffineries...
Le Sahara attire également ceux qui désirent profiter de son isolement. Certaines régions au cœur du désert forment une zone grise de la mondialisation. Les États sahariens sont pour la plupart pauvres, voire très pauvres, et donc faibles, avec des forces de sécurité (armée et police) inefficaces. Les frontières, en plein désert, sont poreuses et très difficiles à contrôler. Cette situation est favorable à l'implantation d'organisations terroristes comme AQMI (Al-Qaïda au Maghreb Islamique). Ces organisations disposent de ressources financières très importantes tirées des trafics : denrées alimentaires, cigarettes et maintenant drogues transitant entre l'Amérique et l'Europe, migrants clandestins... À ceci s'ajoutent désormais les enlèvements d'étrangers, très lucratifs pour les terroristes mais désastreux pour le tourisme saharien : ces prises d'otages appauvrissent les régions touchées, ce qui renforce la mainmise des terroristes, seuls pourvoyeurs de revenus pour les populations locales.

> **Vocabulaire**
> **Zone grise :** zone dans laquelle l'autorité de l'État n'est pas reconnue et qui accueille nombre d'activités illicites ou opaques.

États, FTN, organisations terroristes investissent donc le Sahara pour ses potentialités. Les tensions s'accentuent entre ces acteurs aux objectifs contradictoires.

III – De nombreuses tensions géopolitiques

L'exemple du conflit malien permet de présenter les nombreuses tensions géopolitiques qui déstabilisent le Sahara.

Le Mali est le théâtre de nombreuses tensions entre les divers peuples qui le composent. Les frontières héritées de la décolonisation des années 1960 n'ont pas respecté l'implantation des différents peuples : sont ainsi mêlés au sein de l'État malien des populations sédentaires (Peuls, Dogons...) au Sud, et des populations arabes nomades Touaregs au Nord. Leur cohabitation est rendue difficile du fait de contentieux historiques tels que l'esclavage pratiqué par les Touaregs à l'encontre des populations noires. Aujourd'hui, la domination s'est renversée : les inégalités sont très fortes entre des Touaregs appauvris, considérés comme des citoyens de seconde zone, et les Maliens dominants en nombre et en pouvoir. Le Mali apparaît comme un pays sans unité nationale, comme l'a montré la tentative de sécession opérée au printemps 2012. Menée par les groupes Touareg indépendantistes infiltrés par des organisations terroristes islamistes (AQMI et Mujao), elle aboutit à la création d'un territoire touareg, l'Azawad, qui constituait, avant l'opération française Serval, la moitié du territoire national malien.

> **L'astuce du prof**
> Développez un seul exemple que vous maîtrisez bien – ici, le Mali auquel les actualités françaises se sont beaucoup intéressées – plutôt que de multiplier des allusions imprécises.

Cette sécession touarègue s'explique également par le contexte régional de chute de la dictature libyenne en 2011. Le Mali est donc également victime des tensions qui bouleversent la région comme le montre le schéma ci-dessous.

Le Mali, victime de tensions géopolitiques hors de ses frontières

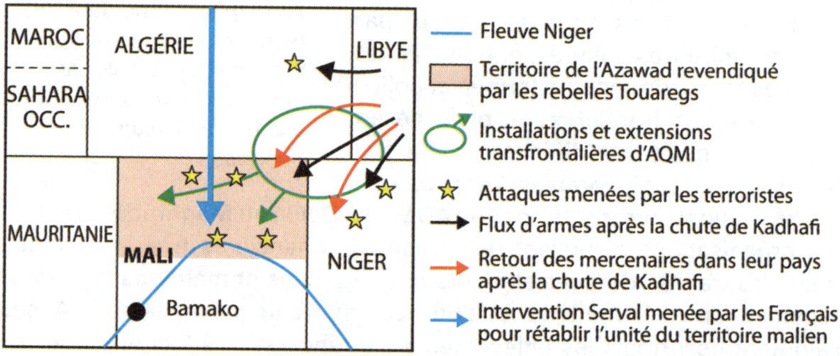

La déstabilisation du Mali doit beaucoup à l'isolement qu'offre le Sahara aux groupes terroristes mais aussi au renversement de la dictature de Khadafi en Libye, qui a renvoyé vers les pays frontaliers des armes et des mercenaires désœuvrés.

À ces tensions à l'intérieur des États s'ajoutent des tensions entre États. Les pays sahariens ont en effet des relations difficiles, et nombre de frontières sont contestées, car héritées de la période coloniale, et non issues de la lente construction historique du territoire national. C'est ce qui explique le conflit autour de la question du Sahara occidental, territoire riche en phosphates, situé au Sud du Maroc et intégré à celui-ci contre son gré, d'où le développement d'un mouvement de résistance à l'occupation, le Front Polisario. Ce territoire ne jouit que du statut de territoire non-autonome à l'ONU : c'est donc un territoire qui reste colonisé, qui ne s'administre pas lui-même. La question des frontières du Soudan est également très actuelle. Là aussi, le contrôle de la ressource pétrolière explique en partie le conflit, associé aux tensions entre musulmans au Nord et chrétiens et animistes au Sud. Des décennies de lutte ont abouti à la sécession du Soudan du Sud et son indépendance en 2011 avec comme capitale Djouba. Depuis mi-2013, ce tout nouvel État, un des pays les plus pauvres du monde malgré ses ressources pétrolières, est le théâtre de massacres.

Conclusion

La découverte au milieu du XXe siècle des ressources abondantes du sous-sol saharien, puis aujourd'hui la concurrence entre puissances occidentales et puissances émergentes dans l'accès aux sources d'énergie et aux matières premières, expliquent l'intérêt et les convoitises que suscite cet espace longtemps délaissé. Proche de l'Europe tout en étant isolé, difficile à contrôler, il devient par ailleurs un sanctuaire pour des organisations terroristes.

Sujet 30 — L'Asie du Sud et de l'Est : les défis de la population et de la croissance

12 pts — 2 h

France métropolitaine, septembre 2018

Composition

› **L'Asie du Sud et de l'Est : les défis de la population et de la croissance.**

Les clés pour réussir

L'essentiel à connaître

Thème principal : le sujet reprend exactement l'intitulé de la première mise en œuvre du chapitre consacré à l'Asie ; il ne présente donc pas de difficulté particulière.

Notions : croissance démographique, richesse, développement, durabilité.

Analyser le sujet

Définir les termes du sujet

- L'Asie du Sud et de l'Est correspond à un espace assez vaste qui va **de l'Inde à la Chine**, incluant notamment la péninsule indochinoise et les archipels d'Indonésie, des Philippines et du Japon.
- « Population » renvoie à toutes les **questions démographiques** (fécondité, natalité, mortalité…) mais aussi aux indicateurs qui permettent de mesurer le **développement** (IDH, scolarité, alimentation…).
- La « croissance » renvoie aux **indicateurs économiques**. Elle correspond au sens strict à la variation annuelle du **produit intérieur brut** (PIB), c'est-à-dire la valeur ajoutée des biens et des services produits annuellement dans un pays.
- Interroger les « défis » posés par une situation, c'est expliquer en quoi cette situation constitue un **obstacle**, en cerner les **enjeux**.

Cerner les limites du sujet

- Le sujet s'inscrit dans un **espace délimité**. Vous pouvez proposer des exemples dans l'ensemble des pays de l'Asie du Sud et de l'Est, mais n'en sortez pas. La Russie, l'Iran n'en font par exemple pas partie.
- La forte croissance de l'Asie du Sud et de l'Est s'inscrit dans le **processus de mondialisation** ; vous ne pouvez isoler cette région du contexte mondial, mais ne focalisez pas pour autant vos propos sur le processus de mondialisation.

GÉOGRAPHIE

Déterminer l'enjeu essentiel du sujet

- La mise en relation des thématiques démographiques et économiques implique de poser la question des **moyens économiques mis en œuvre pour assurer le bien-être d'une population**, c'est-à-dire son développement.
- Dans quelle mesure l'insertion à la mondialisation de l'Asie du Sud et de l'Est, en provoquant une **forte croissance économique**, satisfait-elle réellement l'ensemble des besoins d'une **population nombreuse et en forte augmentation** ?
- Cela revient à poser la question des **modes de développement**, à mettre en jeu la **durabilité de la croissance** en Asie du Sud et de l'Est.

Organiser ses idées

Structurer son devoir

- Exposez la **situation démographique** en Asie du Sud et de l'Est en dressant le profil de la population et son évolution ; montrez les atouts et les difficultés posés par cette situation.
- Présentez des **indicateurs** permettant de mesurer la croissance économique de la région, et indiquez les **rythmes** et les **formes** de cette croissance, notamment sur les territoires.
- Discutez des **liens entre les modes de croissance** adoptés en Asie du Sud et de l'Est, le développement et sa durabilité.

Mots-clés : explosion démographique, infanticide/fœticide, politique de l'enfant unique (1979), vieillissement, urbanisation, développement en « vol d'oies sauvages », délocalisations, IDE, main-d'œuvre, vulnérabilité.

Valoriser sa copie

- Produisez des graphiques qui éclairent utilement des processus ou des rythmes de croissance et de développement.
- Appuyez-vous sur l'exemple de Mumbai pour caractériser les défis posés par l'explosion démographique et l'urbanisation, et accompagnez votre propos d'un schéma simple.
- Discutez la durabilité du développement en vous appuyant sur les « trois piliers » qui définissent cette notion : **efficacité économique, équité sociale** et **qualité environnementale.**

Sujet 30 Corrigé

› L'Asie du Sud et de l'Est : les défis de la population et de la croissance.

! Attention

Le plan est rappelé pour vous aider, mais il ne doit en aucun cas figurer sur votre copie. À vous de guider le correcteur par l'annonce du plan dans l'introduction, les phrases d'attaque des paragraphes et des transitions.

Introduction

En 2030, avec 1,45 milliard d'habitants, la population de l'Inde dépassera celle de la Chine et sera l'une des plus jeunes de la planète : un Indien sur deux aura moins de 25 ans ! Aujourd'hui, avec près de 4 milliards d'habitants, la population d'Asie du Sud et de l'Est, soit tous les pays situés entre l'Inde et la Chine – y compris les archipels d'Indonésie, des Philippines et du Japon – représente plus de la moitié de l'humanité. La satisfaction de ses besoins essentiels représente donc un défi à relever. Pour cela, la croissance économique, c'est-à-dire l'augmentation des richesses produites, est une condition indispensable. Or, si aujourd'hui l'Asie du Sud et de l'Est semble avoir réussi à créer une forte croissance, rien ne dit que la richesse produite réponde au défi démographique. La croissance démographique est-elle un potentiel ou un frein pour l'essor économique des pays asiatiques ? Comment mettre la croissance économique de cet espace au service de son développement ?

I – Une véritable explosion démographique

La démographie de l'Asie du Sud et de l'Est donne le vertige : plus d'1,37 milliard d'habitants pour la Chine, 1,27 pour l'Inde, mais aussi 240 millions en Indonésie ou 175 millions au Pakistan. Cela se traduit par de très fortes densités de population, dans les plaines et les vallées fluviales comme dans les ensembles urbains. L'agglomération de Tokyo rassemble près de 30 millions de personnes, Shanghai, Mumbai ou New Delhi 20 millions.

Ce poids démographique repose sur des techniques agricoles anciennes et hautement productives. Il s'est accéléré au XXe siècle, l'amélioration des conditions de vie permettant une fécondité élevée, et se maintenant à un niveau important au moins jusqu'à la fin des années 1970. On compte encore plus de trois enfants par femme aux Philippines.

Seuls quelques pays de la région ont aujourd'hui achevé leur transition démographique : Japon, Taïwan, Singapour, Corée du Sud. Les autres connaissent encore une croissance démographique marquée ; leur population est très jeune. Le Vietnam gagne près d'un million de personnes par

GÉOGRAPHIE

an, l'Inde 20 millions ! Face à ce défi démographique, la Chine a adopté la politique de l'enfant unique en 1979 : la plupart des couples perdaient leurs avantages sociaux s'ils donnaient naissance à un deuxième enfant. La réduction des naissances et le fonctionnement social ont ainsi favorisé l'élimination des bébés filles, par fœticide ou infanticide : nombre de couples en Chine ont privilégié un garçon, mieux vu socialement. La pratique des échographies a également accru le processus en Inde. Cette politique a toutefois conduit à une baisse spectaculaire de la fécondité et à un ralentissement de la croissance démographique. Cette explosion démographique implique la satisfaction de besoins essentiels à un rythme et dans des proportions inédites : alimentation, logement, scolarisation, santé, emplois doivent augmenter rapidement et massivement. En outre, l'explosion démographique alimente l'urbanisation et réclame d'augmenter les ressources en eau et en énergie, et de développer moyens de transport et espaces de vie. Le problème est aigu en Inde, pays très majoritairement rural : la population y migre massivement vers les espaces urbains, promesses d'une vie meilleure. Mumbai gagne près de 300 habitants par jour et connaît un étalement spectaculaire depuis les années 1970. Le réseau ferré est saturé et les nouveaux arrivants s'entassent dans des bidonvilles qui grignotent l'espace disponible.

Piège à éviter

Distinguez bien ralentissement de la croissance démographique et baisse de la population. Quand la croissance démographique ralentit, la population continue de croître, mais moins vite.

Mumbai, une ville à la croissance incontrôlable

Valoriser sa copie

Par un schéma simplifié de Mumbai, vous pouvez montrer la forte croissance de la ville et ses conséquences sur la saturation et la dégradation de l'espace urbain.

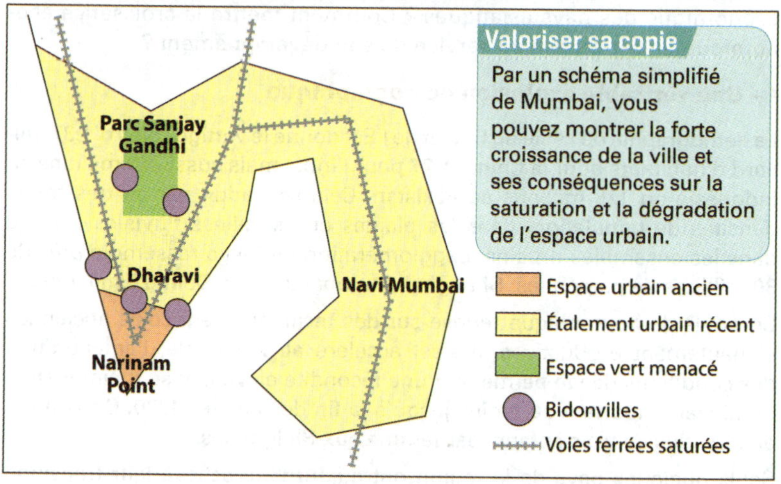

Ces défis démographiques semblent mettre en question la capacité de développement de l'Asie du Sud et de l'Est. Pourtant, ils constituent un formidable moteur économique.

II – Une croissance économique au service du développement pour le plus grand nombre ?

L'Asie du Sud et de l'Est connaît une croissance économique globale de plus de 7,5 % par an. La production de richesse a grimpé de 10 % à 35 % du total mondial en 30 ans. Le PIB chinois, deuxième mondial, approche quant à lui les 7 000 milliards de $.

Ce dynamisme repose sur un développement « en vol d'oies sauvages », un modèle de croissance où différentes activités motrices se succèdent. Les industries à forte demande de main-d'œuvre sont très progressivement supplantées par des industries de pointe, puis par des activités de conception. La diffusion de ce modèle, se fait de plus en plus vite.

Le développement « en vol d'oies sauvages »

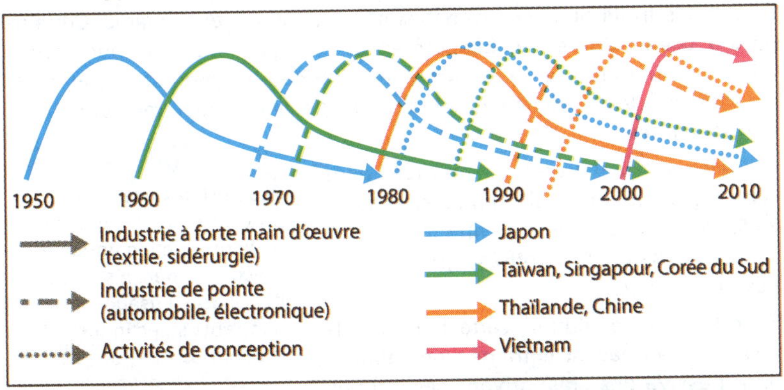

Ainsi, la forte croissance économique de l'Asie du Sud et de l'Est tient à cette formidable dynamique démographique. En effet, la rentabilité des industries d'assemblage repose sur l'existence d'une main-d'œuvre abondante et bon marché. Les pays d'Asie du Sud et de l'Est recueillent actuellement leur « dividende démographique » : la population active en hausse et la fécondité en baisse réduisent le coût de prise en charge des retraités et des enfants, et permettent de financer les investissements productifs. Dans le même temps, la hausse du travail féminin accroît la scolarisation.

> **Valoriser sa copie**
> Éclairez le principe du développement « en vol d'oies sauvages » par un schéma permettant de visualiser la logique de reproduction d'un modèle de développement, à un rythme de plus en plus rapide.

Toutefois, ce dividende est limité par le degré d'employabilité de la main-d'œuvre. Si les besoins de formation sont globalement réduits dans l'industrie textile ou l'assemblage électronique, les métiers de la conception et de l'ingénierie nécessitent une scolarisation plus poussée. La Chine a relevé ce défi et forme chaque année 800 000 ingénieurs, ce qui explique

GÉOGRAPHIE

son passage très rapide vers une économie de la connaissance. L'Inde, en revanche, voit 70 % de sa jeunesse arrêter l'école en fin de primaire, alors qu'elle gagne 9 millions d'actifs par an. Le gouvernement a mis en place en 2008 le projet NSDC, afin de former 500 millions d'Indiens d'ici à 2022 !

Ce dividende, enfin, n'a qu'un temps, puisque la population active vieillit. Au Japon, la retraite des 25 % de plus de 65 ans est financée par un nombre décroissant de salariés. La population active chinoise décroît déjà.

Et dans l'immédiat, la forte croissance démographique pose d'importants défis au développement durable. La consommation d'énergie et d'espace provoque une dégradation constante de l'environnement. Les masses de jeunes actifs des usines d'assemblage souffrent de leurs conditions de travail, entre cadences infernales et salaires faibles. Suicides à Shenzhen et émeutes à Phnom-Penh traduisent le mal-être de la jeunesse.

De fait, les fruits de la croissance sont inéquitablement répartis. Certains pays d'Asie du Sud et de l'Est sont encore des PMA à la corruption endémique. Si leur croissance est forte, leur PIB/hab. ne permet toujours pas de satisfaire les besoins élémentaires et de développer rapidement les infrastructures.

Globalement, la pauvreté est marquée dans cette région, même si elle tend à se réduire. 20 % de la population indienne reste sous-alimentée malgré les progrès agricoles de la Révolution verte.

En outre, la Révolution verte a raréfié la ressource en eau et entraîné une salinisation massive des sols, privant des agriculteurs de plus en plus nombreux de leur outil de travail, et alimentant de ce fait l'exode rural, alors même que la forte croissance des villes place les urbains en situation de vulnérabilité.

Vocabulaire

Révolution verte : processus d'intensification de la production agricole grâce à la mécanisation, l'irrigation, l'usage d'intrants sélectionnés et les engrais.

Enfin, les inégalités s'accroissent dans tous les pays en développement de la région. Partout émerge une classe moyenne urbaine et consumériste, tandis que les travailleurs pauvres se contentent de salaires faibles, ce qui provoque de fortes tensions sociales. 600 millions de Chinois ruraux ne profitent qu'à la marge des progrès sanitaires du pays.

Conclusion

Ainsi, l'Asie du Sud et de l'Est est confrontée à un défi d'une ampleur inédite : trouver les conditions d'un développement durable et d'une croissance soutenue pour répondre aux besoins de plus de la moitié de l'humanité. Si la population nourrit aujourd'hui la croissance, la satisfaction de ses besoins se heurte à la pression que la croissance exerce sur l'environnement et les liens sociaux. Un nouveau modèle de développement est à inventer.

Sujet 31 — L'Asie du Sud et de l'Est, les défis de la population et de la croissance

1 h — 8 pts

Centres étrangers, juin 2019

Analyse de deux documents

Mettez en relation les deux documents pour montrer les potentialités et les freins que représente la population pour la croissance de l'Asie du Sud et de l'Est.

Doc. 1 Quelques indicateurs démographiques et économiques en Asie du Sud et de l'Est

	Population (en millions d'habitants)		Part des personnes âgées de 65 ans et plus (en % de la population totale)		Population urbaine (en % de la population totale)	Croissance du PIB (en % annuel)
	1980	2016	1980	2016	2016	2016
Bangladesh	81	163	3	5,1	35	7,1
Chine	981	1 379	4,7	10,1	57	6,7
Inde	697	1 324	3,6	5,8	33	7,1
Japon	117	127	8,9	26,6	94	1
Vietnam	54	93	5,3	6,9	34	6,2

Sources : ONU et Banque mondiale.

Doc. 2 La circulation à Hanoi (7,5 millions d'habitants estimés en 2016), capitale du Vietnam, avril 2015

© RENTERS/Nguyen Huy Kham.

GÉOGRAPHIE

Les clés pour réussir

L'essentiel à connaître

Thème principal : Cette étude documentaire renvoie au chapitre « L'Asie du Sud et de l'Est, les défis de la population et de la croissance ». La mobilisation de connaissances relatives au processus de mondialisation, et notamment la notion de Division Internationale du Travail (DIT) permettent de contextualiser efficacement le sujet. Vous pouvez également, par des références à Mumbai, développer des exemples précis à l'appui de votre argumentation.

Mots-clés : dividende démographique, DIT, densité de population, développement, exode rural, urbain, vieillissement.

Notions : croissance économique, dividende démographique, vieillissement.

Analyser le sujet

La consigne

La consigne vous invite à comparer et confronter les deux documents : vous devrez donc en relever les points communs et les différences. Elle repose sur l'examen successif de la population considérée comme un potentiel de croissance, ce qui revient à en étudier les atouts, puis de la population en tant que frein à la croissance, c'est-à-dire comme difficulté ou handicap pour produire des richesses.

Les documents

Le premier document est un tableau de chiffres collectés par la Banque mondiale et par l'ONU, qui permettent de caractériser la situation démographique et économique de cinq pays du continent asiatique, avec parfois une comparaison de données entre 1980 et 2016. Le second document est une photographie de l'incroyable circulation automobile à Hanoï, capitale du Vietnam. Elle a été prise en avril 2015 par Nguyen Huy Kham, pour le compte de l'agence Reuters.

Déterminer l'enjeu du sujet

Vous devez vous interroger sur le lien entre deux faits géographiques. D'une part, l'Asie du Sud et de l'Est connait une croissance économique quasi généralisée. D'autre part, elle rassemble la moitié des habitants de la planète, et notamment les deux géants démographiques que sont l'Inde et la Chine. Il s'agit donc de comprendre, à partir des documents, si la population a représenté un atout ou au contraire un handicap dans la mise en œuvre de cette croissance.

Organiser ses idées

Structurer le devoir

Les deux documents vous permettent de balayer plusieurs aspects démographiques et économiques de l'Asie du Sud et de l'Est : nombre d'habitants, âge moyen de la population, part des urbains et enfin croissance économique. Le cas de Hanoï doit permettre de caractériser à une échelle urbaine les tendances nationales observées dans le document 1. Commencez par examiner en quoi la population représente un atout dans la croissance économique de l'Asie du Sud et de l'Est (main-d'œuvre et consommation), ce que l'on appelle le dividende démographique. Examinez ensuite les handicaps que représente la population pour la croissance économique de la région (besoins fondamentaux, vieillissement, formation, exode rural).

Mots-clés : Dividende démographique, DIT, limitation des naissances, exode rural, urbanisation, saturation urbaine.

Valoriser sa copie

- Faites appel au cours sur le processus de mondialisation pour expliquer comment l'Asie du Sud et de l'Est a construit sa croissance en bénéficiant de la DIT.
- Vous pouvez aussi mobiliser les contenus du chapitre consacré à la rivalité entre Chine et Japon, de manière à expliquer leurs situations très contrastées.
- Critiquez les documents et leurs lacunes, notamment l'absence du PIB/habitant et de l'IDH, qui permettent de nuancer les valeurs de taux de croissance.

Sujet 31 Corrigé

› Un processus d'urbanisation contrasté en Asie du Sud et de l'Est.

! Attention

Le plan est rappelé pour vous aider, mais il ne doit en aucun cas figurer sur votre copie. À vous de guider le correcteur par l'annonce du plan dans l'introduction, les phrases d'attaque des paragraphes et des transitions.

Introduction

Avec les deux géants démographiques que sont la Chine et l'Inde, l'Asie du Sud et de l'Est compte plus 3,5 milliards d'habitants, soit plus de la moitié de la population mondiale. Elle se caractérise également par une croissance économique forte depuis 40 ans, et représente aujourd'hui 35 % du PIB mondial, contre moins de 10 % en 1980. Quels sont les liens entre ces deux processus ? L'importante population régionale a-t-elle été un facteur de croissance, et le demeure-t-elle, ou bien représente-t-elle plutôt un frein, un handicap pour amorcer ou amplifier le développement économique ?

Pour répondre à cette question, nous disposons de deux documents. Le premier est un tableau de chiffres rassemblés par la Banque mondiale et par l'ONU, et qui permettent de caractériser la situation démographique et économique de cinq pays du continent asiatique (Bangladesh, Chine, Inde, Japon, Vietnam). Le second document est une photographie de l'incroyable circulation automobile à Hanoï, capitale du Vietnam. Elle date d'avril 2015. À partir de ces deux documents, nous examinerons en quoi la population peut représenter un avantage, un atout pour augmenter les richesses économiques, puis nous établirons que la population peut aussi constituer un handicap, une difficulté pour les économies du Sud et de l'Est de l'Asie.

I – Depuis 40 ans, de nombreux pays d'Asie du Sud et de l'Est ont tiré les bénéfices de leur dividende démographique

Les démographes parlent de dividende démographique lorsque la population d'un pays est constituée de jeunes adultes, qui forment une population active importante, alors que les personnes âgées sont peu nombreuses, et que le nombre d'enfants commence à diminuer. Ce moment est particulièrement favorable à la croissance économique, car la population est productive, tandis que les dépenses publiques destinées aux non-productifs (enfants et retraités) sont moindres.

Cette situation correspond à de nombreux pays d'Asie du Sud et de l'Est, ce que montre le document 1. Au Bangladesh par exemple, la population a doublé entre 1980 et 2016, passant de 81 à 163 millions d'habitants, mais elle reste très jeune, puisque seule 5 % de la population a plus de 65 ans. En Inde et au Vietnam, les tendances sont équivalentes, ce que montre très bien le document 2 : les conducteurs des deux-roues sont de jeunes adultes. Or ces trois pays connaissent aussi un taux de croissance annuel très élevé en 2016, de l'ordre de 6 à 7 %. Cela s'explique par le développement des activités d'assemblage ou de production, attirées par une main-d'œuvre disponible et peu chère. Dans le contexte de la DIT, les pays d'Asie du Sud et de l'Est ont fondé leur réussite économique sur l'industrie, en commençant par l'industrie lourde, suivant le modèle japonais. Ce secteur d'activité appelle une main-d'œuvre importante, qui a ainsi trouvé un emploi. Ainsi, après la Chine, surnommée « atelier du monde » pendant 30 ans, le Bangladesh et le Vietnam sont aujourd'hui des centres majeurs de confection textile pour le monde entier. La situation est équivalente aux Philippines ou en Indonésie.

> **Valoriser sa copie**
> Proposez aussi des exemples qui ne sont pas dans les documents pour montrer que vous contextualisez les enjeux à toutes les échelles.

Ce développement économique a permis de réduire considérablement le nombre de personnes très pauvres, qui disposent de moins de 1,90 $ par jour, en Asie du Sud et de l'Est. Leur part est passé de 80 à 20 % environ. Cela se traduit concrètement par des achats croissants de deux-roues et même de voitures, qui ont remplacé les vélos dans les villes d'Asie (document 2).

II – Toutefois, les évolutions démographiques des pays d'Asie du Sud et de l'Est ne leur garantissent pas de bénéficier du dividende démographique

L'extrême jeunesse de la population en Inde, au Vietnam ou au Bangladesh implique de fournir des efforts de formation scolaire, mais aussi de construction de logement, d'infrastructures de santé ou de transport pour des habitants toujours plus nombreux, notamment dans les villes. Le document 2 traduit bien cette extrême densité de la population à Hanoï : la circulation est quasiment empêchée pour les voitures, et ralentie pour les deux-roues, compte tenu du trafic. Or un seul bus apparaît sur l'image, ce qui peut laisser penser que le réseau de transports en commun est insuffisant.

> **L'astuce du prof**
> Émettez des hypothèses lorsque le document ne vous permet pas d'être affirmatif, afin de montrer que vous en étudiez tous les aspects.

De plus, fautes de conditions de vie satisfaisantes, les jeunes indiens ou vietnamiens risquent fort de ne pas être en capacité d'exercer des métiers qualifiés, porteurs de croissance. Ainsi, dans les bidonvilles comme Dharavi à Mumbai, il arrive que neuf personnes vivent dans 9 m^2. Alors que la Chine forme environ 800 000 ingénieurs par an, l'Inde n'en fournit que 300 000. Sept enfants sur dix ne vont même pas au collège, mais l'Inde compte neuf millions d'actifs en plus chaque année.

La situation des urbains d'Asie du Sud et de l'Est est à ce titre préoccupante. Alors que leur part reste souvent inférieure à 50 % (Bangladesh, Inde, Vietnam), la photographie montre que les conditions de vie y sont difficiles, avec notamment des problèmes de pollution (port de masque par les conducteurs de moto). Or la part énorme de ruraux (65 % environ au Bangladesh, en Inde et au Vietnam) alimente l'exode rural. Le continent gagne deux millions d'urbains chaque mois ! Il est donc à craindre que la vie quotidienne dans les villes se dégrade, avec une extension encore plus grande des bidonvilles.

> **Valoriser sa copie**
> Effectuez des calculs simples avec les données pour montrer que vous en saisissez le sens et les unités.

Enfin, le vieillissement de la population, quoiqu'encore faible dans une partie du continent, est inexorable.

Accéléré en Chine par la politique de l'enfant unique, en vigueur entre 1979 et 2015, ce processus est particulièrement net au Japon, pays singulier par ses statistiques. La part des plus de 65 ans y dépasse 25 %, et si la population a augmenté entre 1980 et 2016, elle a atteint son plus haut et diminuera dans les années à venir. Cela soulève des enjeux économiques majeurs, car la prise en charge des anciens nécessite des moyens

> **Vocabulaire**
> **Vieillissement :** processus d'augmentation de l'âge moyen dans une population donnée, ce qui se traduit par une hausse du nombre de personnes âgées.

GÉOGRAPHIE

importants. Le Japon, toutefois, semble davantage en mesure d'y répondre que la Chine, en raison de son niveau de vie très élevé (PIB par habitant supérieur à 35 000 $ par an). Le vieillissement montre ainsi les limites du document 1 : avec une croissance faible, le Japon est pourtant le pays le plus développé de la région.

Conclusion

La forte croissance économique en Asie du Sud et de l'Est repose pour partie sur la présence d'une population jeune, formant une main-d'œuvre disponible et bon marché pour l'assemblage des biens de consommation mondiaux. Toutefois, les situations économiques et démographiques sont contrastées sur le continent. Le Japon et dans une moindre mesure la Chine, connaissent déjà le vieillissement. Quant à l'Inde, au Bangladesh et au Vietnam, la population augmente très vite, ce qui freine le développement.

Sujet 32 Le Japon et la Chine : deux États rivaux en Asie et dans le monde

8 pts 2 h

Asie Pacifique, juin 2018

Analyse de deux documents

› Chine/Japon : concurrence et interdépendance.

À partir de l'analyse de ces documents, montrez les relations de concurrence et d'interdépendance de la Chine et du Japon.

Doc. 1 Le conflit entre la Chine et le Japon en Mer de Chine orientale

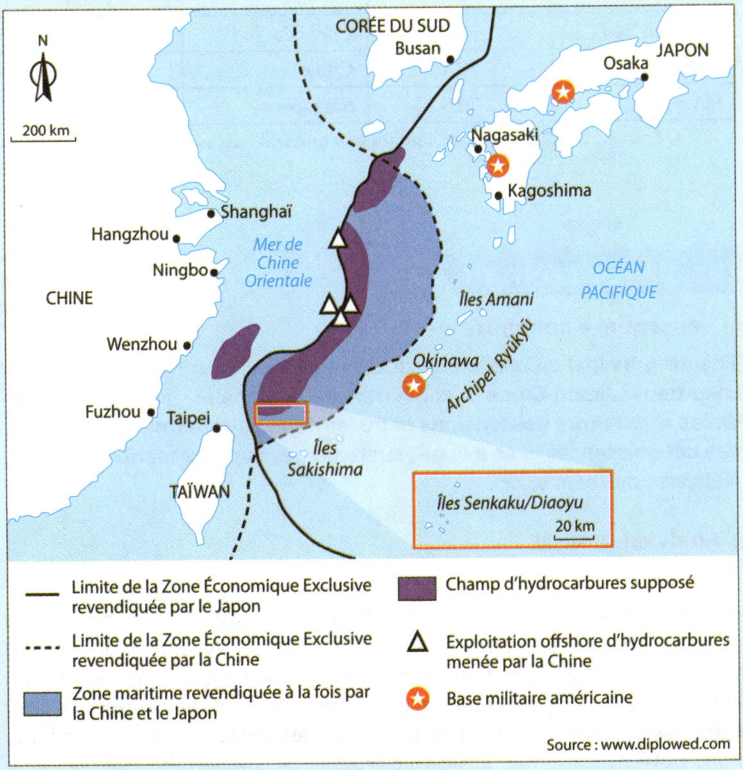

Source : www.diplowed.com

GÉOGRAPHIE

Doc. 2 **Les 5 premiers partenaires commerciaux de la Chine et du Japon en 2000 et en 2016**

Exportations de la Chine (en milliards de $)

2000 (total : 249,2)		2016 (total : 2 097,6)	
États-Unis	52,2	États-Unis	385,7
Japon	41,7	Japon	129,3
Corée du Sud	11,3	Corée du Sud	93,7
Allemagne	9,3	Allemagne	65,2
Pays-Bas	6,7	Pays-Bas	57,4

Exportations du Japon (en milliards de $)

2000 (total : 479,3)		2016 (total : 644,9)	
États-Unis	142,5	États-Unis	130,6
Taïwan	35,9	Taïwan	113,8
Corée du Sud	30,7	Corée du Sud	30,7
Chine	30,4	Chine	30,4
Singapour	20,8	Singapour	20,8

Source : Banque Mondiale, http://wits.worldbank.org, consulté le 8 janvier 2018

Les clés pour réussir

L'essentiel à connaître

Thème principal : Cette étude documentaire s'inscrit dans l'étude du chapitre « Japon-Chine : concurrences régionales, ambitions mondiales ». La nature des tensions entre les deux pays permet de mobiliser des connaissances liées à la géostratégie des espaces maritimes.

Notions : puissance, ZEE.

Analyser le sujet

La consigne

La consigne vous invite à comparer les deux puissances et à montrer de quelles façons elles s'opposent et se complètent en Asie. Vous devez donc vous appuyer sur **la notion de puissance**, c'est-à-dire la capacité d'un acteur à faire valoir ses intérêts et **les moyens qu'il met en œuvre pour s'imposer**. On distingue traditionnellement les outils de la puissance forte/*hard power* (économie, armée/diplomatie, population et territoire) et le pouvoir d'influence/*soft power* (idéologie, culture, capacité d'influence).

Les documents

Document 1 : carte représentant le conflit entre la Chine et le Japon en Mer de Chine orientale, issue de la revue en ligne *Diploweb*.

Document 2 : tableau chiffré indiquant les volumes d'échange avec les 5 premiers partenaires commerciaux de la Chine et du Japon en 2000 et 2016. Les données ont été collectées par la Banque mondiale.

Déterminer l'enjeu du sujet

Vous devez montrer que la Chine et le Japon sont engagés dans une **stratégie d'affrontement** pour exercer le leadership en Asie, mais aussi à échelle mondiale. Vous devez ensuite établir les liens entre les deux pays, notamment économiques.

Organiser ses idées

Structurer son devoir

- Les documents vous permettent de travailler les aspects du *hard power*.
- Commencez par montrer que les deux pays sont économiquement adversaires et partenaires.
- Examinez ensuite les divergences territoriales et stratégiques entre la Chine et le Japon.

Mots-clés : « Usine du monde », DIT, recherche et développement, ZEE, Senkaku/Diaoyu, arme nucléaire.

Valoriser sa copie

- Faites appel au **contexte historique** en vous appuyant sur le cours consacré à la Chine depuis 1949, et exposez ainsi les ressorts des relations entre la Chine, le Japon et leurs voisins.
- Mobilisez des **chiffres permettant de quantifier les formes de la puissance** pour mieux les caractériser.

GÉOGRAPHIE

Sujet 32 Corrigé

Chine/Japon : concurrence et interdépendance.

Attention

Le plan est rappelé pour vous aider, mais il ne doit en aucun cas figurer sur votre copie. À vous de guider le correcteur par l'annonce du plan dans l'introduction, les phrases d'attaque des paragraphes et des transitions.

Introduction

La Chine et le Japon, deuxième et troisième puissances économiques mondiales, sont voisins l'un de l'autre. Ils utilisent leur puissance pour étendre leur influence à l'échelle régionale, ce qui les conduit à l'affrontement. À travers l'étude de deux documents, une carte cadrant les conflits territoriaux entre les deux États issue de la revue en ligne *Diploweb* et un tableau chiffré construit par la Banque mondiale permettant d'établir les relations commerciales des deux pays et leur évolution entre 2000 et 2016, nous montrerons comment s'exprime la rivalité entre la Chine et le Japon en Asie et dans le monde.

I – Les relations économiques entre le Japon et la Chine sont faites d'hostilité et de complémentarité

Le Japon, ancienne puissance industrielle, s'est spécialisé dans les nouvelles technologies à partir de 1945. Son modèle est rapidement suivi par Taïwan, La Corée du Sud et Singapour, les « dragons asiatiques » devenant ses principaux partenaires économiques en 2000 (document 2). Dans le cadre de la DIT, le Japon choisit également de faire sous-traiter l'assemblage de ses productions par la Chine, « usine du monde » en 2000 (document 2). Cette dernière exporte alors des biens de consommation courante vers les principaux pôles de richesse mondiaux.

En 2016, la situation comme les valeurs exportées par les deux pays traduisent d'importantes évolutions. Les partenaires du Japon demeurent essentiellement asiatiques. Les exportations du Japon vers la Chine ont quadruplé (document 2), à la faveur de l'augmentation du niveau de vie en Chine. Les deux pays échangent dans leurs monnaies respectives, sans passer par le dollar et se sont mutuellement acheté des obligations d'État. La Chine est devenue la deuxième puissance économique mondiale, et ses principaux partenaires sont mondiaux ; ses exportations vers les États-Unis ont été multipliées par 6, et celles vers le Japon par 3. Elle renforce ses capacités d'innovation technologique, confiant à ses voisins (Vietnam, Philippines) une part croissante de ses réalisations industrielles les moins complexes, ce que ne traduit pas le document 2. Le Japon domine néanmoins le secteur des connaissances, consacrant 3,6 % de son PIB à la recherche et au développement, contre 1,5 % en Chine.

> **Valoriser sa copie**
> Citez des chiffres précis pour renforcer votre argumentation.

II – Sur le terrain stratégique et diplomatique, la rivalité entre les deux pays se renforce

Dotée de l'arme nucléaire et d'une armée en forte croissance, la Chine surclasse le Japon, qui n'a plus que des forces d'auto-défense depuis sa défaite de 1945. Mais il est allié aux États-Unis, qui entretiennent plusieurs bases militaires sur son territoire (étoiles blanches), et assurent ainsi sa protection.

> **L'astuce du prof**
> Citez les figurés de la légende pour bien montrer que vous partez du document pour votre analyse.

Les États-Unis soutiennent ainsi le Japon dans le conflit territorial qui porte sur l'archipel des Senkaku/Diaoyu. Alors que le Japon occupe les îlots Senkaku, la Chine nomme cet archipel Diaoyu et le considère comme chinois, y envoyant régulièrement des avions et des navires de guerre.

Ce conflit se nourrit des enjeux sur la délimitation de la ZEE des deux pays (traits hachurés noirs/traits continus noirs).

Il porte moins sur le chapelet d'îles, désertes et inhospitalières, que sur les ressources supposées qui s'y trouvent : le pétrole (figuré de surface noir), et les ressources halieutiques (non représentées). En effet, la Chine comme le Japon importent massivement des matières premières, et se livrent déjà à une féroce compétition pour le contrôle de ces ressources en mer de Chine. La Chine a d'ailleurs engagé l'exploitation *offshore* du pétrole en lisière de la ZEE japonaise (triangles).

> **Vocabulaire**
>
> **Zone Économique Exclusive (ZEE)** : zone de 200 miles marins autour du territoire d'un État, sur laquelle il exerce des droits souverains sur les ressources.

Le conflit Diaoyu/Senkaku s'explique aussi par la place stratégique de l'archipel, situé sur une des principales « voies maritimes » de la Chine, pays dépendant de la mer pour 90 % de ses exportations. Cette dernière entend ainsi sécuriser ainsi ses approvisionnements en matières premières, venues d'Afrique, d'Australie et d'Asie.

Plus généralement, les deux puissances se livrent à une lutte d'influence pour le contrôle de l'Asie du Sud-est, exacerbée par le nationalisme virulent des deux pays, qui se nourrit de leur affrontement violent entre 1937 et 1945. L'histoire du Japon ne lui est d'ailleurs pas favorable dans la région, où il apparaît comme un État arrogant, refusant de reconnaître ses exactions passées, comme le montrent les honneurs rendus aux défunts chefs de guerre japonais au sanctuaire de Yasukuni. Quant à la Chine, longtemps puissance impériale soumettant des « États tributaires », elle suscite aussi la méfiance.

> **Valoriser sa copie**
>
> Faites référence à l'histoire des relations internationales en Asie, pour contextualiser efficacement la rivalité sino japonaise.

Conclusion

Avec 75 % de la production de richesse de l'Asie, Chine et Japon apparaissent collectivement comme des premières puissances asiatiques et mondiales, concurrentes diplomatiques et partenaires économiques. Il n'est cependant pas dit que cette domination puisse durer : Chine comme Japon font face au vieillissement de leur population. L'Inde, qui deviendra dès 2030 le pays le plus peuplé du monde, saura peut-être en profiter pour s'imposer sur le continent.

Mémento

1 L'historien et les mémoires de la Seconde Guerre mondiale/ de la guerre d'Algérie

L'enjeu du chapitre

En confrontant le lien entre histoire et mémoires à un événement douloureux, vécu par des acteurs différents, le chapitre implique de **questionner la difficulté à historiciser les mémoires.**

Mémoires : représentations subjectives du passé, activées dans le présent. Présupposent la sélection, et donc l'oubli.

Histoire : science humaine et sociale visant à construire un récit sur le passé à partir d'un travail critique sur des sources.

Les étapes de l'argumentation

- Les **mémoires du conflit** doivent être **décrites** et **leurs relations explicitées** (opposition, concurrence, complémentarité).
- La place des mémoires doit être **mise en relation avec le rôle de l'État**, qui, par une **politique mémorielle**, peut les reconnaître, les utiliser, les ignorer voire les faire taire.
- C'est dans ce contexte que travaillent les historiens. Ils **confrontent les mémoires à des archives**, dont l'accès est largement contrôlé par l'État. Leur travail peut heurter certaines mémoires.

Les connaissances-clés

- Seconde Guerre mondiale : épuration, résistancialisme, Shoah, procès Eichmann (1961), négationnisme, révisionnisme, crime contre l'humanité, Jean Moulin au Panthéon (1964), discours de Jacques Chirac (1995), procès Papon (1998).

Ouvrages d'historiens : R. Paxton, *La France de Vichy* ; H. Rousso, *Le Syndrome de Vichy.*

- Guerre d'Algérie : FLN, combattants algériens, soldats français, harkis, OAS, pieds-noirs, rapatriés, 17 octobre 1961, Charonne (février 1962), reconnaissance de la guerre d'Algérie (1999), loi de février 2005 (rôle positif de la France).

Ouvrages d'historiens : B. Stora, *La Gangrène et l'oubli. La mémoire de la guerre d'Algérie* ; R. Branche, *La Torture et l'Armée pendant la guerre d'Algérie* ; M. Harbi, *La Guerre d'Algérie.*

2 Les États-Unis et le monde depuis 1945

L'enjeu du chapitre

À l'issue de la Seconde Guerre mondiale, les États-Unis choisissent d'assumer leur rôle de puissance mondiale. Le chapitre implique d'expliquer comment **l'exercice de cette puissance évolue en lien avec le reste du monde**, entre leadership et politique multilatérale.

Puissance : capacité d'un État à imposer ses décisions aux autres dans le système international.

Hard power : maîtrise de la force militaire et économique.

Soft power : capacité d'influence d'un État, qui repose sur l'attractivité de son modèle culturel et social.

Les étapes de l'argumentation

- Entre 1945 et 1991, la puissance américaine durant la guerre froide tient à la mobilisation des outils du *hard power* et du *soft power*, et se traduit par le **renforcement d'un réseau d'alliances**. Quoique victorieuse, la **compétition avec l'URSS** est **jalonnée de crises** qui montrent les limites de la puissance des États-Unis.
- À partir de 1991, les États-Unis, super voire hyperpuissance, **oscillent entre multilatéralisme et unilatéralisme**, ce qui nourrit les critiques. Ils s'emploient à diffuser les valeurs démocratiques et les principes du **libéralisme économique** dans le monde.

Les connaissances-clés

Dates-clés : Bretton Woods (1944), Hiroshima et Nagasaki (1945), doctrine Truman (1947), CIA (1947), OTAN (1949), crise de Cuba (1962), guerre du Vietnam (1964-1973), guerre du Golfe et disparition de l'URSS (1991), attentats du 11 septembre 2001, guerre d'Irak (2003).

Mots-clés : destinée manifeste, *Gold Exchange Standard,* dissuasion nucléaire, endiguement, *American Way of Life,* libéralisme économique, course à l'espace, course à l'armement, Détente, impérialisme, *enlargement,* « gendarmes du monde », interventionnisme.

Acteurs-clés : F. D. Roosevelt, Harry Truman, Congrès et peuple américains, Bill Clinton, Georges W. Bush.

3 La Chine et le monde depuis 1949

L'enjeu du chapitre

Devenue communiste en 1949, la Chine a restauré son unité politique et cherche désormais à retrouver sa puissance mondiale, perdue au XIXe siècle. Il s'agit de comprendre **comment le gouvernement chinois (re)construit progressivement les outils de cette puissance**, d'abord à travers la diffusion d'un modèle maoïste de développement, puis grâce à la puissance économique, **avant de dresser un bilan** de l'influence chinoise contemporaine, encore incomplète.

Les étapes de l'argumentation

- Entre 1949 et 1978, la Chine, sous l'influence de Mao, se pose en **alternative au modèle soviétique**, et tente d'attirer les pays du tiers-monde et la jeunesse des pays développés. Elle reconstitue également une **sphère d'influence régionale**, devenant un acteur majeur de la guerre froide.
- À partir de 1978, le leader Deng Xiaoping choisit de **faire de la Chine l'atelier du monde**, l'insérant ainsi au marché mondial. Géant économique, elle **renforce ses liens avec l'Afrique et l'Asie** et consolide son armée, mais son régime reste autoritaire.

Les connaissances-clés

Dates-clés : proclamation de la République populaire de Chine (1949), guerre de Corée (1950-1953), rupture avec l'URSS (1963), première bombe atomique chinoise (1964), entrée au Conseil de sécurité de l'ONU (1971), ouverture des Zones Économiques Spéciales (1978), massacres de Tian'anmen (1989), rétrocession de Hong Kong (1997) et de Macao (1999), Jeux Olympiques de Pékin (2008), 2e puissance économique mondiale (2010).

Mots-clés : États tributaires, maoïsme, Révolution culturelle, « théorie des trois mondes », diplomatie du ping-pong, libéralisation, ZES, atelier du monde.

Acteurs-clés : Parti communiste Chinois (PCC), Mao Zedong, Deng Xiaoping.

4 Le Proche et le Moyen-Orient, un foyer de conflits depuis la fin de la Seconde Guerre mondiale

L'enjeu du chapitre

Le Proche et le Moyen-Orient forment un **ensemble instable, théâtre de conflits** attisés par la disparition de l'Empire ottoman (1920). Cette conflictualité tient-elle à des **dynamiques internes** – notamment à une grande diversité culturelle et religieuse – **ou bien externes**, les puissances étrangères convoitant ses hydrocarbures et cherchant à contrôler ce lieu stratégique ?

Conflictualité : état de tension résultant de menaces latentes, et pouvant mener au conflit.

Conflit : contestation opposant deux ou plusieurs États.

Les étapes de l'argumentation

- Les **puissances étrangères** interviennent au Proche et au Moyen-Orient pour y **consolider leur influence et s'assurer de la mise à disposition des hydrocarbures** proche-orientaux sur le marché mondial. La région devient un **enjeu de la guerre froide**, avant d'être **investie par les États-Unis**, qui y interviennent militairement et diplomatiquement. Partisans et adversaires des États-Unis s'opposent dans de nombreux États.
- Les conflits du Proche et du Moyen-Orient tiennent aussi à des **facteurs internes**. Aux **appartenances culturelles** arabe, turque et persane s'ajoutent des **différences religieuses et sociales**. Les régimes politiques, souvent instables et autoritaires, ignorent cette diversité. Cela alimente des **tensions instrumentalisées par les puissances régionales** (Arabie saoudite, Turquie, Iran) pour étendre leur influence, au risque de multiplier les conflits internes (Israël, Liban, Irak, Syrie, Égypte).

Les connaissances-clés

Dates-clés : Ligue arabe (1945), création de l'État d'Israël (1948), guerre des Six Jours (1967), Révolution islamique d'Iran (1979), guerre du Golfe (1991), accords d'Oslo (1993), guerre d'Irak (2003), « printemps arabe » (depuis 2011).

Mots-clés : panarabisme, sionisme, islamisme, Jérusalem, Canal de Suez, territoires occupés, intifada, pétromonarchie.

Acteurs-clés : OLP, G. Nasser, A. Sadate, Y. Rabin, B. Clinton, Hamas, Hezbollah, A. Khomeini, parti Baas, ligue arabe, OPEP, Al Qaïda.

5 Gouverner la France depuis 1946 : État, gouvernement, administration et opinion publique

L'enjeu du chapitre

À l'issue de la Seconde Guerre mondiale, la France doit reconstruire ses institutions et son organisation économique et sociale. Il s'agit de décrire les **formes et les objectifs de cette reconstruction**, dans un pays porteur d'une **forte tradition étatique**, aux prises avec une opinion publique de plus en plus informée. Le rôle de l'État doit aussi être **confronté aux dynamiques de construction européenne et de mondialisation économique**, nouvelles échelles de gouvernement.

État : autorité souveraine qui s'exerce sur un territoire, délimité par des frontières. Il dispose du pouvoir suprême de gouverner et de décider.

Gouvernement : organe investi du pouvoir exécutif, afin de diriger un État.

Administration : ensemble des personnes morales et physiques qui, par leur activité, répondent à l'intérêt général de la population.

Les étapes de l'argumentation

- Après la Seconde Guerre mondiale, si les institutions passent d'un régime parlementaire à un régime présidentiel, **l'État s'impose** comme **organisateur du progrès social** et **régulateur de l'économie et de la société**. Cela implique le développement de l'administration et repose sur le soutien de l'opinion publique.
- **Le poids de l'État s'érode** à partir des années 1970. Le libéralisme économique encourage la dérégulation, qui affaiblit à son tour l'État. La construction européenne impose le respect d'engagements supranationaux. L'État délègue une part de ses compétences aux collectivités locales.

Les connaissances-clés

Dates-clés : création de l'ENA, Sécurité sociale (1945), IVe République et Commissariat au Plan (1946), Ve République (1958), formation de l'UE (1993).

Mots-clés : « État-providence », modes de scrutin, politiques publiques, nationalisation/privatisation, planification/dérégulation, décentralisation, libéralisme économique, mondialisation.

Acteurs-clés : président de la République, Parlement, partis politiques, médias, collectivités locales.

6 Une gouvernance européenne depuis le traité de Maastricht

L'enjeu du chapitre

La construction européenne, entamée en 1951 (CECA), franchit en 1992 une étape décisive avec la **création de l'Union européenne (UE)**, qui **accélère l'intégration** entre les pays membres, dont le nombre ne cesse par ailleurs de croître avec la disparition du bloc soviétique. Comment **s'articule le partage des pouvoirs** entre les institutions communautaires et les États ? En quoi l'**élargissement progressif** de l'UE met-il à jour les **limites** de la gouvernance européenne ?

Gouvernance européenne : ensemble des règles, des organes de décision et des mécanismes permettant le bon fonctionnement d'une institution.

Les étapes de l'argumentation

- L'effondrement du bloc soviétique **transforme le projet européen** : l'UE, née en 1992, passe de 12 à 28 membres. Cet élargissement met à l'épreuve la cohésion et le fonctionnement des institutions européennes, souvent bloquées par le principe de l'unanimité du Conseil européen, qui provoque en outre la **désaffection des citoyens**. Le renforcement du Parlement doit donner à l'UE un visage plus démocratique.
- Le partage des compétences entre les États et l'UE est discuté, la **crise de l'euro** montrant la difficulté à articuler des contraintes monétaires nationales opposées. Le **projet de défense commune** se heurte aux prérogatives militaires des États membres. Les Européens hésitent toujours entre fédération – avec partage des prérogatives entre les États et l'UE – et coopération intergouvernementale.

Les connaissances-clés

Dates-clés : traité de Maastricht (1992), entrée en vigueur de la convention de Schengen (1995), passage à l'euro (décembre 1999).

Mots-clés : approfondissement, élargissement, majorité qualifiée, marché commun, supranationalité, fédéralisme, souverainisme, euroscepticisme.

Acteurs-clés : Conseil européen, Conseil de l'Union européenne, Commission européenne, Parlement européen, citoyens de l'UE.

7 Une gouvernance économique mondiale depuis le sommet du G6 de 1975

L'enjeu du chapitre

La **fin des Trente Glorieuses** fait vaciller l'ordre de Bretton Woods. Comptant stimuler leur économie par la concurrence et l'innovation, les pays développés abaissent la fiscalité et les contrôles sur les acteurs financiers, donc le pouvoir des États. Mais comment concilier cet effacement de l'État avec le besoin de gouvernance, alors que l'économie mondiale semble incontrôlable et que les disparités se creusent ?

Gouvernance économique mondiale : ensemble des règles, des organes de décision et des mécanismes supposés permettre le bon fonctionnement de l'économie mondiale.

Les étapes de l'argumentation

- À la fin des années 1970, par conviction néolibérale, les pays développés espèrent **résoudre la crise économique mondiale par la déréglementation** : fiscalité, douanes, dépenses publiques et contrôles sur les acteurs financiers sont réduits. Cette politique **conditionne aussi les prêts accordés** par les acteurs de la gouvernance économique mondiale **aux pays en développement**. Mais cela **favorise les crises financières systémiques** (1997, 2008-2010).
- La gravité de la situation stimule le **besoin de coopération interétatique**. Les vingt plus grandes puissances économiques mondiales se concertent pour (re)penser un ordre financier et monétaire commun. Mais la concurrence entre États complique les prises de décision collectives, tandis qu'une partie du monde conteste la légitimité de ce mode de gouvernance et ses effets.

Les connaissances-clés

Dates-clés : création du G6 (1975), mouvement de dérégulation mondiale (1980), krach boursier (1987), l'OMC remplace le GATT (1995), Forum social mondial (depuis 2001), crise des *subprimes* (2007-2010), création du G20 (2008).

Mots-clés : néolibéralisme, déréglementation, plan d'ajustement structurel (PAS), altermondialisme.

Acteurs-clés : FMI, Banque mondiale, FTN, G6-7-8-20, GATT – OMC, OCDE, altermondialistes, forums sociaux mondiaux.

8 Des cartes pour comprendre le monde

L'enjeu du chapitre

Le monde contemporain résulte de **dynamismes spatiaux variés**, et **parfois contradictoires** : la **mondialisation** transforme les espaces à toutes les échelles. Elle s'opère dans un contexte de tensions géopolitiques multiples et s'exerce sur des sociétés et des cultures diverses, qui y réagissent différemment. En quoi l'analyse combinée de différentes cartes permet-elle d'appréhender cette complexité et d'interroger les grandes notions géographiques qui modélisent l'organisation spatiale ? Pourquoi faut-il cependant lire les représentations cartographiques de façon critique ?

Échelle : échelon d'analyse spatiale d'un phénomène, du local au mondial.

Projection : procédé imaginé pour représenter « à plat » le globe terrestre, ce qui implique une déformation.

Centrage : placement d'un espace au centre de la carte, ce qui le valorise.

Discrétisation : procédé de classement et de représentation graphique d'une série de données (IDH, PIB...).

Anamorphose : procédé de représentation de territoires dont les surfaces sont corrélées à une donnée chiffrée (population, PIB...), ce qui permet de spatialiser visiblement les disparités.

Les représentations cartographiques

- La représentation géo-économique du monde passe par l'**exploitation de données chiffrées**, dont il faut interroger la discrétisation. Elle implique aussi une réflexion sur la représentation des flux et leur tracé.
- Souvent, les appartenances géoculturelles sont **difficiles à cartographier**, car la culture est le fruit de recompositions et de brassages. La représentation de certaines pratiques (sport, alimentation...) permet en revanche de **discuter de l'uniformisation ou de la diversité des usages culturels** du monde.
- Les **représentations géopolitiques** impliquent de cartographier les acteurs, les espaces et les formes de conflit, mais aussi les rapports de force armés et les organisations internationales. La **multiplication des formes et des espaces de conflictualité** à toutes les échelles en complique la traduction graphique. Le choix d'une projection et de son centrage influe la lecture.
- La **réflexion géo-environnementale** est l'objet de débats. Sa cartographie repose sur l'accès aux ressources, la menace ou la protection d'espaces naturels, la pollution et ses conséquences. Ainsi, les données à cartographier sont souvent peu précises ou peu fiables.

9 Acteurs, flux et débats de la mondialisation

L'enjeu du chapitre

Le processus de la mondialisation met en relation des **acteurs spatiaux qui commandent ou réalisent des flux**, et **structurent ainsi un ordre mondial**. Il s'agit donc de comprendre comment s'articulent les décisions d'acteurs et les flux, et selon quelle organisation spatiale. Enfin, cette interdépendance a des **effets contradictoires**, ce qui fait naître des débats dont il faut interroger les termes et les effets.

Mondialisation : processus d'interdépendance croissante des hommes et des territoires.

Acteurs (spatiaux) : personne physique ou morale capable d'agir sur l'espace.

Flux : mouvement de personnes, de capitaux, de biens ou d'informations d'un point à un autre de l'espace mondial. Les flux dessinent des réseaux.

Débats : discussion sur un sujet, à laquelle prennent part différents acteurs qui échangent des arguments.

Les étapes de l'argumentation

- La mondialisation repose sur des **acteurs variés**. Les **FTN** exploitent les avantages comparatifs des territoires pour optimiser leur efficacité économique. **États** et **citoyens** s'insèrent dans ce système mondialisé, tout en cherchant parfois à le réguler.
- Cette mise en réseau du monde se traduit par le **développement de flux**. Grâce aux réseaux de transport et de communication, hommes, capitaux, marchandises et informations relient pôles émetteurs et récepteurs.
- La connexion entre les hommes et les territoires provoque des **contacts** mais aussi des **tensions**. Les débats portent sur la **dissymétrie des échanges et des bénéfices** tirés de la mondialisation, à toutes les échelles.

Les connaissances-clés

Espaces-clés : espaces de conception/innovation, pays-ateliers, paradis fiscaux, hub, places boursières, frontières, interfaces.

Mots-clés : division internationale du travail (DIT), délocalisation, réseau, conteneurisation, globalisation financière, altermondialisme.

Acteurs-clés : FTN, migrants, touristes, travailleurs, États, ONG, G20.

10 Des territoires inégalement intégrés à la mondialisation

L'enjeu du chapitre

La mondialisation est à la fois un **processus de convergence et de fragmentation des territoires**, qui provoque une polarisation et une hiérarchisation des lieux, à **toutes les échelles**. Il convient donc de décrire et d'expliquer quels territoires profitent de la mondialisation pour s'insérer ou renforcer leur intégration à l'espace mondial, et lesquels demeurent **en marge**.

Territoire : portion délimitée de l'espace terrestre, gérée administrativement et sur laquelle fonctionnent des acteurs.

Intégration : processus de rapprochement, voire d'assimilation.

Marginalisation : mise à l'écart, exclusion.

Les étapes de l'argumentation

- La **polarisation** et la **hiérarchisation** induites par la mondialisation renforcent le **principe de centralité**. À toutes les échelles, des espaces commandent et organisent l'espace mondial : pays développés ou émergents, centres d'impulsion, métropoles, centres d'affaires. Les hubs et les interfaces, parce qu'ils dessinent l'organisation des flux, s'insèrent aussi dans la mondialisation. **Tous concentrent richesse, accessibilité et ressources.**
- À l'inverse, certains espaces restent **en marge de la mondialisation** parce qu'ils sont enclavés, mal équipés ou pauvres en ressources. Pays les moins avancés, régions rurales, pays dépourvus de littoraux ou quartiers relégués des métropoles restent à l'écart.
- Cependant, **cette hiérarchie se recompose en permanence**, au gré des stratégies des acteurs.

Les connaissances-clés

Espaces-clés : villes mondiales, archipel métropolitain mondial (AMM), mégalopoles, métropoles, CBD, interfaces, zones transfrontalières, façades maritimes, zones franches, hub, quartiers relégués.

Mots-clés : hiérarchisation, polarisation, intégration, marginalisation, centre/périphéries, métropolisation, littoralisation, accessibilité, fragmentation, enclavement.

Acteurs-clés : FTN, États, PMA, pays émergents.

11 Les espaces maritimes : approche géostratégique

L'enjeu du chapitre

Le chapitre invite à discuter des raisons pour lesquelles les espaces maritimes sont **au cœur des enjeux de la mondialisation.** Il faut donc mener une réflexion sur la mer comme **espace de production et d'échange**, et ainsi interroger la nécessité pour les États de contrôler les espaces maritimes pour garantir leur insertion dans la mondialisation.
Espaces maritimes : mers et océans du monde, mais aussi littoraux qui les bordent et passages qui les relient.
Géostratégie : stratégie d'un État pour contrôler un territoire et ainsi garantir ou consolider son pouvoir.

Les étapes de l'argumentation

- La DIT (division internationale du travail) repose sur les échanges de marchandises de toutes natures, effectués majoritairement par voie maritime ; ils dessinent des **réseaux structurés par des hubs.**
- Les espaces maritimes recèlent des **ressources convoitées.** Cela alimente rivalités et tensions portant sur la délimitation des zones économiques exclusives (ZEE) et sur l'exploitation effective des ressources.
- Dès lors, certains États mobilisent des moyens importants pour contrôler et surveiller ces espaces, notamment les **points de passage.**

Les connaissances-clés

Espaces-clés : mers et océans, canal de Suez, canal de Panama, détroit de Malacca, détroit de Gibraltar, passage du Nord-Ouest, façades maritimes de Chine, du Japon, d'Europe et d'Amérique du Nord, grands ports mondiaux.
Mots-clés : littoralisation, conteneurisation, ZEE, ressources halieutiques, piraterie, sécurisation.
Acteurs-clés : FTN du transport maritime, de l'énergie et de la pêche, pêcheurs, pirates, forces de marines, États avec une façade maritime.

12 L'Amérique : puissance du Nord, affirmation du Sud

L'enjeu du chapitre

La réflexion à l'échelle continentale implique de **confronter les dynamiques de la mondialisation à des espaces et à des thématiques spécifiques**. Pour l'Amérique, l'étude porte d'abord sur le processus d'intégration du continent, qu'il faut mettre en relation avec les disparités qui le fracturent. Elle invite ensuite à une comparaison entre États-Unis et Brésil – une puissance mondiale et un pays émergent – selon une logique multiscalaire (rôle mondial, dynamiques territoriales).

Intégration régionale : processus d'interdépendance croissante des pays d'une région du monde, à la faveur de l'organisation d'une communauté économique.

Dynamiques territoriales : transformations de l'organisation d'un territoire.

Les étapes de l'argumentation

- Le continent américain se caractérise par des **contrastes économiques, culturels et politiques**, ce qui alimente des **tensions sociales à toutes les échelles**. L'influence prépondérante des États-Unis crée aussi des tensions. Deux processus d'intégration, le Mercosur au Sud et l'Alena au Nord, régulent en partie ces oppositions à l'échelle sous-continentale, mais renforcent la prépondérance du Brésil et surtout des États-Unis.
- Le **rôle mondial des États-Unis** est bien plus affirmé que celui du Brésil dans les sphères économique, militaire et diplomatique. Mais le **Brésil** s'affirme en se posant en **porte-parole des pays en développement**. Son influence croît, alors que celle des États-Unis est contestée.
- Les dynamiques territoriales des deux États s'inscrivent dans la mondialisation : métropolisation, littoralisation, développement des interfaces. Les disparités s'y creusent. Le Brésil compte encore des régions en marge.

Les connaissances-clés

Espaces-clés : Amérique latine/anglo-saxonne, Caraïbes, métropoles, Mégalopolis, Mexamerica, *Sun Belt*, Sudeste, New York, São Paulo.

Mots-clés : disparités, multiculturalisme, intégration, *hard* et *soft power*, centres d'impulsion, métropolisation, littoralisation, centre/périphéries.

Acteurs-clés : FTN du Brésil et des États-Unis, Venezuela, Mexique.

13 L'Afrique : les défis du développement

L'enjeu du chapitre

Avec l'Afrique, c'est la question de la **marginalisation dans la mondialisation** qui est posée. Les difficultés mesurées par des indicateurs de développement ne doivent pas masquer la **transformation de l'Afrique**, dont il faudra présenter les lieux et les formes, sans en minorer les limites. L'exemple du Sahara permet de comprendre comment s'opère l'**intégration de l'Afrique à la mondialisation**, et d'interroger ses **conséquences spatiales**.
Développement : capacité d'un territoire à assurer les besoins essentiels de sa population et à accroître son niveau de vie.

Les étapes de l'argumentation

- Le **Sahara**, plus grand désert chaud du monde partagé en dix États, recèle de **nombreuses ressources** : eau souterraine, hydrocarbures, paysages rares, espaces isolés et peu surveillés. Des FTN puissantes valorisent ces potentialités sans y associer les populations, ce qui encourage le développement de trafics en tous genres. Le Sahara est devenu un **espace conflictuel**, dont profitent des mouvements terroristes comme AQMI, au risque de fragiliser des populations déjà marginalisées au Niger ou au Mali.
- **Plusieurs indicateurs** comme l'espérance de vie, l'accès à l'eau ou à l'école montrent que le **développement** de l'Afrique est **insuffisant**. Son insertion dans la mondialisation demeure limitée. L'Afrique connaît cependant une **forte croissance économique**, tirée par une population jeune, les métropoles, les nouvelles technologies et les ressources du sous-sol. Mais cette croissance est **encore insuffisante pour lever les obstacles au développement** : insécurité alimentaire, instabilité politique, corruption et pollution. Les contrastes demeurent forts à toutes les échelles.

Les connaissances-clés

Espaces-clés : Sahara, Tamanrasset, Hoggar, Afrique subsaharienne, Nigeria, Afrique du Sud, Maghreb, Johannesburg, Lagos, Le Caire, Kinshasa.

Mots-clés : nappe aquifère, irrigation, oasis, conflits d'usage, base gazière, Frontex, réseaux illicites, rente énergétique, malédiction de la rente, économie informelle, frontière.

Acteurs-clés : Areva, Sonatrach, Touaregs, AQMI, PMA, pays émergents.

14 L'Asie du Sud et de l'Est : les enjeux de la croissance

L'enjeu du chapitre

La place de l'Asie dans la mondialisation se renforce ; elle devient un **centre d'impulsion planétaire**. Cette forte croissance recompose les relations intra-régionales, relançant la confrontation entre le Japon et la Chine. Les performances économiques de l'Asie reposent toutefois sur une **population jeune et nombreuse**, dont le vieillissement inéluctable hypothèque les dynamiques en cours. Comment consolider la croissance avec une population qui augmente et vieillit en même temps ? Sous quelles formes s'exprime aujourd'hui la rivalité entre la Chine et le Japon, et avec quels résultats ?

Croissance : hausse du PIB d'une année sur l'autre.

Les étapes de l'argumentation

- Les **performances économiques de l'Asie**, quoique variables selon les pays, sont globalement **impressionnantes**. Suivant un modèle de développement initié par le Japon après 1945, tous les pays d'Asie sont devenus tour à tour des pays ateliers, avant de basculer pour certains dans l'économie de la connaissance. Ce mouvement a profité de la présence d'une **main-d'œuvre jeune et bon marché**, capable d'exercer les métiers inhérents au système d'atelier ; l'Asie a touché son dividende démographique. Mais l'avenir est plus incertain : la croissance économique affecte l'environnement, les disparités se creusent et le vieillissement de la population **impose de trouver rapidement de nouvelles formes de croissance**.
- Japon et Chine symbolisent cette domination économique ; ils sont d'ailleurs des partenaires interdépendants. Mais cela ne les empêche pas de se disputer certains territoires ou de (re)construire les outils de leur domination militaire et de leur influence culturelle à échelle mondiale. **La Chine prend le pas sur le Japon**.

Les connaissances-clés

Espaces-clés : littoraux, métropoles, mégalopole japonaise, Chine, Singapour, îles Senkaku/Diaoyu, ZES.

Mots-clés : transition démographique, dividende démographique, urbanisation, intégration, diaspora, *Cool Japan,* disparités.

Acteurs-clés : Chine, Japon, États-Unis, Organisation de coopération de Shanghai (OCS), ASEAN, ASEAN +3, ASEAN +6.

15 Faire un brouillon de composition

Méthode

Analyser le sujet et organiser ses idées

- Prenez le temps de bien comprendre le sujet **sans vous « précipiter » sur vos connaissances**, même si le sujet semble reprendre une partie de votre cours à l'identique.
- Définissez les **mots-clés**, les **limites chronologiques** et/ou **spatiales** du sujet.
- À partir de ce premier travail, rédigez une question permettant de formuler l'**enjeu du sujet**.

Mobiliser ses connaissances

- Faites des colonnes ou des cases sur votre feuille de brouillon, et affectez à chacune un type de connaissance : idées principales, acteurs, dates et événements (Histoire) ou lieux (Géographie), notions, etc.
- **Mobilisez et classez** dans ce brouillon les connaissances qui permettent de répondre à l'enjeu du sujet.

Organiser ses idées de façon logique

- Regroupez vos connaissances en **deux ou trois thèmes** qui structureront l'argumentation de votre composition.
- Déterminez l'ordre dans lequel vous aborderez ces thèmes, et formez ainsi **votre plan**.
- Classez les connaissances de votre brouillon en utilisant un **code couleur** (un thème = une grande partie = une couleur).

Préparer des productions graphiques à insérer dans la composition

- Vous avez tout intérêt à insérer des productions graphiques dans votre développement. Ce peut être un **schéma fléché** ou la **représentation simplifiée d'un lieu**. **Toutes les échelles**, du local au mondial, peuvent être mobilisées.
- Dessinez votre production graphique au brouillon, pour en fixer les formes.
- S'il s'agit d'un schéma, préparez également une **légende**.
- Donnez également un **titre** à votre production graphique.

Préparer l'introduction et la conclusion de votre devoir

- Introduction :

– Choisissez une **accroche** c'est-à-dire un exemple pris dans vos connaissances et permettant de montrer l'intérêt du sujet. Partez d'un des mots du sujet pour la choisir.
– Reformulez clairement l'enjeu du sujet et les **étapes de votre argumentation**.

- Conclusion :

– **Résumez** en quelques points les aspects essentiels de votre argumentation.

– Choisissez une **ouverture**, c'est-à-dire un parallèle avec un autre lieu, une autre période, un autre chapitre.

Piège à éviter

- Ne rédigez pas, utilisez des abréviations ! Un brouillon doit vous aider à mobiliser et à articuler les idées, mais vous les mettrez en forme sur votre copie.

Exemple

Sujet 19 : La mondialisation : acteurs, flux, débats

Analyser le sujet et organiser ses idées

La mondialisation : processus d'interdépendance croissante des hommes et des territoires.

Acteur : qui agit sur, qui peut transformer l'espace.

Flux : mouvements d'un point à un autre. Humains, marchandises etc. s'insèrent dans un réseau.

Débats : discussions, échanges, opposition, arguments.

→ En quoi le processus de mondialisation repose-t-il sur la mise en relation d'acteurs et le développement de flux ? Pourquoi ce processus est-il controversé ?

Mobiliser ses connaissances

Idées principales	Notion
– multiplication + diversification des flux (humains, capitaux, marchandises, informations) – Chine = 20 % commerce monde marchandises – 15 pays = 75 % commerce monde – touristes = 10 % pop. monde – importance transport, logistique, Internet – rôle acteurs spatiaux : commander, relier – débats s/ développement. Inégalités. – contestation des altermondialistes – dégradation environnement/violence	– Acteurs – Flux – Réseau – Altermondialisme – Développement, développement durable, durabilité – DIT – Mobilités – Concurrence/concurrence déloyale – Compétitivité

Lieux	Acteurs
– places boursières – hub (expliquer) : ex. Panama – zones franches (expliquer) : ex. Panama, 2e monde. – pays ateliers : ex. Chine/Asie du Sud-Est – pays développés/pôles : ex. États-Unis, UE, Japon – pays émergents : ex. Chine, Brésil – pays en développement : pays d'Afrique subsaharienne (ex. Kenya) et Asie (ex. Thaïlande)	– État : ex. Panama – migrants/« brain drain » : ex. médecins – citoyens – FTN : ex. Apple (iPhone) – OMC – ONG – altermondialistes – G20

Organiser ses idées de façon logique

1. Multiplication et diversification des flux
2. Flux liés aux réseaux et aux choix des acteurs spatiaux
3. Processus qui confirme les hiérarchies de développement → fait naître débats et contestations

Préparer l'introduction et la conclusion de votre devoir

- Introduction :

Acteur : une FTN → Apple → fabrication de l'iPhone → « designed in California »
Mondialisation = multiplication des flux → repose sur réseaux et acteurs → provoque débats

- Conclusion :

Multiplication de flux de toutes natures → flux commandés par acteurs dominants. Rentabilité. Compétitivité. DIT → altermondialisme et limites de l'altermondialisme.
Solution par la gouvernance mondiale ?

16 Rédiger une composition

Méthode

Organiser l'ordre de vos idées à partir de votre brouillon

- À partir de votre brouillon, attribuez à vos idées l'**ordre dans lequel elles apparaîtront** sur votre copie. Pour cela, numérotez-les.
- Assurez-vous que vous avez **un exemple pour chaque idée**. Au besoin, complétez votre brouillon.

Faire apparaître votre argumentation

- Commencez chaque grande partie par une **phrase-titre** reprenant l'argument que vous allez développer.
- Isolez typographiquement cette phrase-titre en passant une ligne AVANT et APRÈS.
- Commencez chaque paragraphe par une phrase exprimant votre idée. Isolez chaque paragraphe en le commençant par un alinéa, et en allant à la ligne pour le suivant.
- Montrez que vous répondez à l'enjeu du sujet en utilisant les mots du sujet.
- Rédigez des transitions entre les grandes parties, en articulant l'argument de votre phrase-titre avec le suivant.

Structurer vos propos

- Articulez toujours une idée ET un exemple.
- Mobilisez les **mots de liaison** pour classer les idées (d'abord, ensuite), les relier (ainsi, par exemple, en effet, de sorte que, de plus...) ou montrer l'opposition (en revanche, néanmoins, mais, toutefois...).

Insérer des productions graphiques

- Insérez des **productions graphiques** dans votre développement. Ce peut être un **schéma fléché** ou la **représentation simplifiée d'un lieu**. **Toutes les échelles**, du local au mondial, peuvent être mobilisées.
- Cette production met en forme une partie de votre raisonnement, qu'elle remplace en partie : elle ne doit pas être longuement commentée, mais **annoncée dans votre copie**.
- Elle doit être accompagnée d'une **légende simple** et d'un **titre**.
- La réalisation doit être soignée : respectez les **règles de la cartographie**.

Pièges à éviter

- N'utilisez plus d'abréviation, **rédigez** !
- Ne multipliez pas les propositions emboîtées (qui... que... dont) : faites des **phrases courtes**.
- Si vous utilisez des **sigles, précisez** une première fois **leur sens** in extenso.
- **Appliquez-vous !** Une graphie et une orthographe de qualité influencent favorablement le correcteur.

Exemple

Sujet 19 : La mondialisation : acteurs, flux débats.

Phrase-titre isolée typographiquement dans le devoir.

Alinéas introduisant chaque idée.

Le développement des flux repose à la fois sur la qualité des réseaux et sur la volonté d'acteurs spatiaux.

Les États favorisent les flux en réduisant les barrières douanières. L'OMC encourage la signature de traités de commerce entre ses 200 États membres. À l'échelle nationale, chaque État peut aussi décider l'implantation d'une zone franche, pour attirer les entreprises. Dans l'État de Panama, à proximité immédiate du canal et d'un hub en croissance, la ville de Colón accueille la deuxième zone franche du monde ; on y trouve plus de 3 000 entreprises représentant 30 000 emplois.

La zone franche de Colón

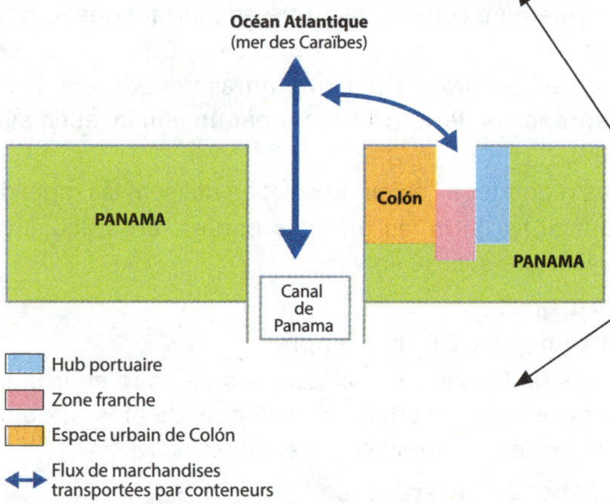

Production graphique annoncée dans le devoir, comportant un titre et une légende.

Articulation entre une idée et un exemple.

Utilisation d'un vocabulaire spécifique au sujet.

Mais les États voient leur pouvoir remis en cause par les FTN, dont l'influence grandit. Elles mettent en relation différents territoires pour réaliser leurs produits. Pour créer l'iPhone, Apple sollicite de nombreux acteurs spatiaux : producteurs de minerais rares, entreprises spécialisées dans les composants électroniques ou l'assemblage, transporteurs maritimes et distributeurs. Le principe de la sous-traitance enclenche une spirale de la réduction des coûts par la concurrence.

Utilisation de mots mettant en forme l'argumentation.

D'autres acteurs publics participent à la mondialisation. Les individus tout d'abord, en tant que travailleurs, consommateurs, touristes ou migrants, contribuent à faire naître et à entretenir des flux de toutes sortes. Les ONG, ensuite, interviennent partout dans le monde et sur des thèmes variés, concrétisant le principe d'une opinion publique mondiale.

Transition reprenant le thème de la partie et annonçant la suivante.

Ainsi, les acteurs de la mondialisation opèrent des choix différents, voire opposés.

17 Réaliser un croquis

Méthode

Analyser le sujet

- Repérez et isolez les mots-clés de la **consigne**, qui correspondent souvent à des **notions**. Au brouillon, définissez ces notions.
- Formulez en quelques mots l'enjeu du sujet (la **question qui lui est liée**).

Rassembler et classer les connaissances pour former la légende

- Au brouillon, listez les connaissances qui figureront sur votre croquis.
- Vérifiez bien que vos connaissances entrent dans les **limites du sujet**.
- Classez vos connaissances par thème pour **former un plan** ; vous pouvez utiliser un code-couleur sur votre brouillon (un thème = une couleur).

Choisir les figurés

- **Affectez à chaque connaissance un figuré graphique** en respectant les règles de la cartographie :

– les phénomènes « en surface » : aplats de couleur ou hachures ;
– les flux, les échanges, les interactions : des flèches (figurés linéaires) ;
– les axes et les limites : des traits (figurés linéaires) ;
– les phénomènes localisés : des formes géométriques ou des symboles (figurés ponctuels).

- **La taille des figurés et l'intensité de la couleur sont proportionnelles** à l'importance de l'information représentée.

Procéder à la réalisation graphique

- Mettez d'abord votre légende au propre et **organisez-la en parties**, comme le plan d'une composition.
- Réalisez votre production graphique **avec application**. Les figurés de surface doivent être faits au crayon de couleur ; n'utilisez pas votre crayon à papier, ni vos surligneurs.
- Indiquez précisément une **nomenclature correspondant au sujet** (noms de villes, pays, lieux...) en écrivant droit, en noir (ou en bleu pour les fleuves, mers et océans).

Pièges à éviter

- N'oubliez pas de proposer un **titre** pour votre croquis. Il doit en résumer l'enjeu principal. Assurez-vous également que tous les figurés de votre croquis se retrouvent dans la légende, et vice-versa.

Valoriser son croquis

- **Combinez les figurés** plutôt que de les multiplier. Vous pouvez :

– superposer UN aplat de couleur et UN type de hachures ;
– entourer un territoire ou un ensemble de territoire que vous voulez isoler ;
– entourer une forme géométrique pour la singulariser.

- **Simplifiez votre représentation graphique** et développez le sens de vos figurés dans votre légende, plutôt que de multiplier les informations sur le croquis.

Exemple

Sujet 20 : Une inégale intégration des territoires dans la mondialisation.

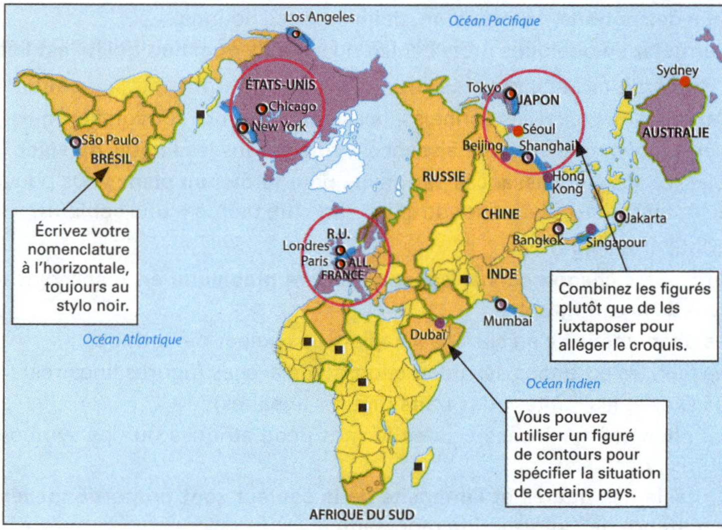

1. Un espace mondial de plus en plus multipolaire

- Trois aires de puissance commandent l'espace mondialisé
- Les pays développés profitent de la mondialisation
- Des pays émergent et prennent une place croissante dans la mondialisation
- Certains pays profitent d'avantages spécifiques pour s'insérer dans la mondialisation (rente pétrolière et/ou contrôle d'une matière première)
- De nombreuses parties du monde restent dominées dans la mondialisation
- Exemple de PMA marginalisés par le processus de mondialisation

Hiérarchisez vos couleurs par un dégradé.

Organisez votre légende pour faire apparaître votre raisonnement.

2. La mondialisation hiérarchise les territoires à toutes les échelles

- Les métropoles des aires de puissance, pôles décisionnels mondiaux
- Les mégalopoles, centres d'impulsion de l'espace mondialisé
- Les métropoles relais de la mondialisation dans les pays émergents
- Les façades maritimes, interfaces majeures de la mondialisation
- Des fractures sociospatiales dans les métropoles

Développez le sens de vos figurés pour faire apparaître vos connaissances sans alourdir le croquis.

18 Commenter une carte en Géographie

Analyser la consigne

- Repérez et isolez les **mots-clés** de la consigne.
- Élaborez en quelques mots un **plan** pour votre réponse.

Identifier la carte

- En vous appuyant sur l'**échelle de la carte**, situez le territoire représenté dans un contexte spatial précis.
- Vérifiez **d'où provient la carte**, et interrogez sa **date** et/ou son **auteur** pour en évaluer la **fiabilité**.
- Reliez le titre de la carte à vos connaissances et aux notions principales du chapitre auquel la carte se rapporte.

Comprendre la légende de la carte

- Prenez le temps de bien lire la **légende** (rubriques, figurés) avant d'analyser la carte elle-même.
- Reportez-vous aux **règles d'utilisation des différents figurés** pour repérer la nature et la forme des informations fournies. Confrontez ces informations à vos connaissances pour expliquer le contenu de la carte.

Analyser la carte

- **Commentez le choix des figurés**, c'est-à-dire leur lien avec les informations qu'ils représentent et **éclairez la hiérarchisation** rendue par la variation de leur taille ou de leur couleur.
- Repérez les espaces où les figurés sont peu nombreux, qui correspondent à des territoires en réserve ou en marge.
- Appuyez-vous sur les **éventuelles données chiffrées** de la carte pour calculer des ordres de grandeur, établir des comparaisons simples.
- Recherchez éventuellement les combinaisons de figurés pour en commenter l'intérêt.

Critiquer la carte

- Interrogez la hiérarchisation voulue par le cartographe et ses éventuelles motivations. Demandez-vous si la projection et/ou l'échelle de la carte n'orientent pas votre lecture.
- Si la carte comprend un **classement de données** (IDH fort/moyen/faible par exemple), interrogez-vous sur la façon dont le cartographe a discrétisé ses données, c'est-à-dire opéré son classement.

Pièges à éviter

- Faites très attention aux unités données dans la légende (les dégradés de couleurs, la taille des cercles ou des flèches).
- Attention, les pourcentages ne doivent pas être traités comme des valeurs absolues.

Exemple

Sujet : Les contrastes territoriaux en Chine

À partir de l'analyse du document, montrez que l'insertion de la Chine dans la mondialisation provoque une hiérarchisation des territoires à plusieurs échelles.

- Vous devez montrer que la mondialisation provoque, c'est-à-dire fait naître ou accentue, des contrastes sociaux-spatiaux en Chine, à plusieurs échelles.
- Vous devrez donc expliquer par quels moyens graphiques l'auteur de la carte rend compte de ces contrastes sociaux-spatiaux, et ce à l'échelle de la Chine, des régions chinoises voire des villes.

Les contrastes territoriaux en Chine

L'Ouest de la Chine, où les figurés sont moins nombreux, est une région actuellement en retrait par rapport au littoral chinois.

Servez-vous des variations typographiques : les caractères gras correspondent aux grands pôles industriels et urbains.

Le dégradé de couleur indique l'importance de l'espace littoral chinois.

L'absence de variation de taille et la simple différence de couleur ne permettent pas de comparer et de hiérarchiser les flux maritimes et terrestres.

19 Analyser un document en Histoire ou en Géographie

Identifier le(s) document(s)

- Notez la **source**, la **nature**, l'**auteur** et la **date** de chaque document pour :
– le **situer dans son contexte** en faisant appel à vos connaissances. Sur votre brouillon, vous pouvez noter les grands enjeux de la période et/ou de l'espace considéré en quelques mots-clés ;
– en évaluer la **fiabilité** et l'**importance.** Un acteur majeur n'a pas la même approche qu'un témoin, par exemple.

Analyser la consigne

- Repérez et isolez les **mots-clés** de la consigne : ce sont souvent des notions que vous devez définir.
- Élaborez en quelques mots une **démarche** pour votre réponse en **articulant les notions.**
- **Résumez le contenu de chaque document** en une à deux phrases.

Comprendre le contenu du document

- Isolez les noms de personne, les indications de temps et de lieu, puis caractérisez leur rôle ou leur place en quelques mots ou notions clés.
- S'il y en a, **confrontez les valeurs chiffrées à vos propres connaissances**. Effectuez quelques calculs pour établir des ordres de grandeur ou des comparaisons.

Analyser le document

- Retrouvez l'**enjeu posé par le document.**
- **Classez et hiérarchisez les informations** qu'il contient, en suivant la démarche proposée par la consigne (classement par notion).
- **Surlignez les passages importants** après avoir identifié les notions en jeu dans chaque document, qui structureront votre devoir. Une couleur = une notion.
- Exposez les informations contenues dans le document par une **citation** ou un **résumé rapide**, puis éclairez-les par vos connaissances.

Exemple

Consigne :

À partir de l'analyse de ce document, montrez que l'organisation des flux humains révèle le fonctionnement de la mondialisation à toutes les échelles.

« Les migrations internationales sont particulièrement intenses le long des grandes fractures du monde, économiques, politiques, géographiques ou environnementales : la Méditerranée, la frontière américano-mexicaine, russo-chinoise, l'extrémité de la nouvelle Europe et quelques autres points du globe sont devenus des lieux de passage empruntés mais aussi périlleux. D'anciens pays de départ sont devenus des pays d'accueil : c'est le cas de l'Europe du Sud et aujourd'hui du Mexique, du Maroc, de la Turquie qui restent aussi des pays de départ et de transit. D'anciens pays d'accueil deviennent des pays de départ : c'est le cas des certains pays d'Amérique latine comme l'Argentine, le Brésil, l'Uruguay, le Chili dont les ressortissants d'origine japonaise, espagnole ou italienne reviennent parfois aux pays d'origine. [...] Les pays émergents attirent aussi : Chine, Inde, Brésil, Turquie attirent une migration qualifiée d'entrepreneurs à la recherche de nouveaux marchés. Mondialisées, ces migrations sont aussi régionalisées : la plupart des migrants aux États-Unis proviennent aujourd'hui d'Amérique latine, l'essentiel des migrations en Europe est originaire de la rive Sud de la méditerranée, la Russie attire une migration venant surtout de l'ex-URSS, l'Asie du Sud-Est et l'Australie sont alimentées par une migration asiatique tandis que l'Afrique est en proie à un vaste mouvement de mouvements internes au continent, vers le Maghreb et l'Afrique du Sud, ou le Golfe. Il y a aujourd'hui autant de migrations Sud-Sud que de migrations Sud-Nord. »

C. Withol de Wendel, « Panorama des flux migratoires dans le monde », 12 juin 2012.
mediapart.fr

- Identifier le document :

Nature : article
Auteur : C. Withol de Wendel
Source : blog de mediapart
Date : 12 juin 2012

• Analyser la consigne :	• Comprendre le contenu du document (notions). • Analyser le document :
Montrez que l'organisation des flux humains...	Description des flux migratoires : pôles émetteurs et récepteurs, points de passage
... révèle le fonctionnement de la mondialisation...	Stratégie des acteurs Facteurs de migration
... à toutes les échelles	Hiérarchisation des territoires à toutes les échelles

HISTOIRE

■ **Administration** : ensemble des personnes morales et physiques qui, par leur activité, répondent à l'intérêt général de la population.

■ **Attentisme** : attitude de collaboration la plus modérée, définie par Henri Rousso, les attentistes ne luttant ni contre l'occupant ni contre Vichy, et ne se préoccupant que de leur propre survie.

■ **Banque mondiale** : organisme de coopération financière créé en 1944. C'est une institution internationale de gouvernance.

■ **Conflictualité** : état de tension résultant de menaces latentes, et pouvant mener au conflit.

■ **Conseil de l'UE** : réunion des ministres des pays membres de l'UE selon l'ordre du jour.

■ **CNUCED** : Conférence des Nations Unies pour le Commerce et le Développement. Elle compte aujourd'hui 194 membres.

■ **Dumping** : pratique commerciale consistant à vendre un produit à un prix inférieur à son prix initial pour asphyxier la concurrence.

■ **Épuration** : actions visant à écarter de la vie politique et sociale les personnes accusées de collaboration avec l'ennemi.

■ **État-providence** : État qui intervient dans le domaine social afin de garantir le citoyen contre le chômage, la maladie ou la vieillesse.

■ **FLN** (Front de Libération National) : parti né en 1954 pour obtenir l'indépendance. En 1962, il prend le pouvoir et devient le parti unique de l'Algérie indépendante, non sans luttes internes.

■ **FMI** (Fonds Monétaire International) : organisme de coopération monétaire créé en 1944. C'est une institution internationale de gouvernance.

■ **Fonctions régaliennes** : fonctions essentielles dévolues à l'État souverain comme la police, l'armée et la justice.

■ **G7** : groupe de discussion des principales puissances de la planète fondé en 1975-1976 qui devient G8 en 1998 (avec la Russie) puis G20 en 1999, en accueillant alors 19 pays (dont les pays émergents) et l'Union européenne.

■ **Gouvernance économique mondiale** : ensemble des règles, des organes de décision et des mécanismes supposés permettre le bon fonctionnement de l'économie mondiale.

■ **Gouvernance européenne** : ensemble des règles, des organes de décision et des mécanismes permettant le bon fonctionnement d'une institution.

■ ***Hard power*** : maîtrise de la force militaire et économique.

■ **Harkis** : Algériens qui ont servi de supplétifs dans l'armée française en Algérie entre 1957 et 1962. À ce titre, ils obtiennent le statut d'anciens combattants en 1974.

■ **Hyperpuissance** : se dit d'un pays qui a une influence dans tous les domaines et sans rivaux.

■ **Idéologie messianique** : doctrine politico-religieuse définie dès la fin du XIXe donnant aux États-Unis une mission quasi divine d'organisateur du monde libre (Destinée manifeste).

■ **Islamisme** : doctrine politique qui entend faire de l'islam la source principale ou exclusive de la législation et de la vie politique.

■ **Major** : grande compagnie pétrolière privée, souvent américaine ou britannique, dominant le marché et dont seule une petite partie des profits était reversée aux pays producteurs.

■ **Majorité qualifiée** : majorité pondérée selon la population de chaque pays membre ; elle correspond environ à 73 % des voix.

■ **Mandat de la Société des Nations** : administration temporaire d'un territoire issu du démantèlement de l'Empire ottoman (turc), confiée dans l'entre-deux-guerres à la France et au Royaume-Uni.

■ ***Manifest Destiny*** : « destinée manifeste » des États-Unis ayant vocation à diffuser un modèle de société idéale pour l'ensemble de l'Humanité.

■ **Mémoires** : représentations subjectives du passé, activées dans le présent. Présupposent la sélection, et donc l'oubli.

■ **Multilatéralisme/monde multipolaire** : attitude d'un État qui privilégie la coopération internationale dans le cadre d'un monde multipolaire, où la puissance est partagée entre plusieurs pôles.

■ **Nationalisation** : prise de contrôle d'une entreprise par les pouvoirs publics.

■ **Négationnisme** : néologisme créé par Henry Rousso. C'est la négation de la réalité du génocide pratiqué par l'Allemagne nazie contre les Juifs. Robert Faurisson est le militant négationniste le plus connu en France dans les années 1980.

■ **Néolibéral(isme)** : pensée économique et politique qui considère que la fiscalité, les politiques publiques et les réglementations nuisent à l'activité économique, et plaide pour leur suppression au profit de la seule loi de l'offre et de la demande (marché).

■ **Non alignés** : désigne d'anciens pays décolonisés qui ne souhaitent pas choisir un bloc ou un autre de la guerre froide, afin de préserver leur toute récente indépendance.

■ **OAS** (Organisation de l'Armée Secrète) : créée en 1961, elle se bat de façon clandestine pour garder l'Algérie française.

■ **OMC** (Organisation Mondiale du Commerce) : issu du **GATT** (*General Agreement on Tariffs and Trade*, 1947), comprend 154 membres et sert de cadre à la libéralisation des échanges et au règlement des différends commerciaux entre ses membres.

■ **OPEP** (Organisation des Pays Exportateurs de Pétrole) : fondée autour de l'Iran, l'Irak, l'Arabie Saoudite et le Koweït, avant de s'ouvrir au reste du monde, son but est de peser sur les cours mondiaux du pétrole face aux pays industrialisés.

■ **Organisation supranationale** : désigne une autorité qui dépasse les limites des États concernés.

■ **Pensée technocratique** : courant de pensée prônant une organisation politique qui permette aux experts de participer aux prises de décisions.

■ **Ratification** : acte d'approuver un traité qui a été signé par les représentants des pays membres et qui lui donne force de loi.

■ **Repentance** : manifestation publique du sentiment de repentir pour une faute commise et pour laquelle on demande pardon.

■ **Résistancialisme** : notion forgée par l'historien Henri Rousso, désigne un courant de la mémoire présentant une France unie et résistante face à l'Allemagne nazie.

■ ***Soft power*** : capacité d'influence d'un État, qui repose sur l'attractivité de son modèle culturel et social.

GÉOGRAPHIE

■ **AMM** (Archipel Métropolitain Mondial) : ensemble de métropoles mondiales fonctionnant en réseau.

■ **Anamorphose** : procédé de représentation de territoires dont les surfaces sont corrélées à une donnée chiffrée (population, PIB...), ce qui permet de spatialiser visiblement les disparités.

■ **ASEAN +3** : associations des nations de l'Asie du Sud-Est associée à la Corée du Sud, à la Chine et au Japon.

■ **BRICS** (Brésil, Russie, Inde, Chine et Afrique du Sud) : acronyme utilisé pour désigner un groupe de puissances émergentes à la croissance économique rapide par leur intégration à la mondialisation et ayant des aspirations géopolitiques.

■ **Capitalisation boursière** : somme des valeurs de toutes les actions cotées en Bourse.

■ **Communauté fermée/*gated community*** : quartier résidentiel fermé et sécurisé dont l'accès est réglementé.

■ **Cône Sud** : extrême Sud de l'Amérique du Sud composé de quatre États : l'Argentine, le Chili, l'Uruguay et le Paraguay. Cet ensemble géographique a la forme d'un cône.

■ **Culture *mainstream*** : culture grand public qui suit le courant dominant.

■ **Développement** : capacité d'un territoire à assurer les besoins essentiels de sa population et à accroître son niveau de vie.

■ **Discrétisation** : procédé de classement et de représentation graphique d'une série de données (IDH, PIB...).

■ **DIT** (Division Internationale du Travail) : spécialisation des territoires dans un type d'activité (conception, fabrication, assemblage, commercialisation...), ce qui conduit à l'éclatement du processus productif, et donc à la multiplication des flux.

■ **Doctrine Monroe** : doctrine du président américain James Monroe proclamée en 1823 selon laquelle toute intervention sur le continent américain relève de la politique des États-Unis, ce qui exclut toute intervention européenne.

■ **Espaces maritimes** : mers et océans du monde, mais aussi littoraux qui les bordent et passages qui les relient.

■ **Flux** : mouvement de personnes, de capitaux, de biens ou d'informations d'un point à un autre de l'espace mondial. Les flux dessinent des réseaux.

■ **Forum IBAS** (IBSA) : plate-forme de dialogue entre l'Inde, l'Afrique du Sud et le Brésil initiée en 2003.

■ **FTN** (Firme Transnationale) : entreprise disposant de filiales dans au moins six pays, et développant une stratégie de développement à l'échelle mondiale.

■ **Géostratégie** : stratégie d'un État pour contrôler un territoire et ainsi garantir ou consolider son pouvoir.

■ **Héliotropisme** : attraction des espaces ensoleillés.

■ **Hub** : plateforme de correspondance et de redistribution dans un réseau de transport.

■ **IDE** (Investissements Directs à l'Étranger) : sommes d'argent investies par des entreprises étrangères sur un territoire.

■ **IDH** (Indice de Développement Humain) : indicateur créé par l'ONU et combinant le revenu par habitant, la scolarisation, l'alphabétisation et l'espérance de vie. Il est compris entre 0 et 1.

■ **Intégration régionale** : processus qui associe des États appartenant à la même région du monde dans le but de former des associations politico-économiques. Les territoires sont alors connectés entre eux par des réseaux.

■ **Interface** : zone de contact entre deux espaces différents favorisant les échanges économiques, commerciaux, financiers et humains.

■ **Isohyète** : ligne imaginaire rejoignant les points d'une région aux mêmes précipitations.

■ **Marginalisation** : mise à l'écart, exclusion.

■ **Mercosur** : marché commun du Sud qui regroupe le Brésil, l'Uruguay, le Paraguay, l'Argentine et le Venezuela.

■ **Métropole** : ville principale d'une région qui concentre les fonctions décisionnelles.

■ **Métropolisation** : processus de renforcement de la puissance, des activités et de la population des grandes métropoles.

■ **Mondialisation** : processus d'interdépendance croissante des hommes et des territoires.

■ **Objectifs du Millénaire pour le Développement** : ensemble des 8 objectifs identifiés par l'ONU à New-York en 2000 destinés à améliorer significativement le développement et donc à améliorer les conditions de vie dans les pays pauvres à l'horizon de 2015.

■ **ONG** (Organisation Non Gouvernementale) : association d'intérêt public, à but non lucratif, regroupant des citoyens sur un thème d'action.

■ **Pays émergent** : pays en forte croissance économique, et qui joue un rôle croissant dans l'organisation du monde. Les plus influents sont les BRICS (Brésil, Russie, Inde, Chine et Afrique du Sud).

■ **PIB** (Produit Intérieur Brut) : mesure la valeur ajoutée des productions par les différents acteurs économiques sur une année d'un pays à l'intérieur de son territoire.

■ **PMA** (Pays les Moins Avancés) : pays dont l'IDH est très faible.

■ **Projection** : procédé imaginé pour représenter « à plat » le globe terrestre, ce qui implique une déformation.

■ **Rente** : revenu tiré de l'exploitation d'une ressource inégalement répartie (ici, le pétrole ou les ressources minières).

■ **Révolution verte** : processus d'intensification de la production agricole grâce à la mécanisation, l'irrigation, l'usage d'intrants sélectionnés et les engrais.

■ **Route maritime circumterrestre** : voie maritime d'orientation Est-Ouest qui fait le tour du globe en desservant principalement les pôles de la Triade.

■ **Théorie du vol d'oies sauvages** : fabrication d'un produit à faible technicité et valeur ajoutée destiné à l'exportation ; puis abandon de cette production pour une autre, plus élaborée et à plus forte valeur ajoutée.

■ **Triade** : ce sont les trois principaux pôles de la planète (Amérique du Nord, Union Européenne, Japon) qui dominent l'économie mondiale.

■ **ZEE** (Zone Économique Exclusive) : zone de 200 miles marins autour des côtes sur lesquels un État est en droit d'exercer sa souveraineté sur les ressources.

■ **ZES** (Zone Économique Spéciale) : lieu bénéficiant d'avantages fiscaux notamment qui les rendent attractifs pour les entreprises étrangères.

■ **ZIP (zone industrialo-portuaire)** : zone d'activité combinant espaces industriels, espaces logistiques (entrepôts) et équipements portuaires, afin de faciliter la production et l'exportation.

■ **Zone franche** : espace où la fiscalité est presque inexistante

■ **Zone grise** : zone dans laquelle l'autorité de l'État n'est pas reconnue et qui accueille nombre d'activités illicites ou opaques.

FSC www.fsc.org MIXTE Papier issu de sources responsables FSC® C022030

Nathan est un éditeur qui s'engage pour la préservation de son environnement et qui utilise du papier fabriqué à partir de bois provenant de forêts gérées de manière responsable.

Dépôt légal : août 2019 - N° de projet : 10252266
Imprimé en France par Maury-Imprimeur
45330 Malesherbes - N° d'imprimeur : 237984

IMPRIM'VERT Votre imprimeur agit pour l'environnement